Das Recht

des

Bürgerlichen Gesetzbuchs

in

Einzeldarstellungen.

XI.

Dr. Th. Niemeyer,

Das internationale Privatrecht des Bürgerlichen Gesetzbuchs.

Berlin 1901.

J. Guttentag, Verlagsbuchhandlung,

G. m. b. H.

Das internationale Privatrecht des Bürgerlichen Gesetzbuchs

dargestellt von

Dr. Th. Niemeyer,
ord. Professor der Rechte an der Universität Kiel.

Berlin 1901.
J. Guttentag, Verlagsbuchhandlung,
G. m. b. H.

Vorwort.

Im Jahre 1896 erschien im gleichen Verlage ein von mir vor Praktikern in der Universitätsaula zu Kiel gehaltener Vortrag: „Das internationale Privatrecht im Entwurf eines bürgerlichen Gesetzbuchs". Die Grundgedanken jenes Vortrags zu berichtigen, habe ich keine Veranlassung gehabt. Vielmehr hat die eingehende Prüfung abweichender Anschauungen mich vollends in meinen Ueberzeugungen bestärkt. Der damals vorliegende Gesetzentwurf ist fast ohne Veränderung Gesetz geworden. Damals hielt ich es für selbstverständlich, daß die Praxis die bruchstückartigen Bestimmungen des Entwurfs, wenn sie Gesetz werden würden, in gesunder Weise durch analoge Anwendung vervollständigen und so für die nichtgeregelten Thatbestände befriedigende Ergebnisse gewinnen werde. Die inzwischen erschienene Literatur liefert aber den Beweis, daß die wunderliche Fassung des Gesetzes geradezu verwirrende Wirkungen gehabt hat. Der psychologische Grund dafür scheint mir darin zu liegen, daß man sich nicht entschließen kann, die Arbeit des Bundesraths als das anzusehen, was sie meiner Meinung nach ist, nämlich als ein aus Kompromissen hervorgegangenes und schlechthin mangelhaftes Stückwerk, hinter dessen fragwürdiger Gestalt man vergeblich einen tiefen Sinn und versteckte gesetzgeberische Weisheit sucht. Ich meinerseits kann dabei die Erinnerung an das Märchen von des Kaisers neuen Kleidern nicht los werden. Jene Sachlage schien mir indessen doch so bedenklich und für die gesunde Entwickelung unserer Rechtspflege gefährlich zu sein, daß ich es für nöthig hielt, dem Spuk mit genauer, wenn man will pedantischer Beleuchtung entgegen zu treten. Ich wäre gern kürzer in der Erörterung der prinzipiellen Fragen gewesen und dafür eingehender und umfassender in der Kasuistik. Aber dabei wäre mein Hauptaugenmerk, die überzeugende Kraft der unternommenen Einführung in die methodische Behandlung des neuen Rechtes, zu kurz gekommen. Somit habe ich mich in der Hauptsache auf die besonderen Probleme beschränkt, welche durch die neue Gesetzgebung bedingt sind. Aber gerade hierbei war ein Eingehen auf allgemeinere Fragen nicht ganz zu vermeiden. Die mit dem bisherigen Recht gleichartigen Fragen, namentlich im Gebiet des Obligationen- und Sachenrechts, obwol auch sie ja formell Fragen des neuen Rechtes sind, habe ich von der Erörterung ausgeschieden. Ueberhaupt habe ich mich an kein Schulpensum gebunden und mich im Wesentlichen darauf beschränkt, zu sagen, was nicht selbstverständlich und nicht bereits von Anderen genügend dargelegt ist.

Die Handausgabe des Bürgerlichen Gesetzbuchs von H. Neumann ist mir ebenso wie einige andere einschlägige literarische Erscheinungen erst nach Ablieferung des Manuskriptes zugegangen. Ich bedaure, daß ich die darin niedergelegten Bemerkungen zum Einführungsgesetz nicht im Einzelnen habe berücksichtigen können. Im Uebrigen aber kann ich nur sagen, daß ich die von N. eingeschlagene (wenn ich recht verstehe, nunmehr einigermaßen modifizirte) Behandlung nach dem Grundsatz der „Zuständigkeitserwägung“ nach wie vor für einen doktrinären Irrweg halte.

Kiel, November 1900.

Niemeyer.

Abkürzungen.

Bar = Bar, Theorie und Praxis des internationalen Privatrechts, 2 Bde., Hannover 1889.

Barazetti = Barazetti, Das Internationale Privatrecht im BGB. für das deutsche Reich, Hannover 1897.

BGB. = Bürgerliches Gesetzbuch für das deutsche Reich.

Crome = Crome, System des deutschen Bürgerlichen Rechts. Erster Band. Tübingen und Leipzig 1900.

EG. = Einführungsgesetz zum BGB.

Entsch. = Entscheidungen des Reichsgerichts in Civilsachen. Herausgegeben von den Mitgliedern des Gerichtshofes u. s. w.

Journal = Journal de droit international privé. Paris 1874.

J. P. R. = Internationales Privatrecht.

Neumann = Neumann, Internationales Privatrecht in Form eines Gesetzentwurfes. Berlin 1896.

Niedner = Kommentar zum BGB., herausgegeben von J. Biermann u. s. w. Das Einführungsgesetz von A. Niedner. Berlin 1899.

Prot., Protokolle = Protokolle der Kommission für die zweite Lesung des Entwurfs des BGB. — Berlin, 7 Bde., 1897—1899.

Vorschläge = Niemeyer, Vorschläge und Materialien zur Kodifikation des internationalen Privatrechts. Leipzig 1895.

RCB. = Centralblatt für das deutsche Reich.

RGB. = Reichsgesetzblatt.

Zitelmann = Zitelmann, Internationales Privatrecht, Leipzig 1897, 1898.

Ztschr., Zeitschrift = Zeitschrift für internationales Privat- und Strafrecht, Erlangen, Leipzig 1891 ff.

Inhaltsübersicht.

Erster Abschnitt.

Grundlagen für die Auslegung und Anwendung des neuen Rechtes.

§ 1.

Zur Vorgeschichte der Artikel 7 bis 31 EG. z. BGB.

Die Behandlung, welche das internationale Privatrecht im Rahmen unserer Kodifikation gefunden hat, indem die den Sitz der Materie bildenden Artikel 7 bis 31 EG. z. BGB. nur einen Theil der einschlägigen Fragen und auch diesen mit augenscheinlich vorsätzlicher Lückenhaftigkeit regeln, erscheint in hohem Maße befremdlich. Sie hat harten Tadel erfahren und sie bietet der Rechtsanwendung große Schwierigkeiten. Um sie zu erklären und um den gegebenen Schwierigkeiten auf den Grund zu kommen, ist es geboten, der Vorgeschichte jener Behandlung nachzugehen, selbst auf die Gefahr hin, nur zu dem negativen Ergebniß zu gelangen, daß auf diesem Wege für die Interpretation der in Rede stehenden Vorschriften nichts zu gewinnen ist. Liefert der Versuch kein Ergebniß, so ist damit wenigstens ein für allemal die erforderliche Feststellung getroffen, daß die Rechtspflege sich auf andere Weise helfen muß.

Der ersten Kommission hatte der Redaktor des allgemeinen Theils des BGB., Dr. Gebhard, im Jahre 1881 einen Entwurf vorgelegt, in welchem dem internationalen Privatrecht die §§ 5 bis 40 des Gesetzbuches gewidmet waren, eine möglichst erschöpfende Kodifikation bezweckend. Im Jahre 1887 legte Dr. Gebhard einen neuen, im Wesentlichen übereinstimmenden Entwurf vor[1]), welchen die Kommission in 9 Sitzungen (9. bis 28. September 1887) durchberieth. Aus dieser Berathung ging eine Fassung hervor, welche mannigfach von der Vorlage abwich. Von besonderem Interesse sind die prin-

[1]) Beide Fassungen abgedruckt in: Niemeyer, Vorschläge und Materialien z. Kodifikation des intern. Privatrechts, Leipzig 1895, S. 4—25.

zipiellen Erwägungen, von denen man ausging, und die folgendermaßen formuliert wurden:

„Die Annahme, daß die Materie einen Theil des Völkerrechts bilde oder doch in dasselbe eingreife und mit Rücksicht hierauf der Regelung durch den einzelnen Staat sich entziehe, sei nicht zu theilen; . . . auch der Hinweis darauf, daß durch die Aufstellung von Normen über das internationale Privatrecht das Reich bei dem Abschlusse von Staatsverträgen mit ausländischen Staaten in der freien Wahrung der deutschen Interessen behindert werden könnte, sei nicht von entscheidendem Gewichte. Abgesehen davon, daß Bedenken in dieser Hinsicht nur in Ansehung gewisser Fragen, insbesondere in Anerkennung und Vollstreckung der ausländischen Urtheile sich geltend machten, so sei zu berücksichtigen, daß, auch wenn auf die Aufnahme internationalrechtlicher Normen in das Gesetzbuch verzichtet würde, diese Normen doch von der Jurisprudenz gesucht und aufgestellt werden müßten, mithin doch solche Normen vorhanden sein würden, wenn schon nicht mit der Schärfe, welche die gesetzliche Feststellung mit sich bringe."

In zwei ferneren Sitzungen, am 7. Oktober und 16. Dezember 1887, wurde dann aber „auf Grund erneuter Berathung" beschlossen, von der Aufnahme der in den vorherigen Sitzungen beschlossenen Vorschriften in den Entwurf des Gesetzbuches abzusehen, bei Einreichung des Entwurfes an den Reichskanzler jene Vorschriften aber dennoch mit einzureichen, nämlich in Gestalt eines besonderen Gesetzentwurfes und mit folgender Bemerkung: „Die Kommission erachte es für zweifelhaft, ob Vorschriften über das internationale Privatrecht zur Aufnahme in das BGB. sich eigneten; sie glaube sich des Urtheils hierüber enthalten zu sollen, weil die Entscheidung in nicht geringem Maße von politischen Erwägungen abhänge." Man gab dem Gesetzentwurf, der 26 Paragraphen umfaßte, die Ueberschrift: „Räumliche Herrschaft der Rechtsnormen" [1]).

Der Reichskanzler hat diesen Entwurf nicht an die Oeffentlichkeit gelangen lassen. Ein Gerücht sagt, Fürst Bismarck habe ihn durch einen Kassationsstrich mit dem Blaustift abgethan. Es scheint, daß auch bereits die Beschlüsse der Kommission vom

---

[1]) Protokolle der Kommission f. d. 2. Lesung (Berlin 1897) Bd. VI S. 8ff.

9. Sept. und 16. Dez. 1887 unter dem Einfluß einer Meinungs- und Willens-Aeußerung des Reichskanzlers gefaßt waren.

Soviel steht jedenfalls fest, daß des Fürsten Bismarck Gegnerschaft gegen die Aufnahme von Vorschriften über das internationale Privatrecht in das BGB. die Beseitigung jener 26 Paragraphen bewirkt hat, und daß hierfür diplomatische Gesichtspunkte maßgebend waren. Es unterliegt ferner keinem Zweifel, daß dieselben Gesichtspunkte in der nachbismarckischen Zeit von einflußreicher Seite festgehalten und auch gegenüber dem gleich zu berichtenden Standpunkt der zweiten Kommission beim Bundesrath zur Geltung gebracht worden sind. Eine nicht abzuweisende Vermuthung führt zu der Annahme, daß schließlich aus einem Kompromiß beider Standpunkte die Bestimmungen des Einführungsgesetzes hervorgegangen sind.

Im Frühjahr 1891 faßte aber die zweite Kommission den Beschluß:

„Die Kommission erachtet es für nothwendig, daß das internationale Privatrecht im Bürgerlichen Gesetzbuche geregelt wird, und ersucht den Referenten des allgemeinen Theils, die erforderlichen Vorschläge vorzubereiten und der Kommission seinerzeit zu unterbreiten."

Es wurde kein neuer Entwurf ausgearbeitet, vielmehr wurden die von der ersten Kommission dem Reichskanzler vorgelegten 26 Paragraphen des „Entwurfs eines Gesetzes über die räumliche Herrschaft der Rechtsnormen" den Berathungen zu Grunde gelegt, welche in 9 Sitzungen (März 1895) stattfanden und zu dem Ergebniß führten, daß als 6. Buch des BGB. mit der Ueberschrift „Anwendung ausländischer Rechtsnormen" 30 Paragraphen (2236 bis 2265)[1]) beschlossen wurden, welche wie die früheren Entwürfe das internationale Privatrecht grundsätzlich kodifizierten. In dieser Gestalt wurde der Entwurf veröffentlicht und am 22. Oktober 1895 zunächst dem Reichskanzler und von diesem sofort dem Bundesrath vorgelegt.

Das Ergebniß der im Bundesrath gepflogenen Berathungen war trotz alledem die Beseitigung des 6. Buches und die Aufnahme der Artikel 6—30 in den Entwurf des Einführungsgesetzes. Der Reichstag acceptierte ohne Einwurf und Frage diese Regelung. Durch

[1]) Ich citiere die Paragraphenziffer der veröffentlichten Fassung. Die Fassung, welche aus der Schlußrevision hervorging, und welche z. B. Neumann in den Verhandlungen des deutschen Juristentags 1897 Bd. I S. 172 zitiert, ist anders beziffert. Sie ist nicht veröffentlicht worden und war mir nicht zugänglich.

Einfügung des jetzigen Artikels 5 in das Einführungsgesetz erhielten die genannten Artikel eine andere Nummerierung; außerdem wurden lediglich kleine redaktionelle Aenderungen vorgenommen. Eine Erörterung der prinzipiellen Fragen fand weder im Plenum des Reichstages (s. stenograph. Berichte 1895/97 S. 3024) noch in der Reichstagskommission (Drucksachen des Reichstags 1895/97 Anlagen Bd. III S. 2108—10) statt.

Die Vergleichung der Artikel 7 bis 31 EG. mit dem 6. Buch des zweiten Kommissionsentwurfes ergibt nun:

a) Eine nicht geringe Anzahl der Bestimmungen des letzteren ist im wesentlichen unverändert Gesetz geworden, nämlich:

§ 2236 als Art. 9 Abs. 1 und 2,
§ 2238 als Art. 7,
§ 2239 als Art. 8,
§ 2240 als Art. 11 Abs. 1,
§ 2245 Abs. 2 Satz 1 als Art. 13 Abs. 3,
§ 2251 als Art. 16,
§ 2247 Abs. 1, 2, 3 als Art. 17 Abs. 1, 2, 3,
§ 2249 als Art. 17 Abs. 4,
§ 2257 als Art. 21 (mit der im letzten Satz ausgesprochenen Einschränkung),
§ 2259 als Art. 23 (unter Wegfall der Worte: „wenn er seinen Wohnsitz oder seinen Aufenthalt im Inlande hat" und Ersetzung des Wortes „ablehnt" durch „nicht übernimmt",
§ 2263 als Art. 29,
§ 2264 (mit Ausnahme des letzten Satztheiles) als Art. 30,
§ 2265 als Art. 31 (mit Einschaltung der Worte „gegen einen ausländischen Staat").

Von kleineren redaktionellen Aenderungen ist bei vorstehender Zusammenstellung abgesehen.

b) Beseitigt sind die §§ 2241, 2242, 2244, 2258 des Kommissionsentwurfes.

c) Die vorstehend nicht genannten Paragraphen des Kommissionsentwurfes sind — abgesehen von einigen Spezialänderungen — in typischer Weise durch ein Verfahren umgestaltet worden, welches besondere Betrachtung erfordert. Die folgende Erörterung muß sich eingehender damit befassen, da gerade dieses Verfahren die eigenartigen Schwierigkeiten bedingt, welche das neue Recht bietet. Es handelt sich dabei um die Ersetzung der §§ 2245, 2246, 2250, 2252, 2255, 2253 2254, 2256, 2261 des Entwurfes durch Artt. 13, 14, 15, 18, 19, 22, 20, 24, 25 EG.

Auf Grund des Gesagten sind zunächst folgende Gesichtspunkte aufzustellen:

1. Für die Interpretation der zu a) genannten Bestimmungen können die Materialien der zweiten Kommission, also insbesondere die gedruckten Protokolle, unmittelbar verwendet werden, soweit überhaupt eine Verwendung derartiger Materialien methodisch zulässig und angezeigt ist. Diese Bestimmungen sind nachweislich auf der Grundlage der Gebhardschen Entwürfe und des Entwurfes der ersten Kommission erwachsen.

2. Für die Ausfüllung der durch Wegfall der §§ 2241, 2242, 2244, 2258 des Kommissionsentwurfes bedingten Lücken im Gebiete des Sachen- und Obligationenrechtes ergiebt sich in Ermangelung jedweder Aufklärung über die für die Streichung maßgebenden Motive die Nothwendigkeit, die Lücken nach Maßgabe der allgemeinen Grundsätze auszufüllen, nach welchen Lücken des positiven Rechtes auszufüllen sind.

3. Hinsichtlich der zu c) genannten Bestimmungen kann und muß der Versuch gemacht werden, das Prinzip der vom Bundesrath vorgenommenen Aenderungen festzustellen und daraus für die Ausfüllung der durch die Aenderungen entstandenen Lücken den maßgeblichen Gesichtspunkt zu gewinnen.

Der zuletzt bezeichneten Aufgabe soll in den folgenden Paragraphen entsprochen werden.

Der Uebersichtlichkeit wegen sei zunächst der Text der betreffenden Vorschriften des Kommissionsentwurfes und der auf den Abänderungsbeschlüssen des Bundesraths beruhenden Vorschriften des Einführungsgesetzes neben einander gestellt:

Kommissionsentwurf.

§ 2245 Abs. 1.

Die Eingehung der Ehe wird in Ansehung eines jeden der Verlobten nach den Gesetzen des Staates beurtheilt, welchem der Verlobte angehört.

§ 2246.

Die persönlichen Rechtsbeziehungen der Ehegatten zu einander werden nach den Gesetzen des Staates beurtheilt, welchem der Mann angehört.

§ 2250 Abs. 1.

Das eheliche Güterrecht wird nach den Gesetzen des Staates beurtheilt, welchem der Mann zur Zeit der Eheschließung angehört. Dies gilt auch dann, wenn eine Aenderung der Staatsangehörigkeit eingetreten ist; das Verbot, einen Ehevertrag zu schließen, verliert jedoch seine Kraft, wenn der Vertrag nach den Gesetzen des Staates zulässig ist, in welchem der Mann die Staatsangehörigkeit erwirbt. — — —

§ 2252.

Die Ehelichkeit eines Kindes wird nach den Gesetzen des Staates beurtheilt, welchem der Ehemann der Mutter zur Zeit der Geburt des Kindes angehört oder, wenn er vor der Geburt des Kindes gestorben ist, zuletzt angehört hat.

§ 2255.

Das Rechtsverhältniß zwischen Eltern und ehelichen Kindern wird nach den Gesetzen des Staates beurtheilt, welchem

Einführungsgesetz.

Art. 13 Abs. 1.

Die Eingehung der Ehe wird, sofern auch nur einer der Verlobten ein Deutscher ist, in Ansehung eines jeden der Verlobten nach den Gesetzen des Staates beurtheilt, dem er angehört.

Art. 14.

Die persönlichen Rechtsbeziehungen deutscher Ehegatten zu einander werden nach den deutschen Gesetzen beurtheilt, auch wenn die Ehegatten ihren Wohnsitz im Auslande haben.

Die deutschen Gesetze finden auch Anwendung, wenn der Mann die Reichsangehörigkeit verloren, die Frau sie aber behalten hat.

Art. 15.

Das eheliche Güterrecht wird nach den deutschen Gesetzen beurtheilt, wenn der Ehemann zur Zeit der Eheschließung ein Deutscher war.

Erwirbt der Ehemann nach Eingehung der Ehe die Reichsangehörigkeit, oder haben ausländische Ehegatten ihren Wohnsitz im Inlande, so sind für das eheliche Güterrecht die Gesetze des Staates maßgebend, dem der Mann zur Zeit der Eingehung der Ehe angehörte. — — —

Art. 18.

Die eheliche Abstammung eines Kindes wird nach den deutschen Gesetzen beurtheilt, wenn der Ehemann der Mutter zur Zeit der Geburt des Kindes Deutscher ist oder, falls er vor der Geburt des Kindes gestorben ist, zuletzt Deutscher war.

Art. 19.

Das Rechtsverhältniß zwischen den Eltern und einem ehelichen Kinde wird nach den deutschen Gesetzen beurtheilt, der Vater angehört und, wenn der Vater gestorben ist, nach den Gesetzen des Staates, welchem die Mutter angehört.

Ist die Reichsangehörigkeit des Vaters oder der Mutter erloschen, das eheliche Kind aber Deutscher geblieben, so finden, soweit nach Abs. 1 die Gesetze eines ausländischen Staates anwendbar sein würden, die deutschen Gesetze Anwendung.

wenn der Vater und, falls der Vater gestorben ist, die Mutter die Reichsangehörigkeit besitzt. Das Gleiche gilt, wenn die Reichsangehörigkeit des Vaters oder der Mutter erloschen, die Reichsangehörigkeit des Kindes aber bestehen geblieben ist.

§ 2253.

Die Legitimation eines unehelichen Kindes wird nach den Gesetzen des Staates beurtheilt, welchem der Vater zur Zeit der Legitimation angehört. Das Erforderniß der Einwilligung des Kindes oder der Einwilligung Dritter, zu denen das Kind in einem familienrechtlichen Verhältnisse steht, bestimmt sich nach den Gesetzen des Staates, welchem das Kind zur Zeit der Legitimation angehört.

§ 2254.

Die Vorschriften des § 2253 finden auf die Annahme an Kindesstatt entsprechende Anwendung.

Art. 22.

Die Legitimation eines unehelichen Kindes sowie die Annahme an Kindesstatt bestimmt sich, wenn der Vater zur Zeit der Legitimation oder der Annehmende zur Zeit der Annahme die Reichsangehörigkeit besitzt, nach den deutschen Gesetzen.

Gehört der Vater oder der Annehmende einem fremden Staate an, während das Kind die Reichsangehörigkeit besitzt, so ist die Legitimation oder die Annahme unwirksam, wenn die nach den deutschen Gesetzen erforderliche Einwilligung des Kindes oder eines Dritten, zu dem das Kind in einem familienrechtlichen Verhältniß steht, nicht erfolgt ist.

§ 2256.

Das Rechtsverhältniß zwischen einem unehelichen Kinde und dessen Mutter wird nach den Gesetzen des Staates beurtheilt, welchem die Mutter angehört.

Ist die Reichsangehörigkeit der Mutter erloschen, das Kind aber Deutscher geblieben, so finden die deutschen Gesetze Anwendung.

Art. 20.

Das Rechtsverhältniß zwischen einem unehelichen Kinde und dessen Mutter wird nach den deutschen Gesetzen beurtheilt, wenn die Mutter eine Deutsche ist. Das Gleiche gilt, wenn die Reichsangehörigkeit der Mutter erloschen, die Reichsangehörigkeit des Kindes aber bestehen geblieben ist.

§ 2261.

Die erbrechtlichen Verhältnisse werden nach den Gesetzen des Staates beurtheilt, welchem der Erblasser zur Zeit seines Todes angehört hat.

Die Errichtung und die Aufhebung

Art. 24.

Ein Deutscher wird, auch wenn er seinen Wohnsitz im Auslande hatte, nach den deutschen Gesetzen beurtheilt.

— — — — — — — — — — — — —

Erwirbt ein Ausländer, der eine

einer Verfügung von Todeswegen werden nach den Gesetzen des Staates beurtheilt, welchem der Erblasser zur Zeit der Errichtung oder der Aufhebung angehört hat.

Erwirbt ein Ausländer, der die Fähigkeit zur Errichtung einer Verfügung von Todeswegen erlangt hat, die Reichsangehörigkeit, nachdem er eine solche Verfügung errichtet hat, so behält er die Fähigkeit, auch wenn er das nach den deutschen Gesetzen erforderliche Alter noch nicht erreicht hat.

Verfügung von Todeswegen errichtet oder aufgehoben hat, die Reichsangehörigkeit, so wird die Gültigkeit der Errichtung oder der Aufhebung nach den Gesetzen des Staates beurtheilt, dem er zur Zeit der Errichtung oder der Aufhebung angehört; auch behält er die Fähigkeit zur Errichtung einer Verfügung von Todeswegen, selbst wenn er das nach den deutschen Gesetzen erforderliche Alter noch nicht erreicht hat.

— — — — — — — — — — —

Art. 25.

Ein Ausländer, der zur Zeit seines Todes seinen Wohnsitz im Inlande hatte, wird nach den Gesetzen des Staates beerbt, dem er zur Zeit seines Todes angehörte. — — —

§ 2.

Wesen der Kollisionsnormen. Einseitige, vollkommene und unvollständig zweiseitige Kollisionsnormen.

Es muß hier eine allgemeinere Erörterung über die Technik der positiven Rechtssätze vorausgeschickt werden, welche dem Anwendungsbereich der Rechtssätze in internationaler Hinsicht — altmodisch gesprochen: die Statutenkollision — regeln, und die ich „Kollisionsnormen“ nenne.

Das Wesen dieser Vorschriften kann von zwei verschiedenen Seiten betrachtet werden.

Man kann einerseits fragen: Welches sind die objektiven Verhältnisse, die den Gesetzgeber zur Aufstellung von Kollisionsnormen veranlassen? Die Antwort auf diese Frage läßt sich kurz dahin formuliren: Die Veranlassung liegt in der Koexistenz verschiedener Rechtsordnungen, deren jede für sich den Anspruch der Gleichberechtigung erhebt. Um die hierdurch gegebenen Zweifel, die man als Kollisionsfragen bezeichnen kann, zu lösen, stellt der Gesetzgeber Kollisionsnormen auf.

Der Gesetzgeber würde an und für sich in der Lage sein, die Berücksichtigung anderer Rechtsordnungen gänzlich abzulehnen. Er könnte von seinen Rechtspflegeorganen durchgehends die absolute und ausschließliche Anwendung seiner eigenen Rechtsvorschriften verlangen. Daß sich dessen aber ein moderner Gesetzgeber unterfinge, ist thatsächlich so zweifellos ausgeschlossen, daß hier die Frage gar nicht aufgeworfen zu werden braucht, ob solches Verhalten, wie Einige behaupten, durch das positive Völkerrecht, oder wie Andere meinen, durch immanente Gerechtigkeit, oder durch das unabweisbare praktische Bedürfniß verboten ist. Die thatsächliche Lage ist die, daß die Gesetzgebung und die Rechtsanwendung gezwungen ist, zu den Kollisionsfragen, die sich aus der Koexistenz der Rechtsordnung ergeben, Stellung zu nehmen.

Dies die neutrale Betrachtung, welche auf die internationale Lage und die objektive Veranlassung der Kollisionsnormen gerichtet ist. Damit ist aber das technische Wesen der von der einzelnen Rechtsordnung aufgestellten oder aufstellbaren Kollisionsnormen nicht klargestellt. Um diesem näher zu kommen, muß man sich einer anderen Betrachtungsweise zuwenden und die Frage aufwerfen: Welches ist der wesentliche *Inhalt* der Kollisionsnormen? Und hierauf läßt sich summarisch die Antwort geben: „*Feststellung des Anwendungsbereiches der Rechtssätze*". Diese Formulirung schließt zwei weitere der Lösung bedürftige Fragen in sich. Einerseits bedarf der Begriff des *Anwendungsbereichs* einer Erklärung und zweitens bleibt zu bestimmen, *welche Rechtssätze* in ihrem Anwendungsbereich durch die Kollisionsnormen bestimmt werden müssen.

Was den „*Anwendungsbereich*" betrifft, so ist die früher gang und gäbe Vorstellung heute abgethan, daß es sich nur um den *örtlichen* Anwendungsbereich der Rechtssätze handle. Das Savigny'sche Bild vom Sitze der Rechtsverhältnisse im Raum war niemals erschöpfend, ist aber in evidenter Weise unzureichend geworden, seitdem die *Staatsangehörigkeit* im internationalen Privatrecht eine dominierende Stellung erlangt hat. Das positive internationale Privatrecht wurde niemals und wird vollends heute nicht ausschließlich durch das Prinzip der *Territorialität* beherrscht. Das uralte Prinzip der *Personalität* der Rechte ist neuerdings zu neuem Leben erwacht. An die Stelle der lex domicilii ist in weitem Maße das Recht des Staates getreten, mit dem eine Person durch *Staatsangehörigkeit* verbunden ist, das Prinzip des *Heimatsrechtes*. Daß die Staatsangehörigkeit eine *räumliche* Beziehung darstelle, wird zwar vielfach angenommen. Aber die Annahme beruht auf falscher Verselbigung der Begriffe Staat und Staatsgebiet. Man muß sich vergegenwärtigen, daß der Begriff der Staatsangehörigkeit nicht die Zugehörigkeit zum Territorium des Staates, sondern eine Summe von Rechtsbeziehungen bezeichnet, welche sich nach Rechtsvorschrift an Thatbestände knüpfen, die theilweise unabhängig von jeder räumlichen Beziehung zum Staatsterritorium wirken. Daß etwa das aus der Staatsangehörigkeit sich ergebende Recht zum Aufenthalt im Staatsterritorium es rechtfertige, die Staatsangehörigkeit als eine räumliche Thatbestands-Beziehung zu behandeln, wird nicht ernstlich behauptet werden, da dieses ja nur die Konsequenz der Staatsangehörigkeit ist. Die Staatsangehörigkeit selbst bedeutet keine territoriale, sondern eine personale Verbindung. Somit bezieht sich das gesetzgeberische Problem des Anwendungsbereiches der Rechtssätze auf die Feststellung der räumlichen und der persönlichen Momente derjenigen Thatbestände, auf welche die Kollisionsnormen sich beziehen.

Was die vorhin bezeichnete zweite Frage betrifft, für welche Rechtssätze die Kollisionsnormen den Anwendungsbereich regeln, so ist man vielleicht bereit zu antworten: „Selbstverständlich für alle Rechtssätze, inländische und ausländische; denn das ist ja gerade die Veranlassung zur Aufstellung von Kollisionsnormen, daß der Herrschaftsbereich der verschiedenen Rechtsordnungen gegen einander abgegrenzt werden soll." Aber diese Antwort würde vorschnell sein. Die genauere Betrachtung der gegebenen Thatbestände und des positiven Rechts lehrt, daß die Kollisionsnormen einer bestimmten Rechtsordnung sich darauf beschränken können, den räumlichen und persönlichen Anwendungsbereich lediglich der inländischen Rechtssätze zu regeln.

Dies kann in der Weise geschehen, daß die absolute Anwendbarkeit der lex fori für bestimmte Fragen vorgeschrieben wird, wie es z. B. Seitens des englisch-amerikanischen common law hinsichtlich der Verjährungsvorschriften geschieht („absolutistische Kollisionsnormen") oder durch „spezielles Fremdenrecht", wie es z. B. in § 23 BGB. vorliegt. Oder endlich es kann in der Weise geschehen, daß für die einheimischen Rechtssätze nur ein beschränkter Anwendungsbereich angewiesen, aber nicht be-

---

[1]) Vgl. Barazetti, Ztschr. für intern. Privat- und Strafrecht VIII 290.

stimmt wird, welches Recht für diejenigen Thatbestände maßgebend sein soll, auf welche die inländischen Rechtssätze keine Anwendung finden sollen. Die Kollisionsnormen dieser Art nenne ich „einseitige Kollisionsnormen"[1]). Zu dieser letzten Kategorie nun gehören die Vorschriften der Artikel 14, 18, 19, 20, 22 des EG. z. BGB.

Art. 14 bestimmt, daß das deutsche Recht maßgebend sein soll für die persönlichen Rechtsbeziehungen der Ehegatten:

a) wenn beide Ehegatten Deutsche sind,

b) wenn früher beide Ehegatten Reichsangehörige gewesen sind, später aber der Ehemann die Reichsangehörigkeit verloren, die Frau sie behalten hat.

Der Artikel bestimmt nicht, welches ausländische Recht Anwendung finden soll auf die persönlichen Rechtsbeziehungen in Ehen, in denen auch nur ein Theil nicht das deutsche Indigenat besitzt, ausgenommen den zu b) bezeichneten Fall.

Art. 18 bestimmt, daß für die Ehelichkeit eines Kindes die deutschen Gesetze maßgebend sein sollen, wenn der Ehemann der Mutter zur Zeit der Geburt Deutscher ist. Welche ausländische Gesetzgebung zu Grunde gelegt werden soll, wenn der Vater Ausländer ist, ist nicht bestimmt.

Art. 19 bestimmt, daß die deutschen Gesetze für das Rechtsverhältniß zwischen Eltern und ehelichen Kindern maßgebend sein sollen:

a) wenn der Vater Deutscher ist und nach dem Tode des Vaters, wenn die Mutter Deutsche ist,

b) wenn das Kind die deutsche Reichsangehörigkeit besitzt, der Vater (und nach dessen Tode die Mutter) die Reichsangehörigkeit zwar nicht besitzt, aber früher besessen hat.

Der Artikel bestimmt nicht, welches ausländische Recht für das Verhältniß maßgebend sein soll, wenn der Vater bezw. die Mutter die Reichsangehörigkeit nicht hat, ausgenommen den unter b) bezeichneten Fall.

Art. 20 bestimmt, daß die deutschen Gesetze maßgebend sein sollen für das Rechtsverhältniß einer deutschen Mutter zu ihrem unehe-

---

[1]) Zitelmann Intern. PR. I, S. 214 nennt sie „individuelle" Kollisionsnormen.

lichen Kinde. Er bestimmt nicht, welches ausländische Recht für das Rechtsverhältniß maßgebend sein soll, wenn die Mutter Ausländerin ist.

Art. 22 bestimmt hinsichtlich Legitimation und Adoption:

a) daß die deutschen Gesetze Anwendung finden sollen, wenn der Erzeuger bezw. Adoptivater die Reichsangehörigkeit besitzt,

b) daß die deutschen Vorschriften, welche die Einwilligung des Kindes oder eines Dritten fordern, zu dem das Kind in einem familienrechtlichen Verhältniß steht, Anwendung finden sollen, wenn das Kind die Reichsangehörigkeit besitzt, der Erzeuger bezw. Adoptivvater aber Ausländer ist.

Es ist nicht bestimmt, welches ausländische Recht Anwendung finden soll, wenn der Erzeuger oder Adoptivvater Ausländer ist, ausgenommen in der unter b) bezeichneten Hinsicht und unter der dort angegebenen besonderen Voraussetzung.

Daß für alle die Thatbestände, für welche hiernach die Maßgeblichkeit des deutschen Rechtes nicht bestimmt ist, ein Auslandsrecht maßgebend sein soll (vorbehaltlich der Rückverweisung Art. 27 EG., s. unten § 6), liegt auf der Hand.

Den einseitigen Kollisionsnormen stehen diejenigen Bestimmungen gegenüber, welche die internationalistische Frage inhaltlich insofern vollkommen regeln, als sie nicht nur den Anwendungsbereich der inländischen Rechtssätze bestimmen, sondern auch das ausländische Recht bezeichnen, das auf die übrigen Thatbestände Anwendung finden soll. Ich nenne diese Vorschriften „vollkommene Kollisionsnormen"[1]).

Derartige vollkommene Kollisionsnormen enthalten die Artikel 7, 11, 17, 21 EG. z. BGB.

Art. 7 Abs. 1 bestimmt, daß für die Geschäftsfähigkeit Deutscher das deutsche Recht maßgebend ist, aber auch ferner, daß soweit das deutsche Recht hiernach nicht maßgebend ist, nämlich hinsichtlich der Geschäftsfähigkeit der Ausländer, deren Heimatrecht maßgebend sein soll.

Art. 11 bestimmt (Abs. 1 Satz 2), daß für die Form der in

---

[1]) Zitelmann, Int. P.-R. I S. 214 schlägt die Bezeichnung „generelle" Kollisionsnormen vor.

Deutschland geschlossenen Rechtsgeschäfte die deutschen Vorschriften insofern maßgebend sein sollen, als die Rechtsgeschäfte formgültig sind, wenn sie den deutschen Vorschriften entsprechen. Entsprechend ist aber auch für die im Ausland errichteten Rechtsgeschäfte die Maßgeblichkeit der lex loci actus in eben demselben Sinne vorgeschrieben.

Der erste Satz des Artikels 11: „Die Form eines Rechtsgeschäftes bestimmt sich nach den Gesetzen, welche für das den Gegenstand des Rechtsgeschäft bildende Rechtsverhältniß maßgebend sind", gehört nicht hierher, weil diese Vorschrift keinen selbständigen Inhalt hat, vielmehr nur ein die Tragweite sonstiger Kollisionsnormen näher bestimmender Satz ist. Sein Inhalt ist, anders ausgedrückt, der: „Die Kollisionsnormen, welche das für Rechtsverhältnisse aus Rechtsgeschäften maßgebliche Recht bezeichnen, beziehen sich auch auf die Formerfordernisse des betreffenden Rechtsgeschäftes." In Anwendung auf vollkommene Kollisionsnormen erhält der Satz auch die Funktion einer solchen vollkommenen Kollisionsnorm, in Anwendung auf einseitige Kollisionsnormen nur die Funktion einer einseitigen Kollisionsnorm.

Art. 17 enthält im Abs. 1 eine vollkommene Kollisionsnorm, indem er bestimmt, daß für die Ehescheidung das deutsche Recht maßgebend ist, wenn der Ehemann zur Zeit der Klageanstellung Deutscher ist, weiter aber auch, daß für die Ehescheidung von Ausländern das Recht des Staates maßgebend ist, dem der Ehemann zur Zeit der Klagestellung angehört.

Abs. 2, 3 und 4 desselben Artikels begrenzen und beschränken diese Regel, ohne deren Charakter als vollkommene Kollisionsnorm zu berühren.

Art. 21 schreibt vor, daß die Verpflichtungen des außerehelichen Schwängerers sich nach dem deutschen Recht richten, wenn die Geschwängerte zur Zeit der Geburt Deutsche ist, weiter aber auch, daß, wenn die Geschwängerte zu jenem Zeitpunkte nicht Deutsche ist, ihr Heimatsrecht für die Verpflichtungen des Schwängerers entscheidend ist.

Die Einschränkung im letzten Satz des Artikels („es können jedoch nicht weitergehende Ansprüche geltend gemacht werden, als nach den deutschen Gesetzen begründet sind"), schränkt die Maßgeblichkeit des ausländischen Rechtes zu Gunsten des deutschen ein, berührt aber nicht den Charakter der Hauptvorschrift als einer vollkommenen Kollisionsnorm.

Eine Mittelstellung zwischen den einseitigen und den vollkommenen Kollisionsnormen nehmen diejenigen Bestimmungen ein, die man „unvollständig zweiseitige" Kollisionsnormen nennen kann[1]) und deren Eigenthümlichkeit darin besteht, daß sie neben der Bestimmung des Anwendungsbereiches der einheimischen Rechtssätze für einen Theil derjenigen Thatbestände, auf welche das einheimische Recht nicht Anwendung finden soll, das anzuwendende auswärtige Recht bezeichnen, für einen anderen Theil jener Thatbestände aber die Antwort schuldig bleiben.

Dieser Kategorie von Kollisionsnormen gehören die Artikel 13, 15, sowie 24 Abs. 1, 25 Satz 1 des Einführungsgesetzes an.

Art. 13 bestimmt den Anwendungsbereich des deutschen Rechts dahin, daß die von dem deutschen Recht vorgeschriebenen Voraussetzungen der Eheschließung in der Person der Nupturienten für deutsche Staatsangehörige beiderlei Geschlechts maßgebend sind, wo immer die Ehe geschlossen wird. Er bestimmt ferner darüber hinaus in Abs. 2 die Maßgeblichkeit des deutschen Rechtes für einen Spezialfall.

Der Artikel bestimmt weiter, daß für jene Voraussetzungen in der Person von Ausländern beiderlei Geschlechts deren Heimatrecht dann maßgebend sein soll:

a) wenn bei der Eheschließung ein deutscher Nupturient betheiligt ist,

b) bei allen im Inland geschlossenen Ehen.

Der Artikel bestimmt aber nicht, welches Auslandsrecht maßgebend sein soll für die Eingehung einer Ehe im Auslande zwischen Ausländern (abgesehen von dem in Abs. 2 normierten Spezialfall).

Art. 15 bestimmt den Anwendungsbereich des deutschen Rechtes dahin, daß dieses für das eheliche Güterrecht maßgebend sein soll, wenn der Ehemann zur Zeit der Eheschließung deutscher Staatsangehöriger war, wo immer die Ehe geschlossen ist, wo immer die Eheleute ihren Wohnsitz haben und gehabt haben, welche Staatsangehörigkeit immer die Eheleute etwa später erworben haben.

---

[1]) S. Niedner, Einführungsgesetz S. 12. — Zitelmann, Int. P.-R. I S. 26ff. nennt sie „generelle Kollisionsnormen mit Falleinschränkung".

Der Artikel bestimmt weiter, daß das im Zeitpunkt der Eheschließung gegebene Heimatrecht für Ausländer maßgebend sein soll:

a) wenn eine Ausländerin einen Deutschen heirathet,

b) wenn der Ehemann nach Eingehung der Ehe die Reichsangehörigkeit erwirbt,

c) wenn und so lange ausländische Ehegatten ihren Wohnsitz im Auslande haben.

Der Artikel bestimmt aber nicht, welches Recht für das eheliche Güterrecht maßgebend sein soll, wenn der Ehemann zur Zeit der Eheschließung Ausländer war und weder der Ehemann später die Reichsangehörigkeit erworben hat, noch auch die Ehegatten ihren Wohnsitz in Deutschland genommen haben.

Art. 24, 25 bestimmen hinsichtlich des Erbrechtes den Anwendungsbereich des deutschen Rechtes dahin, daß dieses maßgebend sein soll für die Beerbung eines Deutschen, wo immer er gestorben ist und wo immer er seinen Wohnsitz hatte.

Die Artikel bestimmen weiter:

a) daß das zur Zeit des Todes gegebene Heimatrecht für die Beerbung von Ausländern maßgebend sein soll, wenn Ausländer ihr letztes Domizil in Deutschland hatten, sowie

b) daß das ausländische Heimatrecht des Errichters einer letztwilligen Verfügung für deren Gültigkeit maßgebend ist und bleibt, falls der Errichter später die Reichsangehörigkeit erworben hat.

Der Artikel bestimmt aber nicht, welches ausländische Recht maßgebend sein soll, wenn Ausländer mit ausländischem Domizil sterben.

Diese „unvollständig zweiseitigen" Kollisionsnormen sind hinsichtlich der hier in Rede stehenden Frage nach dem für die Lückenfüllung maßgebenden Prinzip den einseitigen Kollisionsnormen im Wesentlichen gleichartig[1]). Indessen ergeben sich im Einzelnen doch besondere Gesichtspunkte für ihre Behandlung.

[1]) Darum habe ich auch sie früher schlechthin als „einseitige" bezeichnet. Ich acceptiere aber dankbar den von Niedner vorgeschlagenen Ausdruck.

§ 3.

Veranlassung und Bedeutung der Ersetzung der vollkommenen Kollisionsnormen der Entwürfe durch die einseitigen und unvollständig zweiseitigen des EG. z. BGB.

Dem vom Bundesrath an den §§ 2245, 2246, 2250, 2252, 2253, 2254, 2255, 2256, 2261 des Kommissionsentwurfes geübten Verfahren treten wir nunmehr mit der Frage näher: Welchen Sinn und welche Tragweite hat die Ersetzung jener vollkommenen Kollisionsnormen durch die einseitigen Kollisionsnormen der Artikel 14, 18, 19, 20, 22 und die unvollständig zweiseitigen der Artikel 13 Abs. 1, 15, 24—25?

Man wird, wie bereits gesagt, nicht etwa von jeder Berücksichtigung des historischen Herganges absehend sich von vornherein auf die Lesung des schließlich vorliegenden Gesetzestextes beschränken dürfen. Selbst wenn man die Augen grundsätzlich vor allen nicht im Gesetz selbst zum Ausdruck gebrachten Auslegungsmomenten verschließen wollte, so würde doch das auffallende Nebeneinanderstehen von vollkommenen Kollisionsnormen (Artikel 7, 11, 17, 21) unvollständig zweiseitigen (Artikel 13, 15, 24, 25) und einseitigen (Artikel 14, 18, 19, 20, 22) zu der Frage nöthigen, welcher gesetzgeberische Gedanke dieser Verschiedenheit zu Grunde liegt. Da aber jeder Versuch einer Erklärung aus dem Gesetzestexte selbst fruchtlos ist, wie hier einstweilen unbewiesen behauptet werden soll, so darf man bei allem berechtigten Mißtrauen gegen die viel gemißbrauchte Kategorie des „Willens des Gesetzgebers" den Versuch einer Erklärung der Entstehungsgeschichte des Gesetzes nicht a limine abweisen.

Der Versuch ist erfolglos, wie hier im Voraus angekündigt sei. Eine Rechenschaftsablegung über den Weg zu diesem negativen Ergebniß ist aber nöthig aus allgemeinen methodischen Gründen, insbesondere aber auch deswegen, weil die Entstehungsgeschichte bei oberflächlicher Betrachtung einer gewissen Auffassung Vorschub zu leisten geeignet scheint, die als ebenso falsch wie gefährlich im Folgenden bekämpft werden soll.

Warum wohl, so fragen wir also, hat der Bundesrath bezüglich des in den Artikeln 13, 14, 15, 18, 19, 20, 22, 24, 25 EG. behandelten Kollisionsfragen im Gegensatz zu dem Kommissionsentwurf die vorhin (§ 2) erörterte Reihe von Thatbeständen von der Normierung ausgeschlossen?

Irgendwelche zuverlässige Nachrichten über den Inhalt der innerhalb des Bundesrathes gepflogenen Verhandlungen und über die Vorbereitung dieser Verhandlungen innerhalb der Regierungsbehörden der Bundesstaaten, insbesondere im preußischen Staatsministerium, wo das Auswärtige Amt in erster Linie seine von der zweiten Gesetzgebungskommission verworfenen Bedenken geltend gemacht haben wird, sind nicht in die Oeffentlichkeit gelangt, werden auch voraussichtlich nicht bekannt werden.

Die Erkundung ministerieller arcana ist nicht Aufgabe des Gesetzesauslegung und kommt als Basis der Gesetzesanwendung nicht in Betracht. Aber in einer Hinsicht liegen doch positive Nachrichten vor. Es steht nach den veröffentlichten Materialien soviel fest, daß Gründe der Diplomatie maßgeblichen Einfluß bei der Vorbereitung des Gesetzes geübt haben.

Die Gesichtspunkte der Diplomatie verdienen und fordern ja unzweifelhaft bei der Kodifikation des internationalen Privatrechtes die sorgfältigste Berücksichtigung und es liegt auf der Hand, daß durch ungeschickte Behandlung von Seiten des Gesetzgebers nicht nur der Diplomatie subjektive Schwierigkeiten erwachsen können, sondern auch unter Umständen ernste sachliche Schädigungen im internationalen Verhältniß herbeigeführt werden. Auch ist nicht zu leugnen, daß es diplomatische Gesichtspunkte gibt, welche für die Nichtregelung sei es der ganzen Materie des internationalen Privatrechtes, sei es einzelner Fragen und Thatbestände in der Gesetzgebung des einzelnen Staates sprechen oder doch diese Nichtregelung als den für die Diplomatie bequemeren Zustand erscheinen lassen. Es soll später auf diese Gesichtspunkte näher eingegangen werden. Hier sind die diplomatischen Gesichtspunkte zunächst nur insofern zu untersuchen, als sie generell dasjenige Verfahren zu erklären geeignet sein könnten, welches der Bundesrath gegenüber dem Kommissionsentwurf geübt hat. In dieser Hinsicht kommen zunächst zwei einander entgegengesetzte Gesichtspunkte in Betracht.

Der erste Gesichtspunkt besteht in der Tendenz, Konflikte mit anderen Staaten zu vermeiden, indem man ausländischen Staatsinteressen nachgiebig begegnet — die Politik der Konnivenz.

Der zweite Gesichtspunkt läuft auf das Bestreben hinaus, das Interesse des Auslandes für den Abschluß von Staatsverträgen (oder für sonstige Schaffung übereinstimmender Kollisionsnormen) zu schärfen, indem man das Ausland die Kollisionen fühlen läßt, welche sich aus dem Mangel übereinstimmender Behandlung dieser Fragen ergeben — die Politik des wirksamen Druckes.

Außer diesen beiden Möglichkeiten ist noch ein dritter Gesichtspunkt zu erwähnen, jedoch lediglich um ihn auszuschalten. Es ist derjenige Standpunkt, welcher offenbar den Fürsten Bismarck seiner Zeit veranlaßt hat, die Kodifikationsvorschläge der ersten Kommission ohne Prüfung im Einzelnen rundweg im Ganzen abzulehnen, nämlich die Auffassung, in diesen Fragen hemme jede gesetzliche Fessel in politisch nachtheiliger Weise die Aktionsfreiheit der Diplomatie. Dieser dem Vernehmen nach auch dem Entwurf zweiter Lesung gegenüber von diplomatischer Seite geltend gemachte Standpunkt ist von den gesetzgebenden Faktoren — Bundesrath wie Reichstag — übereinstimmend abgelehnt. Es bleibt trotzdem allerdings möglich, daß jener Gedanke insoweit wirksam geworden ist, als ihm in den hier in Frage stehenden einzelnen Beziehungen Folge gegeben ist. Soweit dieses indessen der Fall sein sollte, so würde darin kein prinzipielles Vorgehen liegen, welches einen Fingerzeig für die Methode gäbe, nach welcher die eröffneten Lücken auszufüllen wären. Die gänzliche Nichtregelung der Materien der rechtsgeschäftlichen Obligationen und des Sachenrechts würde jenem Gesichtspunkt nicht weniger unterfallen, als die Gruppe der einseitigen und unvollständig zweiseitigen Kollisionsnormen. Eine Antwort auf die uns augenblicklich beschäftigende spezielle Frage gibt jener Gesichtspunkt daher nicht. Er ergibt lediglich das Vorhandensein von Lücken, die von der Jurisprudenz nach allgemeinen Grundsätzen auszufüllen sind.

Fragt man nun, inwieweit einer jener beiden zuerst bezeichneten Gesichtspunkte dem Verfahren des Bundesrath prinzipiell zu Grunde liegen könne, so ergibt sich, daß es die Politik des Druckes darum nicht sein kann, weil nicht abzusehen ist, inwiefern die Nichtregelung der in den einseitigen und unvollständig zweiseitigen Kollisionsnormen ausgeschiedenen Thatbestandskategorien dem Auslande Unbequemlichkeiten bereiten und damit die Bereitwilligkeit erzwingen sollte, hinsichtlich jener Fragen eine Verständigung und eine den deutschen Interessen genehme, sei es vertragsmäßige, sei es gesetzliche Regelung eintreten zu lassen. Ein Nachtheil, welchen die Nichtregelung im Gefolge hat und welchen allerdings gelegentlich auch das Ausland empfinden wird, ist ja freilich die Unsicherheit und Wandelbarkeit der Rechtspflege. Aber von diesem Nachtheil werden wir selbst mindestens ebenso empfindlich betroffen, wie das Ausland, und es ist doch völlig ausgeschlossen, daß unser Gesetzgeber vorsätzlich einen in erster Linie für uns selbst unbefriedigenden Rechtszustand zu dem Zwecke geschaffen habe, um dem Ausland damit Unbequemlichkeiten zu bereiten.

Es erübrigt der Gesichtspunkt der Konnivenz. Zitelmann (Intern. P. R. I 227) sagt darüber: „In welcher Form und mit welchen Hintergründen immer dieser Gedanke maßgebend sein sollte: er beruht jedenfalls auf einem Fehler. Die Berücksichtigung des Interessenkreises fremder Staaten kann dahin führen, daß unser Staat deren Recht, das ausländische Recht, anzuwenden befiehlt; das hat einen Sinn; keinen Sinn aber hat es, wenn er aus Rücksicht auf die fremden Staaten seinen Richtern überhaupt keine Kollisionsnorm für gewisse Fälle geben will, während er ihnen doch die Aufgabe, diese Fälle zu entscheiden, wenn sie vorkommen, nicht ersparen kann". Hiervon abweichend hat in einem dem deutschen Juristentag 1897 vorgelegten Gutachten Neumann[1]) dem bescheidenen Zurücktreten unserer Rechtsordnung gegenüber der „Kompetenz" anderer Rechtsordnungen grundsätzlich das Wort geredet, nicht nur im Sinn politischer Zweckmäßigkeit, sondern im Sinn juristischer Nothwendigkeit; und Neumann nimmt an, daß seine Auffassung dem in Rede stehenden Verfahren des Bundesraths und demgemäß dem Einführungsgesetze selbst thatsächlich zu Grunde liege. Auch Niedner (EG. S. 13) ist der Meinung, die Fassung einzelner Artikel des Gesetzes deute darauf hin, daß der Gesetzgeber „sich dieses Prinzip zum Theil zu eigen gemacht habe".

Die Meinung der letztgenannten Schriftsteller ist näher so: Der Gesetzgeber habe nicht für alle Thatbestände, die möglicherweise zur Kognition seiner Rechtspflegeorgane kommen, die Kollisionsnorm geben wollen, sondern nur für diejenigen, welche vom Standpunkt einer idealen internationalrechtlichen Ordnung der Kompetenz seiner internationalprivatrechtlichen Gesetzgebung unterfallen. Er habe nur den Kompetenzkonflikt zum Gegenstande seiner Regelung gemacht. Für die seiner Kompetenz hiernach unterfallenden Thatbestände habe er zu entscheiden gehabt, ob sein eigenes oder ausländisches Recht Anwendung finden solle. Für die übrigen Thatbestände, für welche er demnach eine andere Rechtsordnung als kompetent erachte, habe er resigniert und für sie sei nach Maßgabe der Kollisionsnormen eben der kompetenten Rechtsordnung das maßgebliche Recht zu suchen.

---

1) Verhandlungen des 24. Juristentags. Bd. 1, S. 172.

Hier sei nun zunächst bemerkt, daß der Gesichtspunkt diplomatischer Konnivenz in dem oben bezeichneten Sinn sich nicht mit diesem System der „Kompetenzerwägung“ [1]) deckt. Aber er liegt in derselben Richtung, und insofern soll einmal der Gedanke erwogen werden ob es wahrscheinlich oder auch nur möglich ist, daß der Zuständigkeitsgedanke die Bundesrathsbeschlüsse bestimmt hat.

Ich halte es im Gegensatz zu Neumann, Niedner und Anderen für sicher, daß jenes künstliche und undurchführbare System den Beschlüssen des Bundesrathes thatsächlich nicht zu Grunde gelegen hat, geschweige daß es im Gesetz zum Ausdruck gekommen sei.

Die Mehrzahl der Kollisionsnormen des EG. trifft auch Bestimmungen über das Anwendungsgebiet ausländischen Rechtes. Der bereits in eine Anzahl von Kommentaren und Lehrdarstellungen übergegangene Satz, das EG. bestimme grundsätzlich nur den Anwendungsbrauch des deutschen Rechtes, ist unrichtig.

Rein ziffermäßig stellt die Sache sich so: Neben 5 Artikeln mit einseitigen Kollisionsnormen (Art. 14, 18, 19, 20, 22) stehen 8 Artikel mit vollkommenen und unvollständig zweiseitigen Kollisionsnormen (Art. 7, 11, 17, 21, 13, 15, 24, 25).

Daß auch die unvollständig zweiseitigen Kollisionsnormen gegen den hier bekämpften Satz sprechen, scheint mehrfach übersehen worden zu sein, ist aber zweifellos. Denn auch sie normieren ja den Anwendungsbereich ausländischen Rechtes.

Wichtiger als jenes Zahlenverhältniß ist aber der Umfang und die Bedeutung der geregelten Materien. In den wesentlichen und umfassenden Materien der Geschäftsfähigkeit, der Form der Rechtsgeschäfte, der Eheschließung und Ehescheidung, des ehelichen Güterrechts, des Erbrechtes, der Unterhaltspflicht des außerehelichen Schwängerers hat der Gesetzgeber sich nicht gescheut, auch den Herrschaftsbereich ausländischer Rechtssätze zu bestimmen. Nur in den minder wichtigen und minder umfangreichen Fragen des persönlichen Verhältnisses der Eheleute, sowie des Verhältnisses von Eltern und Kindern (einschließlich der Frage der ehelichen Abstammung, Legitimation, Adoption) hat man sich auf Bestimmung des Anwendungsbereiches des

[1]) Vgl. deutsche Juristenzeitung 1898 S. 372, Niedner EG. S. 13.

deutschen Rechtes beschränkt. Man bemerke aber, daß auch in diese Materien die — vollkommenen — Kollisionsnormen der Artikel 17 (Ehescheidung) und 21 (Unterhaltspflicht des unehelichen Erzeugers) gründlich hineinschneiden. Was namentlich die persönlichen Verhältnisse der Ehegatten betrifft, so ist ja der Ehescheidungsprozeß die wichtigste und häufigste Form, in welcher sie zur gerichtlichen Kognition kommen.

Ferner aber beachte man, daß auch in den einseitigen Kollisionsnormen die Zuständigkeit des deutschen Rechtes — um den gegnerischen Ausdruck zu gebrauchen — ganz offenbar weiter ausgedehnt ist, als es sich mit dem Prinzip der Kompetenzerwägung verträgt:

Der zweite Absatz in Art. 14 dehnt die Maßgeblichkeit des deutschen Rechtes auch auf einen Fall aus, wo der Ehemann Ausländer ist, während der deutsche Ehemann niemals dem ausländischen Recht unterstellt wird.

Der letzte Satz in Art 19: „Das Gleiche (d. h. die Maßgeblichkeit des deutschen Rechtes) gilt, wenn die Reichsangehörigkeit des Vaters oder der Mutter erloschen, die Reichsangehörigkeit des Kindes aber bestehen geblieben ist", hat die Konsequenz, daß die Rechte eines Ausländers am Kindesvermögen unter Unständen nach deutschem Recht beurtheilt werden, während die Rechte eines Deutschen am Vermögen seiner Kinder stets und ausnahmslos nach deutschem Recht beurtheilt werden.

Der letzte Satz des Art. 20 führt zu demselben Ergebniß bezüglich einer Ausländerin gegenüber ihrem unehelichen Kinde.

Art. 22 Abs. 2 statuiert ebenfalls einen Grundsatz, den man vom Neumannschen Standpunkt aus als einen Uebergriff in die Kompetenz des internationalen Privatrechts anderer Staaten bezeichnen muß.

Also bei *jeder einzelnen* unserer einseitigen Kollisionsnormen findet sich, im Sinne der Kompetenztheorie gesprochen, krasse „Kompetenzüberschreitung" von Seiten des deutschen Gesetzgebers. Von einem rücksichtsvollen Zurückweichen vor der Kompetenz anderer Staaten kann also keine Rede sein.

Ein ähnliches Ergebniß liefert die genauere Betrachtung der unvollständig zweiseitigen Kollisionsnormen (Artikel 13, 15, 24, 25):

Der Art. 13 geht von dem Prinzip der Maßgeblichkeit des Heimatrechtes für die Voraussetzungen der Eheschließung aus, und spricht dies auch für ausländische Nupturienten aus, falls ein deutscher Nupturient betheiligt ist, und für Ehen, die von Ausländern in Deutschland geschlossen werden. Nach dem Prinzip des Kompetenzgedankens dürfte der deutsche Gesetzgeber diese Bestimmungen nicht treffen. Nach dem Kompetenzgedanken dürfte das Heimatrecht der Ausländer nur als das die Zuständigkeit für Erlassung der Kollisionsnorm bestimmende Gesetz in Betracht genommen sein. Wenn z. B. eine Deutsche in Dänemark einen in Frankreich domizilierenden Dänen heirathete, so müßte nach dem Kompetenzgedanken (der ja das Prinzip der Rück- und Weiterverweisung in sich schließt) die Ehemündigkeit des Dänen, weil das dänische internationale Privatrecht die Maßgeblichkeit der lex domicilii vorschreibt, nach französischem Recht beurtheilt werden. Aber der deutsche Gesetzgeber bekümmert sich nicht um den Zuständigkeitsgedanken, sondern oktroyiert dem Dänen dänisches Recht, obwohl dieses selbst nicht angewendet sein will. Also nicht nur eine „Kompetenzüberschreitung", sondern eine völlige Beiseitelassung des Kompetenzgedankens. Denn daß nicht etwa ein besonderes nationaldeutsches Interesse daran besteht, daß nicht französisches, sondern dänisches Recht zur Anwendung komme, wird man nicht behaupten wollen. Vielmehr steht augenscheinlich der Gesetzgeber auf dem Standpunkt, daß er nicht die Zuständigkeit, sondern das Anwendungsgebiet selbst bestimmen will, auch wo es sich um ausländische Anknüpfungsmomente handelt.

Wenn ferner Art. 15 für eine von ausländischen Nupturienten im Auslande geschlossenen Ehe die Norm gibt, daß das eheliche Güterrecht durch das Heimatrecht des Ehemannes zur Zeit der Ehe bestimmt wird, falls der Ehemann späterhin die deutsche Reichsangehörigkeit erwirbt, so ist klar, daß die spätere Erwerbung der Reichsangehörigkeit dem Gesetzgeber zwar die Veranlassung gibt, für jenen Thatbestand eine Norm zu geben. Aber es ist auch klar, daß es nicht der Kompetenzgedanke ist, der ihn dabei beherrscht. Denn wenn die Kompetenzfrage einmal aufgeworfen werden soll, so liegt ja auf der Hand: Nach dem von unserem Gesetzgeber zu Grunde gelegten Prinzip, daß die Zeit der Eheschließung das eheliche Güterrecht bestimmt, müßte der Kompetenzgedanke dazu führen, dem Heimatrecht des Ehemannes die Kompetenz für die Kollisionsnorm auch in dem Falle zuzuerkennen, wenn nachträglich der Ehemann Deutscher wird.

Was endlich die das Erbrecht betreffenden Artikel 24, 25 angeht, so spricht hier der jeder Kompetenzerörterung abholde und auf starke einseitige Betonung der deutschen Gesetzgebungsmacht abgestellte Tenor der Bestimmungen auch ohne Kommentar deutlich genug.

Wer trotz alledem daran glaubt, unser Gesetzgeber sei bescheiden vor der Kompetenz ausländischer Gesetzgeber zurückgewichen, könnte etwa folgendermaßen argumentieren:

Das bloße Fehlen einer Entscheidungsnorm im Gesetze möge im Allgemeinen die Folge haben, daß der Richter und jedes andere Rechtspflegeorgan die Lücken nach allgemeinen Grundsätzen, insbesondere nach dem Prinzip der Analogie und äußerstenfalls nach billigem Ermessen auszufüllen berufen sei. Anders aber liege es mit den Kollisionsnormen des EG. Der Gesetzgeber habe die Entscheidung gewisser Rechtsfragen nicht blos unterlassen, er habe sich selbst von der Entscheidung ausgeschlossen. Er habe konkludent erklärt, daß seine Gesetzgebung in diesen Fällen nicht Anwendung finden solle, daß er aber auch nicht entscheiden wolle, welche andere Rechtsordnung maßgebend sein solle. Darin liege eine Unzuständigkeitserklärung, die zur Folge haben müsse, daß nunmehr die zuständige ausländische Rechtsordnung aufzusuchen und aus dieser die Kollisionsnorm zu entnehmen sei.

So wenig nun aber Jemand behaupten wird, daß ganz allgemein in dem bloßen Fehlen von Entscheidungsnormen für internationalistische Thatbestände eine Unzuständigkeitserklärung des Gesetzgebers liege, so wenig wird man überall da, wo sich einseitige Kollisionsnormen finden, eine Unzuständigkeitserklärung der Rechtsordnung hinsichtlich der von der Normierung ausgeschlossenen Thatbestände erblicken dürfen. Es müssen unzweifelhaft besondere und zwingende Umstände vorliegen, um die Annahme einer solchen Abnormität zu rechtfertigen. — Ein derartiger besonderer Umstand könnte nun mit einem Schein von Recht darin erblickt werden, daß unser Gesetzgeber nicht etwa von vornherein in naiver Nichtberücksichtigung ausländischer Rechtsordnungen (so wie es für Art. 3 des Code Civil zutrifft[1]), sondern in bewußter und ausdrücklicher Ab-

[1]) Die einseitige Kollisionsnorm des Art. 3 Satz 3 des französischen Civilgesetzbuchs („Les lois concernant l'état et la capacité des personnes régissent les Français même résidant en pays étranger") hat thatsächlich nicht den ihr von Neumann (Verhandlungen des 24. deutschen Juristentages Bd. I S. 174) untergelegten Sinn: „Wie das französische Recht für die Franzosen, so bestimmt das Recht jedes Staates (d. h. bestimmen die Kollisionsnormen

lehnung der vollkommenen Kollisionsnormen des Kommissionsentwurfes jene Lücken durch Beseitigung der von der Kommission vorgeschlagenen Normierung positiv geschaffen und somit zu erkennen gegeben habe, daß er die ihm vorgelegten und augenscheinlich normbedürftigen Thatbestände seinerseits zu normieren sich nicht für berufen erachte.

Aber warum sollen denn ausländische Rechtsquellen die Faktoren sein, welchen der Gesetzgeber die Entscheidung überlassen hat? Warum nicht die inländischen Rechtspflegeorgane? Ist uns doch in Bezug auf zahlreiche sonstige Fragen, welche das BGB. notorisch „der Wissenschaft und der Praxis" überlassen hat, der Gesichtspunkt geläufig, daß der Gesetzgeber nicht etwa seine Kompetenz bezweifelt hat, sondern daß er es für richtiger gehalten hat, die Rechtspflege nicht an eine starre Norm zu binden, vielmehr der Vielgestaltigkeit des Rechtsverkehrs durch die dem Richter gewährte Freiheit gerecht zu werden. Niemand wird bezweifeln, daß dieses der maßgebende Gesichtspunkt für die prinzipielle Nichtregelung der Kollisionsfragen der obligatorischen Rechtsgeschäfte und des Sachenrechtes ist. Daß der Gesetzgeber hier generell seine Unzuständigkeit habe aussprechen wollen, nimmt auch Neumann[1]) nicht an. Und doch liegt auch hier eine bewußte und ausdrückliche Ablehnung der Kollisionsnormen des Kommissionsentwurfes von Seiten des Bundesrathes vor.

Ich komme also zu dem Ergebniß, daß weder der Text des EG., noch dessen Vorgeschichte die Annahme unterstützt, es liege unserem Gesetz der Zuständigkeitsgedanke zu Grunde, und ich finde vielmehr, daß die Einzelbehandlung der in den einseitigen und unvollständig zweiseitigen Kollisionsnormen normierten Materien den Gegenbeweis liefert.

Aber auch sonst — d. h. abgesehen von dem Zuständigkeitsgedanken — sind keine diplomatischen Gesichtspunkte prinzipieller Art im Sinne des Entgegenkommens gegen Interessen und Ansprüche anderer Staaten erfindlich, welche geeignet wären, das bundesräthliche Vorgehen zu rechtfertigen oder auch nur zu erklären. Gegen

jedes Staates) für die Staatsangehörigen das für die Beurtheilung von état und capacité maßgebende Recht." Neumann befindet sich mit seiner Auslegung im Widerspruch mit der französischen Wissenschaft und Judikatur, auf die ich in meiner von ihm angegriffenen Bemerkung referierend Bezug genommen habe.

[1]) Verh. 24. deutschen Juristent. Bd. I S. 175 ff.

alle Gesichtspunkte dieser Art spricht die durchschlagende Erwägung, daß die deutschen Rechtspflegeorgane ihrerseits die Kollisionsfragen der von der Normierung ausgeschlossenen Thatbestandskategorien entscheiden werden und entscheiden müssen. Die Versagung der Entscheidungsnorm von Seiten des Gesetzgebers wird zunächst Unsicherheit und höchstwahrscheinlich Ungleichheit der Entscheidungen zur Folge haben, wird aber voraussichtlich mit der Zeit zur Bildung gewohnheitsrechtlicher Normen führen. Die Diplomatie hat dabei das Zusehen. Daß die diplomatischen Instanzen und der Bundesrath sich der Erkenntniß dieser ganzen Sachlage verschlossen haben sollten, ist nicht anzunehmen, und wenn es der Fall gewesen sein sollte, unbeachtlich, weil schlechthin unverständlich.

Nach alledem wird die Annahme zur Nothwendigkeit, daß es kein durchgreifendes Prinzip gewesen ist, welches das in Rede stehende Verfahren des Bundesrathes bestimmt hat, sondern daß Einzelerwägungen maßgebend gewesen sind, die sich mit irgend welcher Sicherheit nicht erkennen lassen. Man darf vielleicht dem Gerücht Glauben schenken, daß die — an die Bismarck'sche Tradition anknüpfende — Tendenz, wonach der Diplomatie möglichst freie Hand gesichert werden sollte, einen theilweisen scheinbaren Erfolg gegenüber dem Kodifikationsprinzip insofern errungen hat, als in einzelnen Punkten die Diplomatie das Bedürfniß der freien Hand in einer Weise zu motivieren vermocht habe, welche es dem Bundesrath opportun erscheinen ließ, nachzugeben. Gegenüber dem vorhin geltend gemachten Gesichtspunkt, daß die Unterlassung der gesetzlichen Regelung die Entscheidung nur an eine andere Stelle, nämlich in die Hand der juristischen Praxis lege und daß somit die Diplomatie doch gebunden werde, mag die Diplomatie geltend gemacht haben, daß die *gesetzliche* Entscheidung für die allgemeine Staatspolitik ein anderes Gesicht trage, als die inhaltlich gleiche von Seiten subordinierter *Rechtspflegeorgane* im Einzelfall ergangene Entscheidung. Wenn — so kann man argumentieren — solche Entscheidung von den ordentlichen Gerichten gefällt wird, so kann das Ausland die Regierung dafür politisch nicht ebenso unmittelbar verantwortlich machen, wie für die Gesetzgebung. Sollte es dennoch geschehen, so würde die Regierung ihrerseits einem etwa drohenden ernstlicheren Konflikt durch konniventes diplomatisches Verhalten, äußersten Falls sogar durch Gewährung einer politischen Genugthuung auszuweichen in der Lage sein, aber auch andererseits den Konflikt dazu benutzen können, um mit dem Auslandsstaat eine befriedigendere Lösung für die Zukunft vertragsmäßig zu vereinbaren. Und dergleichen mehr. Wenn andererseits — so kann man erwogen haben — die vom Auslande inkriminierte Behandlung der Kollisionsfragen nicht von den Gerichten, sondern von politischen Beamten ausgehe — wobei insbesondere an Konsuln, Kolonialbeamte, Standesbeamte zu denken wäre —, so habe die Regierung es in der Hand, die Entscheidung durch entsprechende Weisungen gemäß den politischen Bedürfnissen zu gestalten.

Die hier angedeutete diplomatische Betrachtungsweise erscheint gerade für diejenigen Materien, für welche der Bundesrath einseitige und unvollständig zweiseitige Kollisionsnormen eingestellt hat, im Einzelnen durchweg nicht blos möglich, sondern auf den ersten Blick auch bis zu einem gewissen Grade einleuchtend.

Dies gilt in erster Linie für die das Eltern- und Kindesverhältniß behandelnden einseitigen Kollisionsnormen der Artikel 18, 19, 20, 22, und zwar wegen der Bedeutung der dort behandelten Fragen für das Staatsangehörigkeitsverhältniß.

Für die Uebertragung der Staatsangehörigkeit kraft Elternverhältnisses ist nach dem positiven Staatsrecht der Kulturstaaten die Frage der ehelichen Abstammung Vorfrage. Die Rechtssätze z. B., welche die Konzeptionsfrist und die daran geknüpfte Präsumtion der Ehelichkeit bestimmt, die Vorschriften über Legitimation und Adoption erscheinen in gewissem Sinne als Zubehör oder besser gesagt als Bestandtheile der Normen des Indigenatsrechtes. Das Gleiche gilt von den Vorschriften über den Inhalt des Elternrechtes, sowol wegen der Voraussetzungen des Domizils, soweit dieses für das Staatsangehörigkeitsverhältniß von Bedeutung ist, als auch wegen der zur Naturalisation erforderten elterlichen Zustimmung.

Die persönliche Rechtsstellung der Ehegatten ferner (Art. 14) kann z. B. als Vorfrage für die Naturalisation der Ehefrau in Betracht kommen.

Somit weisen sämmtliche einseitige Kollisionsnormen des EG. Beziehungen zur Staatsangehörigkeitsfrage auf.

Wenn man in diesen Fragen sich darauf beschränkt hat, lediglich den Anwendungsbereich des deutschen Rechtes zu bestimmen, so liegt die Annahme nahe, daß folgende Erwägung maßgebend gewesen ist:

Wenn man in jenen Fragen den Anwendungsbereich des ausländischen Rechtes bestimme, so gebe man damit zugleich indirekt Vorschriften darüber, unter welchen Voraussetzungen die Staatsangehörigkeit ausländischer Staaten erworben werde. Dies könne zu Konflikten mit jenen Staaten führen, indem dadurch einem Staate Unterthanen zugewiesen werden könnten, welche er selbst als solche nicht anerkenne, und indem andererseits die Staatsangehörigkeit eines bestimmten Staates verneint werden könnte, welche dieser selbst in Anspruch nehme.

Sofern dies in Wahrheit die Wirkung der Aufstellung vollkommener Kollisionsnormen für jene Fragen wäre, so müßten jene Normen in der That nicht nur bedenklich, sondern verkehrt genannt werden.

Es gehört nach geltendem Staats- und Völkerrecht zu den zweifellosen Souveränetätsrechten eines jeden Staates, die Voraussetzungen zu bestimmen, unter denen seine Staatsangehörigkeit erworben und verloren wird. Daraus ergibt sich bekanntermaßen die mißliche und nur durch Verständigung der Staaten zu beseitigende bisher aber nicht beseitigte Konsequenz, daß jeder Staat auch das Recht hat, solchen Personen, die bereits eine fremde Staatsangehörigkeit besitzen, seine Staatsangehörigkeit kumulativ zu jener fremden Staatsangehörigkeit hinzu zu verleihen, sowie daß eine Person mit der Geburt oder auch mit einem späteren Termin (Heirat der unehelichen Eltern u. s. w.) gleichzeitig eine mehrfache Staatsangehörigkeit erwerben kann. Umgekehrt ergibt sich auch die mißliche Konsequenz, daß nicht wenige Personen ohne Staatsangehörigkeit geboren werden oder später staatlos werden. Dies ist die zweifellos bedauerliche Folge der hier durch Völkerrechtsnormen bislang nicht beschränkten Souveränetätsrechte der Staaten. Das Völkerrecht weist hier eine Lücke auf. Die völkerrechtliche Gemeinschaft der Staaten hat jenen Mängeln gegenüber bisher noch nicht reagiert.

Auf der andern Seite aber ist es ein zwingend in der Natur der Sache liegender und in positiver Beobachtung einhellig befolgter Grundsatz, daß kein Staat die Kompetenz in Anspruch nehmen kann, die Voraussetzungen fremder Staatsangehörigkeit zu bestimmen[1]).

---

[1]) Es ist vielleicht nicht überflüssig, auf die Parallele dieser negativen „Kompetenzerwägung" mit der von mir bekämpften Kompetenzerwägung in Ansehung der Bestimmung des Anwendungsbereiches der Privatrechtssätze hinzuweisen, zugleich aber auf den Unterschied zwischen beiden Materien. Der Grundsatz, daß jeder Staat den Anwendungsbereich seiner Privatrechtssätze zu

Solche Kompetenz würde Seitens der deutschen Gesetzgebung rechtswidrig in Anspruch genommen sein, wenn in der That der Sinn und die Wirkung der Kollisionsnormen dahin aufgefaßt werden dürfte, daß durch sie die Voraussetzungen fremder Staatsangehörigkeit bestimmt wären.

Ich bin aber der Meinung, daß die Kollisionsnormen des BGB. keinesfalls in solchem Sinn aufgefaßt werden dürften.

Gemäß der den Kollisionsnormen im Rahmen des BGB. zugewiesenen Funktionen steht denselben nur privatrechtliche Tragweite zu. Wenn die deutsche Indigenatsgesetzgebung auf die Bestimmungen des BGB. über Eherecht und Elternrecht als die Voraussetzungen für die Erwerbung und den Verlust der deutschen Staatsangehörigkeit — stillschweigend — Bezug nimmt, so ist das eine Sache für sich. Es folgt daraus keineswegs, daß jene Kollisionsnormen so zu interpretieren wären, als ob sie in die ausländische Indigenatsgesetzgebung für jene Vorfragen des Indigenatsrechtes die einzelnen Privatrechtsvorschriften als maßgeblich einschöben, während die betreffende Indigenatsgesetzgebung ihrerseits diese nicht zu Grunde gelegt haben will.

Ein Beispiel: Ein in Frankreich domizilierender Engländer heirathet in Frankreich eine dort wohnende Französin, welche ein von ihm vor der Ehe gezeugtes und in Frankreich geborenes Kind in die Ehe bringt. Für die Frage der Ehelichkeit dieses Kindes war durch die — vollkommene — Kollisionsnorm des Kommissionsentwurfes (§ 2253) das englische Recht als Heimatrecht des Vaters

---

bestimmen befugt ist, gewährt einen gewissen Parallelismus zu den Rechten der Staaten, die Voraussetzungen der eigenen Staatsangehörigkeit zu bestimmen und es ist bemerkenswert, daß aus der Konkurrenz dieser Befugnisse mehrerer Staaten hier wie dort analoge positive und negative Konflikte entspringen. Diese Analogie spricht aber gegen die oben (S. 21 ff.) bekämpfte Annahme, daß jener Grundsatz des internationalen Privatrechts eine völkerrechtliche Einschränkung dahin erleide, daß das Vorhandensein ausländischer Thatbestandsbeziehungen unter Umständen die Kompetenz zu Kollisionsnormen ausschließe, durch welche das inländische Recht für jene Thatbestände als maßgebend erklärt wird. Denn die — völkerrechtlich zugelassenen — Konflikte bezüglich der Staatsangehörigkeit sind weit krasser und empfindlicher als die durch disharmonierende privatrechtliche Kollisionsnormen bedingten Konflikte. Aus der völkerrechtlichen Inkompetenz der Staaten zur Verleihung fremder Staatsangehörigkeit darf nicht die Inkompetenz zur Bestimmung der Anwendbarkeit fremden Privatrechts gefolgert werden.

zur Zeit der Eheschließung für maßgeblich erklärt. Das englische Recht kennt keine Legitimation per subsequens matrimonium. Es sei nun angenommen, daß hinsichtlich der internationalprivatrechtlichen Frage nach englischem Recht die lex domicilii des Vaters zur Zeit der Eheschließung maßgebend sei. Das wäre also hier das französische Recht. Dieses erkennt die legitimatio per subsequens matrimonium an. Die Frage ist nun die, ob nach § 2253 des Entwurfes deutsche Rechtspflegeorgane dem Kinde die englische Staatsangehörigkeit hätten absprechen müssen, weil das nach § 2253 für die Ehelichkeit maßgebende englische Privatrecht die Ehelichkeit nicht anerkannte, oder ob die englische Staatsangehörigkeit anzuerkennen gewesen wäre, weil das englische Recht die Ehelichkeit nach französischen Recht beurtheilt wissen will. Das Erstere wäre grundfalsch, weil für die Frage der englischen Staatsangehörigkeit nur die englische Gesetzgebung kompetent ist. Wenn das englische Recht ehelichen Kindern englischer Unterthanen die englische Staatsangehörigkeit gibt, so ist im Sinn dieser Bestimmung als ehelich eben nur dasjenige und immer dasjenige Kind anzusehen, welchem diese Eigenschaft vom englischen Recht beigelegt wird. Welches Kind ehelich im Sinn der englischen Indigenatsgesetzgebung ist, dies zu bestimmen kann nicht im Sinn der Kollisionsnormen des deutschen Bürgerlichen Gesetzbuches liegen.

Nach meiner Meinung könnten daher bei richtiger Interpretation der vollkommenen Kollisionsnormen über Ehe- und Elternrecht politische Vermittelungen der angedeuteten Art aus ihnen nicht entspringen und ich bin hiernach nicht in der Lage, das Vorgehen des Bundesrathes objektiv berechtigt zu finden. Aber andererseits ist nicht zu leugnen, daß subjektiv eine andere Interpretation der Bestimmungen des Kommissionsentwurfes denkbar ist und damit die Möglichkeit politischer Unbequemlichkeiten in Fragen der Staatsangehörigkeit infolge jener Bestimmungen gegeben sein würde. In Ermangelung jeder positiv zureichenden Erklärung des bundesräthlichen Vorgehens bilden die erörterten Gesichtspunkte jedenfalls eine Art möglicher Erklärung.

Aehnliche Vermuthungen erweisen sich für die Erklärung der unvollständig zweiseitigen Kollisionsnormen (Art. 13, 15, 24, 25) als möglich.

Die Eheschließung (Art. 13) kommt als Präjudizialfrage für

das Staatsangehörigkeitsverhältniß in Betracht. Die hinsichtlich der Artikel 14, 18, 19, 20, 22 angedeuteten Gesichtspunkte greifen auch hier Platz. Anders liegt es mit den Artikeln 24, 25 (Erbrecht) und 15 (eheliches Güterrecht). Wenn man es abgelehnt hat, eine Kollisionsnorm hinsichtlich des Nachlasses der mit ausländischem Domizil sterbenden Erblasser aufzustellen, so muß dies aus besonderen Gesichtspunkten erklärt werden. Ebenso die Nichtregelung des ehelichen Güterrechtes in Fällen, wo der Ehemann Ausländer ist und die Ehegatten im Auslande domizilieren. Diplomatisch-politische Erwägungen anderer Art geben hier eine relativ plausible Erklärung. International gelagerte erbrechtliche Thatbestände bilden recht häufig den Gegenstand diplomatischer Verhandlungen und führen nicht selten zu schwierigen Verwickelungen. Die internationalen Fragen des Erbrechts sind darum auch verhältnißmäßig oft zum Gegenstande internationaler Vereinbarungen gemacht worden. In den Fällen, für welche das EG. die Kollisionsnorm abgelehnt hat, werden oft genug Vereinbarungen dieser Art zwischen den mehreren nächstbetheiligten ausländischen Staaten oder übereinstimmende gesetzliche Bestimmungen in Kraft sein, durch welche sich im Verhältniß dieser Staaten die Kollisionsfragen erledigen. Es ist möglich, daß von diplomatischer Seite im Bundesrath der Wunsch geltend gemacht ist, daß für solche Fälle die deutschen Rechtspflegeorgane nicht durch eine Norm gebunden werden möchten, welche eine andere als die jener Vereinbarung entsprechende Behandlung vorschreiben. Wenn auch prinzipiell durchaus der Standpunkt festgehalten werden muß, daß die deutsche Gesetzgebung das Recht hat, ihrerseits unabhängig von solchen Vereinbarungen dritter Staaten für die deutschen Rechtspflegeorgane selbständig das maßgebliche Recht vorzuschreiben, so läßt sich doch nicht leugnen, daß Opportunitätsgründe in einzelnen Fällen der fraglichen Art eine Anpassung empfehlen können. Die Anpassung gesetzlich vorzuschreiben, ist nicht ohne große prinzipielle und praktische Bedenken. Vor allem aber können Gründe der hohen Politik als wünschenswerth erscheinen lassen, daß die Möglichkeit offen gehalten wird, die Organe des auswärtigen Amtes je nach Lage des Falles so oder so anzuweisen. Daß die deutschen G e r i c h t e beim Fehlen der Kollisionsnorm Entscheidungen treffen können, welche diplomatisch unbequem sind, muß bei alledem in Kauf genommen werden. Wie weiterhin näher ausgeführt werden soll, muß die Judikatur in der That nach Lage der Sache Grundsätze befolgen, welche jenen diplomatischen Opportunitätserwägungen in Bezug auf das Anpassungsverfahren möglicherweise nicht entsprechen[1]).

Ob die angedeuteten Gesichtspunkte oder andere Erwägungen diplomatisch-politischer Art im Bundesrath für die Aufstellung der einseitigen und der unvollständig zweiseitigen Kollisionsnormen des EG. thatsächlich maßgebend gewesen sind, läßt sich nicht ermitteln. Genug, daß für die einzelnen Artikel sich Gesichtspunkte solcher Art als möglich und einigermaßen plausibel ergeben und daß das Räthsel der unvollkommenen Kollisionsnormen des EG. damit aus dem Bereich prinzipieller Gesichtspunkte in denjenigen der politischen Opportunitätsgedanken gerückt ist.

Ich bin der Meinung, daß die Nachtheile der vom Bundesrath beliebten Regelung größer sind als die Vortheile, und daß das Ergebniß des allem Anschein zwischen der Diplomatie und der Jurisprudenz geschlossenen Kompromisses keine der betheiligten Instanzen befriedigen kann. Doch handelt es sich hier nicht um eine legislatorische Kritik und es ist zugegeben, daß sich mit den Bestimmungen des EG. leben läßt, wenn nicht die Rechtsanwendung sich durch die fragmentarische Fassung des Gesetzes auf die schiefen Bahnen drängen läßt, welche die Anhänger des Kompetenzgedankens empfehlen.

Das Gesammtergebniß der in diesem Paragraphen angestellten Erörterung ist also dies, daß man sich für die Behandlung der in den einseitigen und in den unvollständig zweiseitigen Kollisionsnormen des EG. gegebenen Lücken vergeblich nach einem einheitlichen Gesichtspunkt umsieht. Weder der Inhalt des Gesetzes noch seine Vorgeschichte führt zu einem anderen Ergebniß als zu der resignierten Feststellung, daß hier unerklärte Lücken vorliegen, deren Ausfüllung lediglich nach den allgemeinen Grundsätzen der Interpretation geschehen kann und muß.

§ 4.
Grundsätze für die Ausfüllung der Lücken des Einführungsgesetzes.

Die Lücken, welche die Kollisionsnormen des Einführungsgesetzes

[1]) Das Anpassungsverfahren in Beispielen: Keidel im Journal de droit international privé XXV 77—78 und Niedner S. 13 (s. unten S. 45).

aufweisen, sind, wie schon bemerkt (oben S. 7) von zweierlei Art. Einestheils hat das Gesetz Fragen des internationalen Privatrechts von der Regelung überhaupt ausgeschlossen; so namentlich das ganze Gebiet der rechtsgeschäftlichen Obligationen und das Sachenrecht. Andererseits haben viele Fragen eine nur unvollständige Regelung erfahren in Gestalt der einseitigen und der unvollständig zweiseitigen Kollisionsnormen.

Die Frage der Ausfüllung ist nun grundsätzlich für beide Arten von Lücken nach der gleichen Methode zu behandeln. Indessen in der Ausführung ergibt sich doch alsbald ein praktischer Unterschied, welcher eben darin seinen Grund hat, daß die einen Lücken total, die andern nur partiell sind: Für die letztere Art von Lücken ist nämlich die Ausfüllung nach dem Gesichtspunkt der Analogie der Kollisionsnormen des Einführungsgesetzes selbst möglich und naheliegend, während dieser Gesichtspunkt hinsichtlich jener totalen Lücken ausgeschlossen ist.

1.

Es soll hier zunächst von den partiellen Lücken, und zwar vorerst nur von denjenigen der einseitigen und unvollständig zweiseitigen Kollisionsnormen der Art. 14, 18, 19, 20, 22 — 13, 15, 24, 25 die Rede sein. Hinsichtlich dieser Lücken ist, wie gesagt, der Gesichtspunkt der Analogie zu prüfen.

Theorie und Praxis der Gesetzesinterpretation stimmen in dem Grundsatz überein, daß Rechtsfolgen, welche das Gesetz an bestimmte Thatbestände geknüpft hat, analog auch auf solche nicht unmittelbar geregelte Thatbestände anzuwenden sind, welche die für die ratio legis entscheidenden gleichen Merkmale aufweisen.

Der Kern des Problems bei der Anwendung der Analogie ist hiernach die Frage, ob die rechtspolitischen Gesichtspunkte, welche den Rechtssätzen zu Grunde liegen, deren analoge Anwendung in Rede steht, auch für den fraglichen nicht geregelten Thatbestand zu treffen und ob demgemäß für diese die Statuierung der gleichen rechtlichen Folgen angemessen ist. Denn auf diese Frage läuft es hinaus, wenn man die für die ratio legis entscheidenden Thatbestandsmerkmale aufsucht. Die auf den „Willen des Gesetzgebers" abgestellte Begründung der Analogie ist nicht geeignet, die Aufgabe zu erleichtern oder zu klären. Die Berufung auf den „wirklichen", wie diejenige auf den „eigentlichen" Willen des Gesetzgebers ist nur eine Verkleidung.

Doch bleibt immerhin als zutreffender Kern dieser Formel das Prinzip zu beachten, daß die Rechtsanwendung auch in der Statuierung rechtspolitischer Gesichtspunkte durch die Anordnungen des Gesetzgebers insoweit gebunden ist, als derartige Gesichtspunkte in der Gesetzgebung wenn auch nur in einzelner Anwendung objektiv zum Ausdruck gekommen sind, wobei nicht nur die Worte, auch nicht nur der aus dem Ganzen des Gesetzes selbst sich ergebende Sinn, sondern der gesammte geistige Zusammenhang, aus welchem das Gesetz hervorgegangen ist, als objektive Momente in Betracht kommen. Diese Bindung an die rechtspolitischen Grundsätze des Gesetzes beruht auf dem immanenten Prinzip der Sicherheit und Gleichmäßigkeit der Rechtspflege. Gegen diesen obersten Grundsatz aller Rechtsordnung würden die Rechtspflegeorgane verstoßen, nicht nur wenn sie den tenor legis, sondern auch wenn sie die erkennbare ratio legis unbefolgt lassen wollten. Die Ablehnung der Analogie bedeutet Ablehnung der ratio legis selbst und insofern Auflehnung gegen die geltende Rechtsordnung[1]). Sie trägt eine Zwiespältigkeit in die Rechtspflege, welche der Aufgabe der Rechtsordnung widerspricht.

Es handelt sich hiernach einmal darum, die ratio legis der in Frage stehenden Kollisionsnormen festzustellen und sodann um die Untersuchung, ob diese ratio legis auf die Lückenthatbestände zutrifft oder nicht. Ist diese Frage zu verneinen, so ist die Analogie abzulehnen, im Bejahungsfall ist sie geboten.

Erinnern wir uns, daß in sämmtlichen Vorschriften, die hier in Betracht kommen, es sich um das Personalstatut handelt und daß überall das Recht der Staatsangehörigkeit für maßgebend erklärt ist. Dabei beschränkt sich in den einseitigen Kollisionsnormen das Gesetz darauf, die Maßgeblichkeit des durch die deutsche Staatsangehörigkeit gegebenen Heimatrechtes vorzuschreiben. In den unvollständig zweiseitigen Kollisionsnormen wird, soweit die Regelung reicht, auch die Maßgeblichkeit des Heimatrechtes für Ausländer angeordnet. Diese Sachlage erfährt eine verschärfte Beleuchtung durch den Umstand, daß in den vollkommenen Kollisionsnormen der Artikel 7, 17, 21

---

[1]) Solche Auflehnung kann wie jede Derogation durch gebieterische Forderungen des Rechtsbedürfnisses begründet sein. (S. neuestens dazu die vortrefflichen Bemerkungen Kipps in Windscheids Pandekten. 8. Aufl. § 22 Anm. 8.) Aber es müssen doch eben sehr starke Gründe vorhanden sein, damit sie gerechtfertigt ist.

das Heimatrecht als solches ganz allgemein für Ausländer wie für Deutsche als maßgeblich erklärt ist.

Ich wüßte nicht, wann und wo in der Gesetzgebung ein rechtspolitisches Prinzip mit zweifelloserer Konkludenz zum Ausdruck gekommen wäre, wie hier das Prinzip des Heimatrechtes. Oder will man im Ernst behaupten, da das Einführungsgesetz sich theilweise darauf beschränke, den Anwendungsbereich des deutschen Rechtes zu bestimmen, so seien die Bestimmungen, wonach das deutsche Recht als Heimatrecht zur Anwendung zu bringen ist, nicht als Ausflüsse des Prinzips des Heimatrechtes aufzufassen, sondern als Ausflüsse des Bestrebens, das deutsche Recht in möglichst ausgedehnter Weise zur Anwendung zu bringen? — Weder der erste noch der zweite Theil des Gedankens wäre zutreffend. Denn in wesentlichen Beziehungen (Art. 7, 17, 21 — Art. 13, 15, 24, 25, s. oben S. 22) bestimmt eben das Gesetz auch für Ausländer die Anwendbarkeit des Heimatrechtes. Und selbst dann, wenn es richtig wäre, daß die Maßgeblichkeit des deutschen Rechtes für im Ausland lebende Deutsche in Folge des Bestrebens angeordnet wäre, dem deutschen Recht einen möglichst großen Anwendungsbereich zu geben, bleibt es doch wahr, daß als Maßstab für diese Ausdehnung eben die Staatsangehörigkeit gewählt ist. Das gesetzgeberische Motiv dieser Wahl läßt sich aus dem historischen Zusammenhang des Gesetzes mit vollkommener Sicherheit feststellen. Es ist zweifellos, daß die Bestimmungen in innerer Abhängigkeit von der Entwickelung stehen, welche Theorie und Praxis des „Personalstatutes" genommen hat. Für das Prinzip des Personalstatuts ist die Erwägung entscheidend[1]), daß es angemessen ist, in einer Reihe von Rechtsfragen diejenige Rechtsordnung maßgeblich sein zu lassen, mit welcher eine Persönlichkeit dauernd verknüpft ist. Gegenüber der in Gesetzgebung und Rechtsprechung verschieden beantworteten Frage, ob als Kennzeichen und Grundlage der dauernden Verknüpfung der Wohnsitz oder die Staatsangehörigkeit den Vorzug verdient, hat das Gesetz sich zu Gunsten der Staatsangehörigkeit entschieden. Alle die Gründe, welche in der umfassenden Literatur über das Problem des Personalstatuts zu Gunsten des Heimatrechtes geltend gemacht sind, bilden „Materialien" für diese Entscheidung. Nur eine vorurtheilsvolle und gekünstelte

---

[1]) Niemeyer, Vorschläge und Materialien I S. 112—14, Gierke, Deutsches Privatrecht I 220.

Betrachtungsweise kann diesen Zusammenhang verkennen. Ja, offenbar ist das Prinzip des Heimatrechtes geradezu der Grundgedanke der ganzen Regelung des internationalen Privatrechts in unserem Einführungsgesetz. Die ratio legis unserer Kollisionsnormen steht danach außer Zweifel.

Es bleibt nun zu prüfen, ob diese ratio legis auch für die in Rede stehenden, im Gesetz von der Regelung ausgeschlossenen Thatbestände zutrifft, das heißt, ob diese Thatbestände die gemäß der ratio legis wesentlichen Merkmale aufweisen.

Die Bejahung dieser Frage ergibt sich für jede einzelne der in Rede stehenden Bestimmungen mit Evidenz.

Am handgreiflichsten bereit liegt die Antwort für die unvollständig zweiseitigen Kollisionsnormen:

Art. 13 bestimmt Maßgeblichkeit des Heimatrechts hinsichtlich der Eheschließung nicht nur für Inländer, sondern auch für Ausländer, und zwar nicht nur bei Eheschließung im Inland, sondern auch im Ausland. Also weder die Inländereigenschaft, noch der Ort der Eheschließung ist das für die ratio legis entscheidende Merkmal. Vielmehr wird für die Eheschließung als solche die Zugrundelegung des Heimatsrechtes der Nupturienten — kumulativ — als angemessen erachtet. Die Gründe, welche hierfür und hiergegen sprechen, sind offenbar dieselben, sei es, daß zwei französische Staatsangehörige in England die Ehe schließen, sei es, daß dies in Deutschland geschieht; und die Gründe für und wider sind dieselben, sei es, daß ein Franzose in Spanien eine Französin heirathet, sei es, daß er dort eine Deutsche heirathet. Es sei ferner auch hier darauf hingewiesen, daß das Gesetz sein Prinzip zur Geltung bringt mit Zulassung von Konflikten, welche sich in Folge von abweichenden Kollisionsnormen des Auslandes, sei es solcher des Heimatrechtes der betheiligten Ausländer, sei es des ausländischen Ortsrechtes der Eheschließung, ganz offensichtlich ergeben. Die Zahl solcher Konflikte ist eingeschränkt durch Artikel 27. Aber da dieser Artikel nur der Rückverweisung, nicht der Weiterverweisung Beachtung gewährt, so bleibt es wahr, daß unser Gesetz sein Prinzip zur Geltung bringt in theilweise offenem Widerspruch zu abweichenden Prinzipien der ausländischen Gesetzgebung[1]). Das ist ein starker Ausdruck der Ueberzeugung von der legislatorischen Richtigkeit des Staatsange-

---

[1]) S. unten § 6.

hörigkeitsprinzipes. Denn, wie gesagt, exklusiv nationalistische Erwägungen spielen in der Frage, ob das Personalstatut durch Wohnsitz oder Staatsangehörigkeit bestimmt sein soll, keine Rolle. Wenn das Gesetz Ausländern die Maßgeblichkeit ihres Heimatrechtes in gewissen Fällen oktroyiert, ohne daß dieses selbst angewendet sein will, so folgt daraus, daß das Gesetz das Prinzip der Staatsangehörigkeit universell für richtig und seine möglichst allgemeine Anwendung internationalistisch für wünschenswerth hält.

Art. 15 bestimmt, daß hinsichtlich des ehelichen Güterstandes das Heimatrecht des Mannes zur Zeit der Eheschließung maßgebend sein und bleiben soll, und zwar ohne Berücksichtigung des ersten oder eines späteren Ehedomizils. Diese Bestimmung bezieht sich insbesondere auch auf gewisse Fälle, in welchen der Ehemann zur Zeit der Eheschließung Ausländer war und auch später Ausländer bleibt, andererseits auch auf Fälle, in denen die Ehegatten niemals Domizil in Deutschland haben. Also ist weder die deutsche Staatsangehörigkeit des Ehemannes noch deutsches Domizil der Ehegatten für die ratio legis bestimmend. Die rechtspolitischen Erwägungen sind auch hier wieder für alle vorkommende Fälle die gleichen. Es ist unmöglich, dem Gesetze die Auffassung unterzulegen, das Staatsangehörigkeitsprinzip sei für die nicht geregelten Fälle nicht angemessen. Es giebt keine das internationalistische Problem des Personalstatus betreffenden Erwägungen, welche hier eine andere Regelung erheischen als dort.

In den Artikeln 24, 25 ist durch nationalistische Vorbehalte das internationalistische Grundprinzip stark beeinträchtigt. Soweit aber das Recht der Staatsangehörigkeit zur Geltung gebracht ist, ist dies wiederum im Sinn eines internationalistisch verallgemeinerungsfähigen Prinzipes geschehen. Es ist nicht nur hinsichtlich im Ausland domizilierter und dort verstorbener Deutscher, sondern auch in Bezug auf Ausländer ausgesprochen, und zwar auch betreffs letztwilliger Verfügungen, welche diese als Ausländer im Auslande errichtet haben. Daß für die im Gesetz nicht geregelten Thatbestände die Regelung nach dem Staatsangehörigkeitsprinzip für unangemessen zu erachten oder überhaupt eine andere Art der Regelung als die für die geregelten Fälle angemessene für internationalistisch gerechtfertigt zu erachten sei, dafür ist so wenig aus dem Gesetz etwas zu entnehmen, wie an und für sich Zutreffendes dafür geltend gemacht werden kann.

Für die einseitigen Kollisionsnormen ergibt sich im Wesentlichen dieselbe Argumentation. Dabei ist zu beachten, daß jeder einzelne der in Betracht kommenden Artikel (14, 18, 19, 20, 22), das Staatsangehörigkeitsprinzip auch auf Fälle anwendet, in denen in Folge nachträglicher Veränderung des Indigenates Ausländer betheiligt sind. Insofern kann man sagen, daß auch diese Vorschriften in die Sphäre des Auslandsrechtes durch eine Art der Regelung eingreifen, welche die rechtspolitischen Erwägungen des deutschen Gesetzes auf dem Gebiet des internationalen Privatrechtes dem Auslande oktroyiert, wie dies der Gesetzgeber stets thut, wenn er Probleme des internationalen Privatrechts seinerseits positiv regelt. Niemand wird die beiden Gesichtspunkte verwechseln, ob die Regelung an und für sich nach dem Prinzip der internationalistischen Verallgemeinerungsfähigkeit erfolgt oder ob eine Harmonie mit den verschiedenen gegenwärtig im Auslande zufällig geltenden Rechtsgrundsätzen angestrebt wird. Dieses letztere Bestreben liegt dem Einführungsgesetze allerdings in einzelnen Beziehungen, so z. B. in Art. 28 zu Grunde. Aber es spielt keineswegs eine führende Rolle, und am wenigsten beherrscht es unsere gegenwärtige Frage.

2.

Gegenüber der vorstehend vertretenen Auffassung[1]) haben einzelne Schriftsteller für die Ausfüllung der in Rede stehenden Lücken andere Aushülfen vorgeschlagen, über welche hier nicht mit Stillschweigen hinweggegangen werden darf, nicht blos der Vollständigkeit halber, sondern weil jene Vorschläge, die untereinander im Einzelnen abweichen, auf einem gemeinsamen Grundgedanken von prinzipieller Bedeutung beruhen, welchem grundsätzlich entgegengetreten werden muß, damit er nicht in der Praxis Raum gewinne. Es handelt sich um jene Grundauffassung, welche sowol den Rück- und Weiterverweisungstheorien als dem Prinzip der Kompetenzerwägung zu Grunde liegt und welche darauf hinausläuft, daß die Lösung der Lückenprobleme von der Frage abhängig gemacht wird, welche **ausländische Rechtsordnung angewendet sein wolle.**

In welcher Weise die Vertreter der **Kompetenzerwägung**

---

[1]) Sie wird u. a. auch vertreten von **Zitelmann** (I 228, 235), **Barazetti** (71, 74, 84, 86, 98), **Silberschmid** (Ztschr. VIII 898), **Crome**, System des neuen bürgerl. Rechts 1900 (152 Anm. 61, 153 Anm. 72, 156 Anm. 83—85, 157 Anm. 91, 158 Anm. 97), **Matthiaß** (Lehrb. des bürgerl. Rechts. I § 16), anscheinend auch von **Dernburg** (Pandekten I § 45).

diesen Gedanken des Näheren vertreten, ist bereits ausgeführt (s. oben S. 21ff.), ebenso daß die Stütze, welche jene Auffassung in der Vorgeschichte unseres Gesetzes bei oberflächlichem Hinschauen zu finden scheint, nicht vorhanden ist, vielmehr die Bestimmungen des Einführungsgesetzes eher gegen als für jene Theorie sprechen, sowie daß nach Allem lediglich die allgemeinen Grundsätze der Auslegung und Anwendung des Rechtes darüber entscheiden, ob dem System Geltung zukommt oder nicht.

Nachdem ferner im Vorstehenden der strikte Nachweis zu erbringen versucht ist, daß nach allgemeinen Grundsätzen die Lückenfüllung durch analoge Anwendung des Staatsangehörigkeitsprinzipes geboten ist, bleibt nur übrig, die Schwächen jener abweichenden Auffassungen ins Licht zu setzen.

Folgendes praktische Beispiel möge dabei als Unterlage dienen:

Ein Argentinier hat, während er in Hamburg wohnte, eine hamburgische Staatsangehörige geheirathet. Später ist er nach London übergesiedelt. Er stirbt während einer von dort aus unternommenen Geschäftsreise in Peru, nachdem er auf dem Todtenbett ein holographisches Testament errichtet hat, worin er seine Wittwe als Alleinerbin eingesetzt hat. Letztere begleitete ihn auf der Reise. Das Baarvermögen, welches der Erblasser bei sich führte, hatte sie vor seinem Tode in Verwahrung genommen. Sie behält es nach dem Tode bei sich, kehrt nach Europa zurück und nimmt Domizil iu ihrer Heimatstadt Hamburg. Ein Bruder des Mannes, welcher in Hamburg wohnt, beansprucht das Intestaterbrecht nach dem Verstorbenen, indem er die Ungültigkeit des Testamentes wegen Mangels der Form behauptet. Der Verstorbene hat Grundstücke in Hamburg hinterlassen. Der Bruder klagt vor dem Landgericht in Hamburg gegen die Wittwe auf Anerkennung seines Erbrechtes.

Die Frage nach dem für den Fall (Erbrecht und eheliches Güterrecht) maßgebenden Recht ist in den Artikeln 24, 25, 15 des Einführungsgesetzes nicht beantwortet. Während nach dem Grundsatz der Analogie das argentinische Recht maßgebend ist, würde sich nach dem Prinzip der Kompetenzerwägung die Behandlung des Falles folgendermaßen gestalten:

Zunächst müßte die Frage beantwortet werden, welche Rechtsordnung für die Erlassung der Kollisionsnorm zuständig ist. Nach welchem Maßstab hat dies zu geschehen? Die Meinungen über die Behandlung der erbrechtlichen Kollisionsfragen sind sehr getheilt.

Nicht wenige Gesetzgebungen und Schriftsteller wollen die lex domicilii entscheiden lassen. Das Bürgerliche Gesetzbuch für das Königreich Sachsen z. B. hat dieses Prinzip (§ 17) angenommen, obwol es als Personalstatut im Uebrigen das Recht der Staatsangehörigkeit vorschreibt. Hinsichtlich der Frage der Zuständigkeit erheben sich nun natürlich dieselben Meinungsverschiedenheiten. Die Vertreter der Kompetenzerwägung lassen darüber keinen Zweifel, daß sie jedweder Rechtsordnung das Recht und die Pflicht zuerkennen, die Zuständigkeitsfrage ihrerseits zu beantworten, sei es gesetzlich, sei es durch die Rechtspraxis. Es wird also jeder einzelnen Rechtsordnung eine Kompetenz-Kompetenz zugebilligt. Damit ist aber der Bankerott des Prinzipes erklärt. Die Konflikte sind nicht beseitigt, sondern sie tauchen an einer anderen Stelle wieder auf. Wenn die eine Gesetzgebung die lex domicilii des Erblassers für zuständig erklärt, eine andere das Heimatrecht, so ist man so weit, wie vorher.

Das Prinzip der Kompetenzerörterung erweist sich also insofern als trügerisch und impotent. Jede ihm folgende Rechtsordnung beansprucht ebensogut die universale Zuständigkeit für einseitige Lösung der Statutenkollision, wie es geschieht, wenn die Kollisionsfragen von ihr selbst endgültig und erschöpfend geregelt würden. Der Hinweis auf ein bestimmtes als „zuständig" bezeichnetes Auslandsrecht ist doch wieder nur eine eigene Art, das maßgebliche Recht indirekt selbst zu bestimmen, nur daß das Prinzip der Rück- und Weiterverweisung generell als Bestandtheil der Regelung statuiert wird. Doch versuchen wir uns über diese Bedenken hinwegzusetzen und den gegebenen Fall weiter gemäß dem Kompetenzgedanken zu behandeln.

Die Vertreter der Kompetenzerwägung sind durch die Anerkennung der Kompetenz-Kompetenz der einzelnen Rechtsordnung, wie ich meine, genöthigt, diejenigen Anhaltspunkte, welche die eigene Rechtsordnung in ihren Kollisionsnormen für die Bestimmung des maßgeblichen Rechtes gibt, jedenfalls insofern zu benutzen, als sie die hier gegebenen Anknüpfungsmomente (Domizil, Staatsangehörigkeit u. s. w.) analog für die Bestimmung des „zuständigen" Rechtes zu Grunde legen müssen. Hiernach würde für die in Rede stehenden Lücken des Einführungsgesetzes das Heimatrecht im Gebiet des Personalstatuts als die zuständige Rechtsordnung zu betrachten sein. In unserem Beispiel würden hiernach die Kollisionsnormen des argentinischen Rechtes als der zuständigen Rechtsordnung maßgeblich sein.

Das argentinische Recht enthält nun folgende in Betracht kommende Bestimmungen:

Codigo Civil Art. 3612: „Der Inhalt des Testamentes, seine gesetzliche Gültigkeit oder Ungültigkeit ist zu beurtheilen nach dem am Domizil des Testators zur Zeit seines Todes geltenden Recht."

Codigo Civil Art. 14: „Die fremden Gesetze sind nicht anzuwenden, wenn .... die Bestimmungen dieses Gesetzbuches in Kollision mit den fremden Gesetzen der Gültigkeit der Akte günstiger sind."

Codigo Civil Art. 3283: „Das Recht der Succession in das Vermögen des Verstorbenen wird durch das örtliche Recht des Domizils regiert, welches der Verstorbene bei seinem Tode hatte, mögen seine Erben Einheimische oder Fremde sein."

Ges. v. 2. Nov. 1888 über die Ehe Art. 5: „In Ermangelung von Eheverträgen und wenn kein Wechsel des Ehedomizils stattfindet, bestimmt das Recht des Ortes wo die Ehe geschlossen ist, das bewegliche Vermögen des Ehegatten, wo immer sich dieses befindet und wo immer es erworben ist. Wenn ein Wechsel des Domizils stattfindet, so wird das vor dem Wechsel erworbene Vermögen durch das Recht des früheren Wohnsitzes bestimmt, das nachher Erworbene durch das Recht des neuen Domizils." Art. 6. „Die Immobilien werden durch das Recht des Ortes regiert, an dem sie liegen."

Weiter bestimmt aber die Konvention von Montevideo (12. Febr. 1889), welche in Argentinien durch Gesetz vom 11. Dez. 1894, in Peru durch Gesetz vom 25. Oktober 1889 geltendes Recht geworden ist:

Art. 44. „Das Gesetz des Ortes, an welchem die Nachlaßgüter im Zeitpunkte des Todes des Erblassers gelegen sind, bestimmt die Form des Testamentes."

Art. 45. „Dasselbe Gesetz der belegenen Sache bestimmt.... alles, was sich auf die gesetzliche oder testamentarische Erbfolge bezieht."

Art. 40. „Die Eheverträge regeln die Verhältnisse der Eheleute bezüglich der Güter, welche die Eheleute in dem Zeitpunkt der Eheschließung besitzen, sowie bezüglich derjenigen Güter, welche die Eheleute später erworben haben, in allem was nicht durch das Gesetz des Ortes an dem sie gelegen sind, verboten ist."

Art. 41. „In Ermangelung besonderer Vereinbarungen werden

die güterrechtlichen Verhältnissen der Eheleute vom Gesetze des ehelichen Domizils regiert, das die Eheleute übereinstimmend vor der Eheschließung gewählt haben."

Art. 42. „Wenn sie kein eheliches Domizil zum Voraus gewählt haben, so werden die erwähnten Verhältnisse von dem Gesetze des Wohnorts des Ehemanns zur Zeit der Eheschließung regiert."

Art. 43. „Der Wechsel des Domizils hat keinen Einfluß auf die güterrechtlichen Verhältnisse der Ehegatten, seien die Güter vor oder nach dem Wechsel erworben worden."

Hiernach müßte also zunächst festgestellt werden, inwiefern — immer nach Maßgabe des argentinischen Rechts — die Bestimmungen des Código Civil und inwiefern diejenigen der Konvention zu Montevideo Anwendung zu finden haben. Offenbar ist diese Frage höchst schwieriger Natur. Ich will ihr hier nicht auf den Grund gehen, sondern annehmen, daß nach dem Sinn der Konvention ihre Bestimmungen jedenfalls Anwendung finden sollen auf Vermögen, das ein in Peru versterbender Argentinier in Peru hinterläßt. Unter dieser Voraussetzung würde das Hamburger Gericht in seinem Erkenntniß einen Unterschied machen müssen zwischen dem zur Zeit des Todes in Peru befindlich gewesenem Vermögen (das wir a nennen wollen) und dem sonstigen Nachlaß (das als b bezeichnet werden soll). Für letzteren würden gemäß dem argentinischen Codigo civil hinsichtlich Testamentsform und Intestaterbrechtsordnung das englische Recht als das am letzten Domizil des Erblassers geltende Recht maßgebend sein; hinsichtlich des ehelichen Güterrechtes wäre in Bezug auf b wiederum zwischen Immobiliar- und Mobiliarvermögen zu entscheiden; für ersteres wäre lex rei sitae maßgebend, für letzteres müßte die Zeit des Erwerbes festgestellt und das Recht angewendet werden, das an dem zur Zeit des Erwerbes bestehenden Domizil gilt. Für das Vermögen b wäre hinsichtlich Testamentsform und Intestaterbrecht lex rei sitae, also peruanisches Recht maßgebend, hinsichtlich des ehelichen Güterrechtes (unwandelbar) das Recht des ersten Ehedomizils, also deutsches Recht. Es müßte aber bezüglich des englischen Rechtes weiter in thesi und in hypothesi untersucht werden, ob nicht nach argentinischem Recht (oder etwa allgemein nach internationalem Privatrecht) dem Rückverweisungsprinzip Rechnung zu tragen wäre, eine Untersuchung, die bezüglich des peruanischen Rechtes dadurch ausgeschlossen ist, daß seine Anwendung auf Staatsvertrag zwischen Argentinien und Peru beruht.

Man wird zugeben müssen, daß diese durch die Kompetenzerwägung gebotene Art der Behandlung sich weder durch Einfachheit noch durch sonst praktisch befriedigende Ergebnisse auszeichnet und ich bleibe bei dem schon früher geäußerten Urteil, daß ich den Kompetenzgedanken für einen weder durch theoretische Gründe noch durch praktische Rücksichten gerechtfertigten doktrinären Irrweg halte.

Auch der deutsche Juristentag 1898 (Verhandlungen S. 125) hat diesen Irrweg verworfen[1]) und es ist zu hoffen, daß die deutsche Judikatur das Gleiche thut[2]).

Minder prinzipiell als es durch das Kompetenz-Prinzip geschieht, aber dennoch nach demselben Grundgedanken, wird zum Behuf der Lückenfüllung die Frage, welche auswärtige Rechtsordnung angewendet sein will, von Keidel[3]) und von Niedner[4]) angewendet.

Diese Schriftsteller vertreten die Auffassung, wenn der deutsche Richter aus seinen einseitigen und unvollständig zweiseitigen Kollisionsnormen ersehe, daß auf einen gegebenen Thatenbestand das deutsche Recht nicht angewendet sein wolle, so sei zunächst zu prüfen, welche Auslandsrechte vermöge ihrer Beziehungen zu dem gegebenen Thatbestand „möglicherweise in Betracht kommen könnten[5]).“ Dann sei zu untersuchen, welche Kollisionsnormen diese Auslandsrechte hinsichtlich des fraglichen Thatbestandes enthalten. Wenn diese Kollisionsnormen übereinstimmten, das heißt, wenn die sämmtlichen „in Betracht kommenden“ Auslandsrechte auf ein und dasselbe Recht

---

[1]) Niedner S. 13 imputiert dem Juristentag fälschlich eine mißverständliche Auffassung der Neumann'schen Ausführungen. Daß man diese letztere mit dem Rück- und Weiterverweisungsprinzip identifiziert hätte, ist nicht richtig. Man hat nur — ganz zutreffender Weise — angenommen, daß dieses Prinzip in der Neumann'schen Auffassung als das Minus mit enthalten ist.

[2]) Im Sinne Neumanns haben sich m. W. nur geäußert Schnell, Ztschr. VII 116ff. und Bar, Ztschr. VIII 177ff., dagegen u. a. Mitteis, Verh. des 24. Dtsch. Juristentags IV 91ff., besonders 95ff., Boyens ebendas. 114. Vgl. auch Ztschr. VII 92 und deutsche Juristenzeitung 1898 S. 372. Bar hat sich a. a. O. über das Prinzip der Kompetenzerwägung zwar nicht unmittelbar geäußert. Aber er hat das Verweisungsprinzig damit zu motivieren gesucht, daß er die Kollisionsnormen als Zuständigkeitsnormen charakterisiert. Seine Gründe führen jedenfalls konsequenter Weise zu dem Prinzip der Kompetenzerwägung.

[3]) Ztschr. VII 243—44.

[4]) S. 14.

[5]) So in wörtlicher Uebereinstimmung Keidel und Niedner a. a. O.

als für den Fall maßgeblich hinwiesen, dann sei dieses Recht zur Anwendung zu bringen. Wenn dagegen solche Uebereinstimmung nicht vorliege, dann seien die Grundsätze der deutschen Kollisionsnormen analog anzuwenden.

Niedner[1]) nimmt als Beispiel die Frage nach dem ehelichen Güterrecht eines schweizerischen Ehepaares, das sein erstes Ehedomizil im Kongostaat genommen und behalten hat. Die kongolesischen und die schweizerischen Kollisionsnormen erklären übereinstimmend für diesen Fall das eheliche Güterrecht des ersten ehelichen Domizils, also des Kongostaates (unwandelbar) als maßgeblich. Da nun Kongostaat und Schweiz „die beiden allein in Betracht kommenden Staaten" seien, so soll nach Niedner auch der deutsche Richter das eheliche Güterrecht des Kongostaates anwenden. Wenn dagegen dasselbe Ehepaar später sein Ehedomizil in den russischen Ostseeprovinzen nimmt, soll nach Niedner, da nunmehr auch das Recht dieser Provinzen „in Betracht kommt" und das liv.-esth.- und kurländische Provinzialrecht das Recht des jeweiligen Ehedomizils für maßgeblich erklärt, somit eine Differenz der in Betracht kommenden Gesetzgebungen vorliegt, der deutsche Richter, der Analogie der deutschen Kollisionsnormen folgend, nunmehr das schweizerische Recht als Heimatrecht anwenden.

Dieses Ergebniß ist m. E. so seltsam, daß es stärker als alle theoretischen Argumente gegen das eingeschlagene Verfahren einnehmen muß.

Wenn man das Verfahren im Einzelnen kritisch sondiert, so überstürzen sich geradezu die Bedenken, welche gegen es sprechen.

Wie kommen wir dazu, die Analogie unserer Kollisionsnormen nur in subsidium anzuwenden? Entweder ist die Analogie doch in sich selbst gerechtfertigt, und dann müssen wir sie sofort und unbedingt anwenden, oder sie ist überhaupt nicht begründet, auch nicht subsidiär.

Niedner meint: „Vielleicht würde es noch richtiger sein, im Fall der Nichtübereinstimmung der fremden Statuten eine sinngemäße Anwendung der einheimischen Kollisionsnormen vorerst in der Art vorzunehmen, daß von den verschiedenen in Betracht kommenden Beziehungsfällen die nach Anschauung des einheimischen Gesetzes wichtigste Beziehung ermittelt würde, was in unserem Beispiel dazu

---

[1]) Ztschr. V 340.

führen würde, auch in dem letztgedachten Fall die Maßgeblichkeit des Rechtes des Kongostaates als des ersten Ehedomizils zu statuieren." Dies kann ich nicht anders verstehen, als daß N. meint, es müsse im gegebenen Fall das Gewicht der möglicher Weise in Betracht kommenden Anknüpfungsmomente (Staatsangehörigkeit, erstes Ehedomizil, jeweiliges Ehedomizil) gegen einander abgewogen werden und die weniger gewichtigen Beziehungen müßten dann gegenüber den wichtigeren zurücktreten. Das hieße dann ebensoviel wie das Verfahren von vornherein so anstellen, daß nur die wichtigsten „möglicherweise in Betracht kommenden Beziehungen" auf ihre Uebereinstimmung hinsichtlich der Kollisionsnormen geprüft würden. Das wäre offenbar konsequenter, als das principaliter vorgeschlagene Verfahren. Aber dann ist wieder nicht klar, warum nicht geradezu das Prinzip dahin formuliert wird, daß die Kollisionsnormen der durch die wichtigste Beziehung legitimierten Rechtsordnung entscheidend sein sollen, mit anderen Worten, warum nicht das Kompetenzprinzip anerkannt wird. Niedner macht kein Hehl daraus, daß er dem Prinzip zuneigt und scheint es nur darum als praktisch unberechtigt zu behandeln, weil der Juristentag es reprobiert hat.

Das von Niedner principaliter empfohlene Verfahren ist ein unsicheres und inkonsequentes Herumtasten. Welches sind denn die Beziehungen, welche „möglicherweise" in Betracht kommen? Jedenfalls muß dazu doch auch der Ort gerechnet werden, wo sich betreffendes Vermögen befindet? Und warum nicht auch der Ort, wo sich eine betheiligte Person aufhält? Und endlich: Soll dabei der Ort ganz außer Betracht bleiben, wo die Rechtsfrage zur behördlichen Entscheidung kommt, also, a potiori gesprochen, die lex fori? Soll die Rechtsordnung, welcher der Richter generell untersteht, gar nicht in Betracht kommen? Praktisch wird ja der deutsche Richter höchst selten mit Thatbeständen befaßt werden, welche nicht schon an sich irgend eine Beziehung räumlicher oder persönlichen Art zur deutschen Rechtsordnung aufweisen. Aber auch wenn dies nicht der Fall ist, wenn z. B. das deutsche forum nur in Folge der Einlassung des Beklagten zuständig geworden ist, so steht es doch im Widerspruch zu dem Sinn der Rechtspflegeeinrichtungen, und insbesondere zu dem positiven Grundgedanken der Kollisionsnormen des Einführungsgesetzes, daß der deutsche Richter hier primo loco lediglich Umfrage bei dem möglicherweise in Betracht kommenden" ausländischen Rechtsordnungen halten sollte.

3.

Die bisherige Erörterung beschränkte sich auf die einseitigen und unvollständig zweiseitigen Kollisionsnormen (Artikel 14, 18, 19, 20, 22, 13, 15, 24, 25). — Hier muß nun eine Erörterung angeschlossen werden, welche sich auf eine Reihe anderer Bestimmungen bezieht, hinsichtlich deren es zweifelhaft ist, ob sie als einseitige, der analogen Ausdehnung zu unterwerfende Kollisionsnormen, oder als in sich vollständige Bestimmungen zu behandeln sind, bei welchen überhaupt das Problem der Lückenfüllung keinen Raum hat. Es handelt sich insbesondere um die in Art. 7 Abs. II und III, Art. 8, Art. 9, Art. 15 Abs. II, Art. 22 Abs. II, Art. 24 Abs. III behandelten Fragen.

Bei diesen Bestimmungen ist es nicht wie bei den bisher besprochenen einseitigen und unvollständig zweiseitigen Kollisionsnormen von vornherein nach dem Wortlaut klar, daß das Gesetz für gewisse einschlägige Thatbestände die Normierung der internationalprivatrechtlichen Frage abgelehnt hat. Vielmehr erscheint umgekehrt auf den ersten Blick der Gedanke an solche Ablehnung sogar fernliegend und gesucht, da der Wortlaut an und für sich deutlich und erschöpfend aussieht. Aber wenn man z. B. die Bestimmung Art. 7 Abs. II („Erwirbt ein Ausländer, der volljährig ist, die Reichsangehörigkeit, so behält er die rechtliche Stellung eines Volljährigen, auch wenn er nach den deutschen Gesetzen nicht volljährig ist") genauer prüft, so stellt sich doch alsbald die Frage ein: Warum ist nicht allgemein der Grundsatz ausgesprochen: „Volljährige behalten beim Wechsel der Staatsangehörigkeit ihre Volljährigkeit?" Entspricht es dem Sinn des Gesetzes, daß ein 21jähriger Deutscher, der Däne wird, vom deutschen Richter als in die Minderjährigkeit zurückfallend behandelt werden soll, weil nach dänischem Recht die Großjährigkeit erst mit 25 Jahren eintritt?" Oder ist nicht hier dasselbe Verfahren eingeschlagen, wie in Art. 14, 18, 19 u. s. w.? Mit anderen Worten: Ist die Vorschrift nicht als einseitige Kollisionsnorm zu verstehen[1]), d. h. hat der Gesetzgeber den Fall, daß ein Volljähriger das Indi-

[1]) Niedner, S. 15ff. bezeichnet die Vorschrift schlechthin als „einseitige Kollisionsnorm" und wirft dann die Frage auf, ob sie analog auszudehnen sei. Ich gebrauche den Ausdruck einseitige Kollisionsnormen nur für die Vorschriften, welche die Normierung der Frage ablehnen, welches ausländische Recht anzuwenden sei. Ich formuliere daher die Frage dahin, ob Art. 7 Abs. II als ein-

genat eines fremden Staates erwirbt, nach dessen Recht er noch nicht volljährig ist, von der Normierung ausschließen wollen?

Man sieht, daß die aufgeworfene Frage unmittelbar an die im Vorhergehenden erörterten Probleme anschließt.

Einige Schriftsteller nun haben die Frage sofort so formuliert: Sind die Vorschriften der Art. 7 Abs. II, III, Art. 8 u. s. w. analog auszudehnen?[1] Sie gehen dabei offenbar von der Voraussetzung aus, es sei selbstverständlich, daß, falls hier Lücken anzunehmen seien, dann die Ausfüllung der Lücken nur im Wege der Analogie stattfinden dürfe. Aber dies ist methodisch nicht zutreffend. Die Analogie ist nicht der einzige mögliche Weg. Vielmehr ist, wenn man nun einmal beim Wortlaut nicht stehen bleibt, sondern Lücken annimmt, dieselbe Verschiedenheit der Lösung möglich, wie bei den im vorigen Paragraphen besprochenen einseitigen und unvollständig zweiseitigen Kollisionsnormen. Namentlich ist hier eben so gut wie dort die Methode der Kompetenzerwägung denkbar. Man hat auch bereits von gewisser Seite diese Methode für einen Theil der in Rede stehenden Bestimmungen anwenden zu müssen geglaubt. So erklärt Schnell[2]) bezüglich der Art. 24 Vorschriften Abs. III, Art. 7, Abs. II, Art. 15 es sei aus diesen Bestimmungen zu folgern, „daß nach der Anschauung des deutschen Rechtes bei einem Wechsel der Staatsangehörigkeit derjenige Staat über die Fortdauer der in diesen Artikeln besprochenen Rechtsverhältnisse — Gültigkeit letztwilliger Verfügungen, Volljährigkeit, ehelicher Güterstand — zu entscheiden hat, dessen Gewalt sich der Einwanderer unterwirft."

Die Frage ist also hinsichtlich der angedeuteten zweifelhaften Fälle allgemein so zu stellen: Inwieweit enthält das EG. außer den im vorigen Paragraphen besprochenen einseitigen Kollisionsnormen der Artikel 14, 18, 19, 20, 22 noch andere der Sache nach als einseitige Kollisionsnormen aufzufassende Bestimmungen?

Diejenigen Bestimmungen, für welche diese Frage zu bejahen sein sollte, rücken damit auf eine Linie mit jenen anderen einseitigen Kollisionsnormen und es kann und muß demgemäß für jede dieser

---

seitige Kollisionsnorm oder als „spezielles Fremdenrecht" (s. oben S. 12) aufzufassen ist. Um mit Zitelmann (I 257 ff.) zu sprechen, müßte ich hinzufügen: in Form einer „materiellen Verweisungsnorm".

[1]) Niedner, S. 21. Zitelmann, I S. 234.

[2]) Ztschr. VII 116.

Bestimmungen dann die Frage gestellt werden, wie die Lücken auszufüllen sind. Als mögliche Gesichtspunkte für die Ausfüllung kommen insbesondere die Prinzipien der Analogie, der Kompetenzerörterung und in subsidium die für jeden Einzelfall völlig freie Rechtsfindung in Betracht.

Die Frage ist nicht für alle in Betracht kommenden Fälle gleichmäßig zu beantworten. Sie soll daher bei den einzelnen Materien erörtert werden. Aber es seien hier zwei allgemeine Bemerkungen über jene Fragen vorausgeschickt.

Einmal: Die Behandlung der etwa sich eröffnenden Lücken nach dem Prinzip der Kompetenzerwägung, wie z. B. Schnell[1]) sie will, darf nach der vorhergehenden Auseinandersetzung mit jenem Prinzip ebenso als abgethan angesehen werden, wie die Behandlung nach der Keidel-Niednerschen Methode (oben S. 44), womit sich denn für uns die Frage ganz natürlich darauf beschränkt, ob jene Bestimmungen analog auszudehnen sind oder nicht.

Ferner: Eine generelle Betrachtung wie die von Zitelmann[2]) der hier die Regel aufstellt, daß die analoge Ausdehnung ausgeschlossen sei, bei Kollisionsnormen, die sich als Ausnahmesätze zu prinzipalen Kollisionsnormen charakterisieren, halte ich für unfruchtbar, weil damit die Frage nur auf einen anderen Punkt gerückt ist, indem es sich dann um die Frage dreht, ob jenes Ausnahmsverhältniß vorhanden ist.

4.

Von den bisher besprochenen Lücken, welche die Kollisionsnormen des Einführungsgesetzes darbieten, unterscheidet sich, wie gesagt, das Lückengebiet derjenigen Materien, für welche überhaupt keine Kollisionsnormen aufgestellt sind, indem hier der Gesichtspunkt der Analogie im Gesetz gegebener Kollisionsnormen wegfällt oder, wie man vielleicht vorsichtiger sagen muß, auf geringfügige und unsichere Anknüpfungen beschränkt ist.[3])

Die Ausfüllung dieser Lücken hat mit der Schwierigkeit zu kämpfen, daß die Voraussetzung dafür eine sichere prinzipielle Grundlage des internationalen Privatrechts überhaupt ist, daß aber eine

---

[1]) Ztschr. VII 116ff.

[2]) I 234, s. auch Niedner 15.

[3]) Vgl. Verhandl. des 24. deutschen Juristentags IV 80—81.

solche leider noch nicht zu allgemeiner Anerkennung gelangt ist. Eine Erörterung der dabei in Frage stehenden Grundprobleme des internationalen Privatrechts wird man nun von einer Besprechung des positiven internationalen Privatrechts des BGB., wie sie hier versucht wird, nicht erwarten. Aber das unterliegt doch keinem Zweifel: die deutsche Jurisprudenz muß entschiedene Stellung zu jenen Problemen nehmen, um den Aufgaben gerecht werden zu können, welche die Lücken des EG. der Theorie und der Praxis stellen. Wo die Analogie der positiven Kollisionsnormen versagt, da kann nur mittels prinzipieller Beherrschung der Methode des internationalen Privatrechts die richtige Entscheidung gemäß der Natur der Sache gefunden werden.

Darum müssen hier wenigstens im Tenor die Grundzüge dargelegt werden, von welchen die gegenwärtige Erörterung ausgeht und die in der Hauptsache dem entsprechen, was man als positivistische Richtung bezeichnet, während ich mich verwahre gegen die Unterstellung eines einseitigen „Nationalismus", sofern man darunter eine Renitenz gegen die internationalistischen Aufgaben und Ziele des internationalen Privatrechts versteht.

Ich bin allerdings der Meinung, daß es gegenwärtig im Sinne positiver Geltung kein anderes völkerrechtliches internationales Privatrecht gibt, als die in Staatsverträgen niedergelegten Normen. Der einzelne Staat und seine Organe sind daher in der Gestaltung des internationalen Privatrechts nur durch die in der Natur der Sache liegenden, das heißt durch die in den nationalen und internationalen Aufgaben der Rechtspflege gegebenen Maßstäbe gebunden. Auch die Annahme eines subsidiären „überstaatlichen" internationalen Privatrechts halte ich für eine Fiktion[1]. Aber ebenso entschieden vertrete ich den Standpunkt, daß die Aufgabe der Rechtspflegeorgane dort, wo die positive „innerstaatliche" Rechtsordnung Lücken hinsichtlich der Probleme des internationalen Privatrechts aufweist, ebenso wie mit der Freiheit des Gesetzgebers, so auch mit dessen Offizium ausgestattet ist und zufolge immanenter Grundsätze darauf angewiesen ist, nach dem „Internationalitätsprinzip" zu verfahren, das heißt, daß diejenige Entscheidung angemessen ist, welche der Aufgabe einer internationalen Rechtsgemeinschaft entspricht. Das kann man getrost eine Entscheidung nach den

[1]) S. auch Ztschr. VII 479 und Barazetti Ztschr. VIII 39.

Prinzipien des Völkerrechtes nennen. Darum bleibt einstweilen die Basis der Rechtsanwendung doch die interne Rechtsordnung.

In den praktischen Ergebnissen für die Einzelfragen bedingt diese Auffassung keinerlei Unterschied gegenüber der neuerdings insbesondere von Zitelmann vertretenen völkerrechtlichen Auffassung. Auch in grundlegenden Fragen positiver Art, wie in der Kontroverse über Kompetenzerörterung, Rück- und Weiterverweisung kommen wir zu den gleichen Ergebnissen. Sollte die Rechtsprechung sich der Zitelmann'schen Formel vom subsidiären überstaatlichen internationalen Privatrecht bedienen, so würde ich darin ein glückliches Anzeichen dafür erblicken, daß die Idee der Internationalität sich praktisch durchsetzt. Wenn jene Formel der positiven Entwickelung, wie ich glaube, vorauseilt, so wirkt sie gerade damit auf die Entwickelung selbst bestimmend ein. Die opinio necessitatis werdenden Gewohnheitsrechtes macht sich dann geltend. In diesem Sinne ist die in starker Ueberzeugung von der Natur der Sache geprägte Formel willkommen zu heißen und es wäre kein Schade, wenn die Formel in der Judikatur dieselbe Kraft gewönne, wie früherhin die Savigny'sche Formel vom Sitz des Rechtsverhältnisses im Raum, welche ebenfalls, obwohl theoretisch anfechtbar, für die Entwicklung des positiven Rechtes als Ausdruck und Antrieb höchst bedeutsam und förderlich geworden ist.

Nichts spricht dafür, daß die Lücken des EG. nach einer anderen Richtschnur als derjenigen des Internationalitätsprinzips auszufüllen sind. Eine Rückkehr zu dem „Exklusivitätsprinzip" im Sinne des Wächter'schen Hülfssatzes „in dubio lex fori" ist nach dem heutigen Stande der Entwicklung ausgeschlossen.

Auch nicht in der neu gemodelten Form, in welcher Edelmann[1]) für die Lücken des EG. eine Abkehr von Internationalitätsprinzip befürwortet, darf diesem Prinzip Abbruch geschehen. Die Einschränkungen des Prinzipes, welche das EG. — zum Theil ja in krasser Gestalt — aufrichtet, sind das Höchstmaß dessen, was das Gesetz in dieser Richtung will. Die aufgestellten Ausnahmen befestigen in Wahrheit die Regel. Unter der Herrschaft des exklusiven Territorialgedankens wären jene Exklusivsätze unmöglich gewesen. Sie konnten nur auf dem Boden des als normal und für die Regel als selbstverständlich gedachten Internationalitätsgedankens erwachsen.

---

[1]) Ztschr. f. intern. Priv. u. Strafrecht VIII 295ff.

Alles dies dürfte übrigens der heute in der deutschen Jurisprudenz herrschenden Auffassung entsprechen[1]).

Für die praktische Behandlung der großen Lückenbestände unseres Gesetzes kommt nun aber ein fernerer allgemeiner Gesichtspunkt in Betracht, welcher, wenn nicht alle Voraussicht täuscht, eine Hauptrolle bei der Ausfüllung jener Lücken spielen wird und dessen prinzipielle Berechtigung klarzustellen daher wichtig erscheint.

Ich meine die Werthung derjenigen Rechtsgrundsätze, welche in Deutschland bisher allgemeinere Anerkennung und praktische Bethätigung gefunden haben[2]). Dieser Gesichtspunkt hat für mancherlei Fragen auf dem gesammten Gebiet des Privatrechts Bedeutung, für das Gebiet des internationalen Privatrechts in besonderem Maße. Die landesrechtlichen Normen sind durch Art. 55 EG. ausgelöscht, ohne daß die Reichsgesetzgebung annähernd Ersatz gebracht hat.

Daß bei Ausfüllung der Lücken frühere Gedankenarbeit verwerthet werden kann und verwerthet werden wird, ist ja zweifellos. Immanente Wahrheiten werden durch kein Gesetzbuch aufgehoben. Wo Rechtsfragen wiederkehren, welche anerkanntermaßen bereits befriedigende Lösung gefunden haben, kann und wird die Praxis sich auf die Arbeit der Vergangenheit stützen. Niemand wird es unternehmen wollen, dieser *wissenschaftlichen* Kontinuität Recht und Nothwendigkeit abzusprechen.

Aber es ist, meine ich, darüber noch hinaus eine Kontinuität von mehr positiver Art zwischen dem alten und dem neuen Recht möglich und nicht nur aus allgemeinen Gründen, sondern durch das Prinzip unserer Kodifikation geboten.

Die Grenze zwischen immanenter Richtigkeit und positiver Willensentscheidung läßt sich im Einzelfall nicht mit objektiver Sicherheit ziehen. Wenn man sich künftig in der Praxis auf ältere Entscheidungen beruft, so hat das nach dem *bisher* Gesagten nur in dem Sinne Berechtigung, daß die der älteren Entscheidung zu Grunde liegenden *Erwägungen* wegen ihrer immanenten Richtigkeit in Bezug genommen werden.

---

[1]) Dabei gehe ich davon aus, daß das von den Vertretern der Kompetenztheorie natürlich *wie* für *alle* Lücken so auch hier empfohlene Verfahren keiner weiteren Widerlegung bedarf und keine Gefahr besteht, daß die Praxis diesem Doktrinarismus verfällt. Vgl. oben S. 21ff und S. 39ff.

[2]) Ob man hier von „gemeinem deutschen Privatrecht" sprechen darf, lasse ich dahingestellt.

Aber mit diesem Moment der inneren Begründetheit vermischt sich in der Praxis sehr leicht der Gesichtspunkt äußerer Geltung („auctoritas rerum similiter judicatorum"). Diese Vermischung stellt häufig den Thatbestand werdenden Gewohnheitsrechtes dar, und der Schritt von hier bis zur Vollendung des Gewohnheitsrechtes wird von dem, der ihn thut, meistens kaum bemerkt. Erst nachdem er gethan ist, wird er erkannt. Dieser unwillkürliche, unbewußte Vorgang wird sich aller Voraussicht nach für das Gebiet des internationalen Privatrechts dort, wo die Kodifikation Lücken aufweist, in der künftigen Rechtspraxis mannigfach vollziehen. Davon braucht aber hier nicht weiter die Rede zu sein, da es sich hier darum handelt, inwieweit gegenwärtig die Anknüpfung an die bisherige Rechtspraxis möglich und berechtigt ist. Und hier, glaube ich, kommt dem praktischen Bedürfniß der formale Gesichtspunkt zu Hülfe, daß unserer Kodifikation positiv das Prinzip innewohnt: vorhandene Rechtseinheit zu wahren. Die Artt. 32, 55 EG. sind Ausflüsse dieses Prinzipes. Der Grund, warum diese Vorschriften das bisherige Reichsprivatrecht konservieren, das Landesprivatrecht aufheben, ist nicht der, daß das Reichsrecht als solches für inhaltlich besser als das Landesrecht gehalten wurde, sondern der Gesichtspunkt, daß das die Reichseinheit durchbrechende Privatrecht aufgehoben werden sollte, dagegen das bestehende einheitliche Recht Recht bleiben sollte.

Diesem Grundgedanken entspricht es, die Einheit auch da festzuhalten, wo sie nicht die Form des Reichsrechtes, sondern diejenige des allgemeinen Rechtes hat. Soweit sich daher in Deutschland bislang in allen Rechtsgebieten gleiche Grundsätze für die Behandlung des internationalen Privatrechtes gebildet haben, welche die Lücken der neuen Reichsgesetzgebung auszufüllen geeignet sind, spricht für die Beibehaltung dieser Grundsätze das Prinzip unserer Kodifikation.

Daß die Praxis dem vorstehend bezeichneten Gesichtspunkte im Großen und Ganzen entsprechen wird, erscheint in hohem Maße wahrscheinlich. Die konservativen Beschlüsse des deutschen Juristentages 1898 bezüglich des Rechtes der Vertragsobligationen sprechen dafür. Das seit Savigny thatsächlich in Deutschland herrschende Prinzip des Erfüllungsortes[1]) ist hier in einer Weise auf den Schild gehoben,

---

[1]) Auch im sächsischen Gesetzbuch § 204 hat das Prinzip Anerkennung gefunden.

welche einen über die Einzelfrage hinausgehenden Schluß auf die in der deutschen Jurisprudenz herrschende Tendenz gestattet.

Ebenso wird wahrscheinlich in zahlreichen anderen Fragen die Praxis auf bisher wirklich oder vermeintlich geltende Grundsätze zurückgreifen, ohne sich durch den formalen Gesichtspunkt des Art. 55 EG. zu der selbständigen Ergründung der einschlägigen Probleme bestimmen zu lassen. Daß z. B. die Verjährung der Forderung nicht ein Institut des Prozeßrechtes, sondern des materiellen Rechtes ist, daher nicht der lex fori, sondern dem sonst für das Rechtsverhältniß materiell maßgebenden Rechte unterliegt, ist ein von der deutschen Praxis allgemein[1]) festgehaltener Grundsatz, der wahrscheinlich ohne weiteres in Uebung bleiben wird.

Daß ferner für dingliche Rechtsverhältnisse an Immobilien die lex rei sitae maßgebend ist, daß diese Maßgeblichkeit aber hinsichtlich des durch eheliches Güterrecht, Elternrecht und durch das Erbrecht bedingten Rechtsveränderungen zurücktritt gegenüber der Maßgeblichkeit der speziell in diesen Rechtsmaterien nach deutschem internationalem Privatrecht zu Grunde zu legenden Rechtsordnung, dies sind bisher in partikularrechtlicher aber allgemeiner Uebung befolgte Grundsätze, welche auch unabhängig von Art. 28 EG. wahrscheinlich nach wie vor die konstante Rechtsprechung für sich haben werden.

Aber es muß doch davor gewarnt werden, daß diese Tendenz der Kontinuität ausarte in gedankenloses Weiterschleppen überlieferter Maximen. Wirkliche und exakte Uebereinstimmung hat sich doch bislang nur in recht wenigen Fragen herausgebildet. Der neue Rechtszustand stellt daher vor allem an Theorie und Wissenschaft die Anforderung selbständiger Durchdringung und Vertiefung wie der Prinzipien so auch der Einzelfragen.

---

[1]) Abweichend z. B. bekanntlich von der englisch-amerikanischen Praxis.

Zweiter Abschnitt.

Der Inhalt des neuen Rechtes im Einzelnen.

§ 5.

Die Anknüpfungsmomente der Kollisionsnormen, insbesondere das Personalstatut.

Als Anknüpfungsmomente werden hier die Thatbestandsmomente bezeichnet, an welche die Kollisionsnormen den Anwendungsbereich der Rechtssätze anknüpfen[1]).

Das Einführungsgesetz verwendet folgende Anknüpfungsmomente:

1. Staatsangehörigkeit einer physischen Person (Artikel 7, 9, 13, 14, 15, 17, 18, 19, 20, 21, 22, 23, 24, 25).
2. Staatsangehörigkeit eines Vereins (Artikel 10).
3. Wohnsitz (Artikel, 8, 16, 24 u. 29).
4. Aufenthaltsort (Artikel 29).
5. Ort der Vornahme eines Rechtsgeschäfts (Artikel 7 III, 11, 13 III.)
6. Ort des Vermögens (Artikel 9 II), einer Sache (Artikel 28).

Wie diese Statistik erkennen läßt, sind Anknüpfungsmomente lokaler Natur (Nr. 3 bis 6) nur in geringem Maße verwerthet. Das personale Anknüpfungsmoment der Staatsangehörigkeit herrscht augenfällig vor. Die nähere Betrachtung lehrt, daß diese Bevorzugung nicht nur quantitativer Art ist, sondern daß die Zugrundelegung der Staatsangehörigkeit das leitende Prinzip in der Behandlung des internationalen Privatrechts ist. In Anlehnung an die bekannte Terminologie kann man sagen: Das Gesetz bevorzugt das Prinzip der Personalität gegenüber dem Prinzip der Territorialität, oder anders ausgedrückt: Der Entwurf steht

[1]) Näheres: Vorschläge u. Materialien S. 102 ff.

auf dem Standpunkt des Nationalitätsprinzips. Mit dem Schlagwort des Nationalitätsprinzips ist auf dem Gebiete des internationalen Privatrechts vielfach Mißbrauch getrieben worden. Das Prinzip entspricht als legislatorisches Leitmotiv dem modernen Bedürfniß und dem internationalen Rechtsbewußtsein. Daß dabei die Nationalität lediglich den exakten, juristischen Begriff der Staatsangehörigkeit bedeuten darf, ist selbstverständlich.

Es konnte keinem ernstlichen Zweifel unterliegen, daß das Bürgerliche Gesetzbuch auf dem besonderen Gebiet, das man als dasjenige des Personalstatuts zu bezeichnen pflegt, das gemeinrechtliche Prinzip des Wohnsitzrechtes (lex domicilii) durch das Prinzip des Heimatrechts ersetzen mußte.

Es kann allerdings nicht geleugnet werden, daß das Prinzip des Heimatrechtes mit der fortschreitenden Entwickelung des Weltverkehrs, insbesondere zufolge zunehmender Internationalisierung der Güterverhältnisse und wegen der überall wachsenden lokalen Mischung der Nationalitäten, immer schwieriger in der Durchführung wird. Die Rechtspflege jedes einzelnen Gebietes wird durch das Nationalitätsprinzig in höherem Grade als durch das Wohnsitzprinzip internationalisiert. Die Rechtssicherheit der Ausländer wird dadurch gesteigert auf Kosten der Rechtssicherheit der Inländer. Nicht nur den Rechtspflegeorganen, Richtern, Anwälten, Verwaltungsbeamten (man denke z. B. an die Standesbeamten), sondern auch dem Publikum wird damit eine weitgehende Beachtung und Kenntniß der ausländischen Rechte zugemuthet. Die Bedeutung der lex fori wird zurückgedrängt, und nicht nur prinzipiell machen die ausländischen Rechte ihr Koordinationsverhältniß geltend, sondern auch quantitativ kommt dieses Verhältniß um so mehr zur Erscheinung, je zahlreicher die in jedem Gebiete aufhältlichen und domizilierenden Fremden sind, je mehr gereist wird, je häufiger internationale Eheschließungen werden, je weniger sich die Anlage der Vermögen auf das Inland beschränkt und je lebhafter und verwickelter die internationalen Landesbeziehungen werden. Danach kann die Besorgniß begründet erscheinen, das Heimatprinzip führe diesen Verhältnissen gegenüber mit der Zeit zu einer zu großen Verwickeltheit der Rechtspflege und zu einer schwer zu ertragenden Unübersichtlichkeit der Rechtsverhältnisse. Die Rückkehr zum Wohnsitzprinzip könnte dem gegenüber rathsam erscheinen, weil der Wohnsitz vor der Staatsangehörigkeit den Vorzug der äußeren und öffentlichen Erkennbarkeit besitzt und weil es doch regelmäßig die Rechtspflegeorgane des Wohnsitzes sind, welche mit der Erledigung der Rechtsfragen befaßt sind, somit das Wohnsitzprinzip die Rechtspflegeorgane seltener in die Lage bringt, ausländisches Recht anwenden zu müssen. Dieselben Erwägungen würden aber noch weiter führen. Sie würden dafür sprechen, dem Recht des bloßen Aufenthaltes eine prinzipale Bedeutung einzuräumen. Sie beweisen danach zu viel. Dazu ist beachtlich, daß die moderne Verkehrsentwickelung auch zu einem leichteren und öfteren Wechsel des Domizils, zu einem immer häufigeren Vorkommen der Domizillosigkeit und des mehrfachen Domizils, mit anderen Worten dazu führt, daß das Domizil weniger denn früher wirklich der dauernde Mittelpunkt der persönlichen Rechtsbeziehungen ist. Und gerade diejenigen Fälle, wo das Domizil infolge des internationalen Fluktuierens der Existenz einer Person in jener Bedeutung abgeschwächt ist, führen am häufigsten zur Statutenkollision. Endlich fällt für ein Land, das so viele Staatsangehörige im Auslande hat, wie Deutschland, die besondere Erwägung ins Gewicht, daß hier der nationale Vortheil, welchen das Staatsangehörigkeitsprinzip gewährt, die Unbequemlichkeiten reichlich aufwiegt, welche der inländischen Rechtspflege durch jenes Prinzip erwachsen. Freilich mehrt sich damit auch die Gefahr der politischen Schwierigkeiten, welche durch — grundsätzliche oder gelegentliche — Nichtrespektierung des deutschen Heimatrechtes im Auslande lebender Deutscher durch die dortige Rechtspflege herbeigeführt werden können. Aber diese Gefahr darf ein Staat nicht scheuen, welcher entschlossen und im Stande ist, das Nationalitätsprinzip im allgemeinen politischen Sinn nachdrücklich zur Geltung zu bringen. Die Aufnahme des Staatsangehörigkeitsprinzipes ist darum auch vom nationalen Standpunkte aus mit Freuden zu begrüßen. Bisher galt im größten Theil Deutschlands (im Gebiet des gemeinen Rechts und in sämmtlichen preußischen Landestheilen) das Wohnsitzprinzip hinsichtlich der Fragen der Rechts- und Handlungsfähigkeit, sowie für die meisten Fragen des Eherechts, insbesondere für das eheliche Güterrecht, endlich für Vormundschaftsrecht und Erbrecht. Deutsche Gerichte hatten demzufolge die Rechtsverhältnisse der im Ausland wohnenden Deutschen gerade in solchen Fragen, die mit nationalen und ethischen Anschauungen zusammenhängen, vielfach nach ausländischem Recht zu beurtheilen, während die ausländischen Gerichte, soweit für sie das Heimatprinzip gilt, ebendieselben Fragen in denselben konkreten Fällen grundsätzlich nach deutschem Recht zu beurtheilen hatten. Das war unerfreulich und widersinnig. Bei den im Ausland lebenden Deutschen wurde dadurch das nationale Gefühl und das Vertrauen auf den nationalen Rechtsschutz nicht gestärkt. Durch Einführung des Prinzips des Heimatrechts wird dem in letzter Zeit gern herangezogen (wenn auch historisch nicht passenden) „Civis Romanus sum" für unsere im Ausland lebenden Landsleute gesteigerte Konsequenz gegeben.

Die Reichsgesetzgebung hat auch früher stets, wenn die Frage des Personalstatuts zu regeln war, das Staatsangehörigkeitsprinzip angenommen, so in der Wechselordnung und in den Gesetzen über das Urheberrecht vom 11. Juni 1870 und vom 9. Januar 1876; desgleichen in einer Reihe von Staatsverträgen. Im Verhältniß der deutschen Staaten war es mehrfach durch die Militärkonventionen zur Anwendung gebracht. Partikularrechtlich galt es in den Gebieten des französischen Rechts (nur die rheinpreußische Praxis vertrat eine abweichende Anschauung) und im Königreich Sachsen. Die überwiegende Mehrzahl ferner der ausländischen Staaten huldigt dem gleichen Grundsatz[1]). Die Annahme desselben im Bürgerlichen Gesetzbuch lag in der Richtung der Entwicklungstendenz und sie trägt ein Wesentliches zur internationalen Harmonisierung des Rechts bei. Aber, wie gesagt, die Rezeption des Heimatprinzips bedeutet im Entwurf nicht etwa nur die Stellungnahme in Betreff einer speziellen gesetzgeberischen Kontroverse. Vielmehr handelt es sich um die Grundlage des gesetzgeberischen Baues. Denn abgesehen von wenigen allgemeinen Grundsätzen, die das Gesetz für das ganze Gebiet des Privatrechts aufstellt, legt es für die sämmtlichen ex professo geregelten Materien, nämlich für das Personen-, Familien- und Erbrecht lediglich das Staatsangehörigkeitsprinzip zu Grunde, während es die Gebiete des Sachen- und Obligationenrechtes, für welche augenscheinlich im Allgemeinen andere Prinzipien gelten sollen, von der

---

[1]) So Belgien, Chile, Columbien, der Congostaat, Costa Rica, Ecuador, Frankreich, Griechenland, Haiti, Holland, Honduras, Italien, Mexico, Monaco, Montenegro, Portugal, Rumänien, Rußland, Salvador, Schweden, Schweiz, Spanien, Uruguay, Venezuela. Das Wohnsitzrecht gilt in Argentinien, Dänemark, Norwegen, England, der Vereinigten Staaten von Amerika; in Rußland gilt es für Esth-, Liv- und Kurland. Durch den Vertrag von Montevideo ist es im Verhältniß der südamerikanischen Staaten eingeführt. — Vgl. Vorschläge und Materialien S. 117 ff.

Regelung prinzipiell ausschließt und bezüglich ihrer nur einzelne und zwar solche Bestimmungen gibt, die wiederum das Staatsangehörigkeitsprinzip zur Anwendung bringen. Man kann also sagen, daß das Einführungsgesetz die Kodifizierung des internationalen Privatrechts grundsätzlich nur insoweit unternimmt, als das Prinzip der Staatsangehörigkeit reicht.

Das Anknüpfungsmoment der Staatsangehörigkeit theilt mit den meisten im internationalen Privatrecht in Betracht kommenden Anknüpfungsmomenten die Schwierigkeit, daß es sich nicht um etwas rein Thatsächliches, Elementares, sondern um einen Rechtsbegriff handelt. Genauer: Das Anknüpfungsmoment ist hier derjenige Rechtswirkungskomplex, den wir als Staatsangehörigkeit bezeichnen. Es entsteht daher die Frage, welche Rechtsordnung dafür maßgebend ist, ob und wie diese Wirkung eingetreten sei, eine Frage, für welche keine allgemeine völkerrechtliche Norm besteht[1]), welche vielmehr für sich wiederum ein Problem des internationalen Privatrechts (man müßte genauer und konsequent sagen: des internationalen Staatsrechtes) darstellt. Unsere Gesetzgebung trifft hinsichtlich dieses Problems keine Bestimmung. Die Verfasser des BGB. sind allem Anschein nach von der Auffassung ausgegangen, daß eine Person immer demjenigen und nur demjenigen Staat angehört, welcher ihr seine Staatsangehörigkeit durch Normativbestimmungen oder durch Verleihung zuweist. Das wäre also eine Anwendung jener für die Kollisionsnormen von uns mehrfach prinzipiell abgelehnten Grundauffassung, daß immer und nur diejenige Rechtsordnung maßgebend sein solle, welche maßgebend sein wolle.

Jene Auffassung ist für die in Rede stehende staatsrechtliche Kollisionsfrage ebenso unzureichend, ja absurd, wie für das internationale Privatrecht im engeren Sinn prinziplos. Denn sie rechnet auf den allerdings häufigen aber in keiner Weise garantierten Thatbestand, daß für die Staatsangehörigkeit eines Menschen nur eine Rechtsordnung maßgebend sein will. Sobald mehrere Staaten maß-

---

[1]) Staatsvertragliche Bestimmungen darüber sind mehrfach aufgestellt. Außer den deutsch-amerikanischen Bankroft-Verträgen gehören dahin z. B. die Verträge Deutschlands mit Honduras (RGBl. 1888 S. 269), Costarica (RGBl. 1877 S. 13) (außer Kraft getreten laut RGBl. 1897 S. 785), Brasilien (RGBl. 1882 S. 69).

gebend sein wollen und deren Gesetzgebung nicht etwa zufällig inhaltlich in Bezug auf Erwerbung und Verlust der Staatsangehörigkeit übereinstimmt, versagt jene Maxime. Eine Auffassung, welche, wie die hier in Rede stehende, prinzipiell mehrfache Staatsangehörigkeit gelten läßt — und das geschieht doch, wenn man die Konkurrenz aller gelten wollenden Staaten zuläßt —, tritt mit dem Prinzip des Personalstatuts in Widerspruch.

Die Rechtsordnung, welche die Staatsangehörigkeit zur Grundlage des Personalstatuts macht, müßte grundsätzlich, um ganze Arbeit zu thun, ihrerseits bestimmen, welches Recht maßgebend sein soll für die Frage der Staatsangehörigkeit. Da unsere Gesetzgebung diese Frage nicht beantwortet, so müssen wir die Lücke ausfüllen, und zwar sollte dies nach Möglichkeit prinzipmäßig und nicht etwa blos so geschehen, daß einzelne praktische Fragen von besonderer Bedenklichkeit, wie namentlich die Fälle mehrfacher Staatsangehörigkeit, kasuistisch herausgegriffen würden.

Aber die unvollkommene Wirklichkeit der Dinge läßt hier jede konsequente Behandlung scheitern. Die großen Unvollkommenheiten des bestehenden Rechtszustandes hinsichtlich der Indigenatsverhältnisse nöthigen zum Verzicht auf Prinzipien, wie sie an sich wünschenswerth wären. Grundsätze, durch welche die Bestimmung des betreffs der Staatsangehörigkeit maßgebenden Rechtes in Abhängigkeit von elementaren Anknüpfungsmomenten gestellt würde, sind einfach unmöglich. Als solchen Grundsatz könnte man z. B. den folgenden vorzuschlagen geneigt sein: „Die Staatsangehörigkeit im Sinne des Personalstatuts richtet sich nach dem Recht des Staates, in welchem eine Person geboren ist“, eine Regel, welche natürlich durch Ersatzregeln vervollständigt werden müßte. Aber die Aufstellung dieses wie jedes andern Prinzips ähnlicher Art ist darum unthunlich, weil die Indigenatsgesetzgebungen der einzelnen Staaten in solcher Isoliertheit, um nicht zu sagen Rücksichtslosigkeit, neben einander stehen, daß jedweder derartige Grundsatz das Prinzip des Heimatrechtes nicht, wie es dabei die Absicht wäre, für die Kollisionsfragen auf feste Grundlagen stellen, sondern die ohnehin mangelhaften Grundlagen völlig unbrauchbar machen würde. Ein Prinzip, das für die eine Staatengruppe passen würde, würde für die andere versagen. Der soeben hypothetisch herausgegriffene Grundsatz würde z. B. allerdings für England das ganz brauchbare Resultat ergeben, daß für Fragen des internationalen Privatrechts die in England geborenen Personen gemäß der bestehenden englischen Indigenatsgesetzgebung als Engländer zu behandeln wären, gleichviel ob auch andere Staaten sie als Staatsangehörige in Anspruch nähmen, und unbeschadet anderweiter Behandlung der Kollision in anderen Rechts- und in politischen Fragen. Aber für Deutschland z. B. würde jene Regel nicht passen. Sie würde versagen. Denn die deutsche Indigenatsgesetzgebung bestimmt nichts über die Staatsangehörigkeit der in Deutschland geborenen Personen als solcher. Und das gleiche Resultat, daß nämlich ein Heimatrecht im Sinne jener Regel überhaupt nicht existierte, würde sich für alle Geburten im Gebiete der zahlreichen Staaten ergeben, deren Indigenatsgesetzgebung nicht den Ort der Geburt, sondern die Staatsangehörigkeit der Eltern für das Indigenat entscheiden läßt.

Die rebus sic stantibus hinzunehmende Mangelhaftigkeit des von unserer Gesetzgebung gewählten Anknüpfungsmomentes der Staatsangehörigkeit verbietet also eine eigentlich prinzipgemäße Behandlung der Frage, welches Recht für die Vorfrage der Staatsangehörigkeit im Sinne des Personalstatuts maßgebend sei. Vielmehr bleibt nichts übrig, als der Methode zu folgen, welche muthmaßlich auch die Urheber unseres Gesetzes im Auge gehabt haben und welche praktisch zu relativ erträglichen Ergebnissen führt, nämlich darauf zu bauen, daß in der Mehrzahl der Fälle nur e i n Staat einer Person seine Staatsangehörigkeit zuweist und dann diese Staatsangehörigkeit zu Grunde zu legen. Praktisch ergibt sich daraus weiter der freilich auch ganz unprinzipielle Gesichtspunkt, daß, wenn hinsichtlich einer Person der Erwerb irgend welcher bestimmten Staatsangehörigkeit feststeht, eine Nachforschung nicht weiter geboten ist, ob die Person daneben etwa noch eine andere Staatsangehörigkeit besitzt. Es ist aber ferner wichtig, Folgendes klarzustellen: Nicht der Umstand, daß irgend ein Staat für die Bestimmungen über Erwerb und Verlust der Staatsangehörigkeit als besonders kompetent erachtet wird, ist der entscheidende Gesichtspunkt, sondern vielmehr der Umstand, daß ein Staat s e i n e Staatsangehörigkeit positiv als Anknüpfungsmoment darbietet. Die Gesetzgebung, welche ihrer Regelung des internationalen Privatrechts das Staatsangehörigkeitsprinzip zu Grunde legt, greift so zu sagen begierig zu, wenn ein Staat seine Staatsangehörigkeit zur Verfügung stellt, ohne Rücksicht auf die Kompetenzfrage. Es liegt keinerlei Prinzip bei diesem Zugreifen zu Grunde. Wo immer sich die Staatsangehörigkeit bietet, wird sie acceptiert. Daher fehlt denn auch jeder prinzipielle Fingerzeig für die Behandlung der Fälle mehrfacher Staatsangehörigkeit. Für diesen von unserer Gesetzgebung ignorierten Fall muß also auf den grundlegenden Gedanken des Personalstatuts zurückgegangen und die danach zweckmäßige Entscheidung getroffen werden.

Die einzige Gesetzgebung, welche den Fall ins Auge gefaßt hat, das japanische Zivilgesetzbuch (Art. 16), bestimmt in Uebereinstimmung mit den Ausführungen Bar's (Theorie I 261):

„Eine Person, welche sowohl die japanische wie eine fremde Staatsangehörigkeit besitzt, wird durch das japanische Recht, und solche Personen, welche zweien oder mehr fremden Staaten angehören, werden durch das Recht des Landes regiert, dessen Staatsangehörigkeit sie zuletzt erworben haben."

Diese Grundsätze erscheinen im Allgemeinen durchaus zweckentsprechend. Wenn die deutsche Staatsangehörigkeit mit einer anderen konkurriert, so kann das deutsche internationale Privatrecht nur die erstere gelten lassen, da die Staatsangehörigkeit ihrem staatsrechtlichen Begriffe nach ausschließlich ist[1]). Wenn aber zwei fremde Staatsangehörigkeiten konkurrieren, von denen die eine später als die andere erworben ist, muß man sich im Allgemeinen nach dem Prinzip des Personalstatutes für die zuletzt erworbene entscheiden, weil diese dem Erforderniß der Dauerbeziehung am vollkommensten entspricht. Denn wenn man die Hauptfälle ins Auge faßt (Naturalisation ohne Entlassung, Rücktritt der Wittwe in die vor der Verheiratung besessene Staatsangehörigkeit), so zeigt sich, daß die zuerst erworbene Staatsangehörigkeit sozusagen nur widerwillig getragen wird, um möglichst bald abgeschüttelt zu werden. Die betreffende Person selbst und diejenigen Personen, welche mit ihr in Berührung kommen, werden regelmäßig nur die neuerworbene Staatsangehörigkeit als maßgebend betrachten, meistens sogar sie als allein vorhanden ansehen, da es der Natur der Sache gemäß im allgemeinen als selbstverständlich angesehen wird, daß der Erwerb einer neuen Staatsangehörigkeit den Verlust der bisherigen zur notwendigen und unmittelbaren Folge habe[2]). In der Praxis wird sich die Sache

[1]) Hierüber scheint auch ganz allgemeines Einverständniß zu bestehen.

[2]) S. auch Mommsen, Archiv f. civ. Praxis Bd. 61 S. 162, Brocher, Revue de droit intern. V 406, Lehr, Revue de droit international XII 316,

sehr häufig so zutragen, daß auf die Frage nach der Staatsangehörigkeit nur die zuletzt erworbene präsentiert wird und dann die Behörde von einer weiteren Nachforschung Abstand nimmt. Aus diesem Hergang würde sich dann das weitere Argument zu Gunsten der zuletzt erworbenen Staatsangehörigkeit ergeben, daß thatsächlich diese in vielen Fällen zu Grunde gelegt wird, wo die ältere Staatsangehörigkeit nicht bekannt oder nicht amtlich bekannt oder doch nicht erwiesen ist.

Wenn manche Schriftsteller bei doppelter Staatsangehörigkeit (abgesehen von der Konkurrenz deutscher Staatsangehörigkeit) sogleich zur lex domicilii greifen wollen, so spricht hiergegen m. E. auch die positive Bestimmung des Art. 29 EG., welche in Ermangelung einer Staatsangehörigkeit nicht sogleich auf das Domizil zurückgreift, sondern erst dann, wenn die Person auch früher keinem Staat angehört hat.

Indessen, ich bin der Meinung, daß die Bar'sche Regel doch nicht als absolute Norm behandelt werden darf. Eine andere Behandlung kann im Einzelfall der Natur der Sache besser entsprechen. So z. B. wenn die später erworbene Staatsangehörigkeit in der Weise oktroyiert ist, wie dies durch das brasilianische Gesetz vom 24. Februar 1890 geschah, welches allen Ausländern die brasilianische Staatsangehörigkeit zudiktierte, welche sich zur Zeit der Proklamation der Republik (15. November 1889) in Brasilien befanden und nicht innerhalb einer gewissen Frist in amtlicher Form die brasilianische Staatsangehörigkeit ablehnten. Wenn etwa Jemand es vorgezogen hätte, nach Erlaß jenes Gesetzes das Land zu verlassen, dies aber erst nach Ablauf jener Frist hätte ausführen können, oder wenn Jemand aus Unwissenheit oder wegen Krankheit die Ablehnungserklärung versäumt hätte, und wenn die Betreffenden ohne das Bewußtsein der eingetretenen Rechtswirkung in dem Lande ihrer ersterworbenen Staatsangehörigkeit Domizil genommen hätten, so würde die Zugrundelegung der älteren Staatsangehörigkeit doch wohl das dem Prinzip des Personalstatuts entsprechende sein. Aehnliche Fälle können auch sonst vorkommen.

Anders als bei successiver Erwerbung mehrfacher Staatsangehörigkeit liegt es, wenn die mehreren Staatsangehörigkeiten gleich-

---

Barazetti 318, A. M. Kahn, Iherings Jahrb. 30 S. 64, Zitelmann I 176, Niedner 75, Neumann 46, Crome 139, 47.

zeitig erworben sind. Hauptfall ist die Geburt in einem Lande, welches (wie z. B. England) an die inländische Geburt die inländische Staatsangehörigkeit knüpft, auch wenn die Eltern einem Lande angehören, dessen Indigenatsgesetzgebung (wie z. B. die österreichische) allen gleichviel wo geborenen Kindern der eigenen Staatsangehörigen die Staatsangehörigkeit der Eltern verleiht.

Hunderttausende der in England, Frankreich, Italien, Schweden, Portugal, Südamerika geborenen Personen werden infolge solcher Differenz der Indigenatsgesetzgebung des Geburtsstaates und des elterlichen Heimatstaates als sujets mixtes geboren.

Ich möchte nicht mehr, wie ich es früher (Vorschläge und Materialien S. 124) de lege ferenda gethan habe, mich in den Fällen mehrfacher gleichzeitig erworbener Staatsangehörigkeit schlechthin und allgemein für die lex domicilii entscheiden. Ich bin vielmehr der Ansicht, daß die lex domicilii nur dann zur Anwendung kommen soll, wenn nicht nach der ratio des Personalstatutes einer der mehreren Staatsangehörigkeiten konkret die vorwiegende Bedeutung zukommt.

Wenn man das positive Recht der einzelnen Staaten ins Auge faßt, so nimmt man z. B. wahr, daß mehrfach die Erwerbung der Staatsangehörigkeit in abgeschwächter und bedingter Weise vorkommt. So bestimmt z. B. das italienische Zivilgesetzbuch Art. 8: „Als italienischer Bürger wird der im Königreich geborene Sohn eines Ausländers betrachtet, wenn letzterer dort seit mehr als zehn Jahren im Königreich ununterbrochen sein Domizil gehabt hat. Er kann aber jedesmal die Ausländereigenschaft optieren, sofern er dies in der Frist und Form des Artikels 5 erklärt.“ (Art. 5 bestimmt, daß die Option binnen Jahresfrist nach Erreichung der Großjährigkeit in Italien vor dem italienischen Standesbeamten des Domizils oder im Ausland vor einem diplomatischen oder konsularischen Vertreter Italiens zu geschehen hat.) Nehmen wir den Fall, daß norwegischen Eltern, die zehn Jahre in Italien gewohnt haben, dort ein Kind geboren war. Das Kind ist gemäß norwegischem Recht als Norweger geboren. Es ist dann mit den Eltern in jugendlichem Alter nach Norwegen zurückgekehrt. Die Beteiligten wissen nichts von der dem Kinde resolutiv bedingt anhaftenden italienischen Staatsangehörigkeit und die Optionserklärung vor dem italienischen Konsul wird versäumt. In solchen Fällen würde die Anwendung des norwegischen Rechtes dem Prinzip des Personalstatutes doch wohl auch dann entsprechen, wenn der Betreffende etwa Domizil später in einem dritten Lande genommen haben sol.e. Die Sachlage kann aber andererseits auch wiederum derart sein, daß in der That nichts anderes übrig bleibt, als zur lex domicilii die Zuflucht zu nehmen, wie es die Analogie des Artikels 29 ,nahelegt. In allen den Fällen, in denen die eine der mehreren Staatsangehörigkeiten diejenige des Staates ist, in welchem das Domizil liegt, koinzidiert ja übrigens der Gesichtspunkt der überwiegenden Bedeutung dieser Staatsangehörigkeit und die Regel der Maßgeblichkeit der lex domicilii als solcher.

Der Fall des Mangels der Staatsangehörigkeit, welchen Art. 29 EG. dahin regelt, daß die frühere Staatsangehörigkeit und erst wenn solche nie vorhanden war, das Domizil ev. der Aufenthalt entscheidet, bedarf keiner weiteren Erläuterung.

Die Bestimmung ist für diejenigen Fälle von besonders erfreulicher Bedeutung, in denen Deutsche durch zehnjährigen Aufenthalt im Auslande ihr Indigenat verloren haben. Sowohl das Reichsgesetz vom 1. Juni 1870 § 21 als das Reichsgesetz vom 2. Mai 1874 § 11 trifft Bestimmungen, welche erkennen lassen, daß jener Verlust der Staatsangehörigkeit nur als Lockerung, nicht als Zerstörung der Beziehung zum Reiche gedacht ist, und dieser Gedanke kommt konsequent im Art. 29 EG. zu entsprechender Geltung.

Es gibt Personen, für welche Art. 29 dem Rechtsbedürfniß nicht genügt, nämlich im Auslande lebende Kinder staatlos gewordener Eltern, sofern das Gebiet, in dem sie leben, kein Territorialrecht hat. In den sog. Kapitulationsländern, namentlich in der Türkei, gibt es kein territorial geltendes Privatrecht, sondern es gilt das Prinzip der Personalität der Rechte. Dort leben zahlreiche Personen, insbesondere auch solche von deutschem Blut und deutscher Gesinnung (z. B. Mitglieder der Templergemeinden in Palästina), deren Eltern ihre Staatsangehörigkeit verloren haben und welche, da sie nicht Türken werden wollten, staatlos geblieben sind und ihre Staatlosigkeit den Kindern vererbt haben. Für diese Personen versagt sowohl der Gesichtspunkt der früheren Staatsangehörigkeit als derjenige der lex domicilii bezw. des Aufenthalts, weil es kein örtliches Recht (abgesehen vom Immobiliarrecht) .gibt. Hier wird es nöthig, ein Hülfsmoment anzuwenden, und zwar ergibt sich als solches naturgemäß und in Uebereinstimmung mit dem Prinzip des Art. 29 das frühere Heimatrecht der Eltern.

Das Gesetz trifft keine Bestimmung für den Fall, daß in dem Staat, welchem eine Person angehört, territorial verschiedene Gesetzgebungen gelten, wie in der Schweiz, England, Rußland, den Vereinigten Staaten von Amerika.

Das Institut de droit international hat für solchen Fall (Annuaire V 57) empfohlen, die Kollisionsnormen des Heimatstaates entscheiden zu lassen, ein Auskunftsmittel, welches dem Grundgedanken des Rück- und Weiterverweisungssystems entspricht und darum aus allen den Gründen abzulehnen ist, welche gegen dieses sprechen [1]).

Das nach Analogie der bereits erörterten Zweifelsfälle nächstliegende und empfehlenswerthe ist die Anwendung der lex domicilii. Dafür hat sich z. B. die japanische Gesetzgebung entschieden. Dieser Ausweg führt aber nur dann zu vollkommen befriedigender Erledigung, wenn die Person ein Domizil in dem Heimatstaate selbst hat. Es ist nicht befriedigend wenn das Domizil außerhalb des Heimatstaates liegt. Dann bedeutet jenes Auskunftsmittel nicht die sinngemäße Durchführung des Gedankens, daß das Heimatrecht maßgebend sein soll, sondern ein Abspringen von diesem, welches nicht nöthig ist. Man entscheidet sich ja dann nicht zwischen den verschiedenen Rechten, die im Heimatstaat gelten, sondern wendet ein ganz anderes Recht an [2]). Richtiger erscheint daher die Zugrundelegung des letzten heimatlichen Domizils [3]). War aber ein solches niemals vorhanden, so ist die ausgeprägteste lokale Beziehung, welche die Person zu ihrem Heimatlande hat, die Hauptstadt desselben, als Sitz der Centralbehörden, in deren gebietender und schützender Thätigkeit das Indigenatsverhältniß seinen praktischen Ausdruck findet. Dieser Gedanke findet eine Anlehnung auch in § 15 CPO.: „Deutsche, welche das Recht der Exterritorialität genießen, sowie die im Auslande angestellten Beamten des Reichs oder eines Bundesstaats behalten in Ansehung des Gerichtsstandes den Wohnsitz, welchen sie in dem Heimatstaate

---

[1]) S. unten S. 76 ff.

[2]) Zitelmann I 405 und Niedner 76 Nr. 4 erklären sich auch für diesen Fall zu Gunsten der lex domicilii.

[3]) So auch Barazetti 23, Neumann 44.

hatten. In Ermangelung eines solchen Wohnsitzes gilt die Hauptstadt des Heimatstaates als ihr Wohnsitz" [1]).

Der Fall, daß in dem Heimatstaat verschiedenes Recht für verschiedene Personenkreise gilt, bereitet keine besondere Schwierigkeit. Hier ist natürlich das Recht des Personenkreises maßgebend, dem die Person angehört. Sowohl Abstammung und Bekenntniß als auch das Recht verschiedener Stände und Berufe kommt hier in Betracht. Es gehört dahin ebensowohl das autonome Recht des hohen Adels in Deutschland, die Verschiedenheit des Privatrechtes verschiedener Stände in Rußland, das besondere Recht des Handelsstandes und des Militärstandes als auch das konfessionelle Privatrecht der mohamedanischen Länder und das Recht der Eingebornen und der Fremden in den meisten asiatischen und afrikanischen Kolonialgebieten.

Das Domizil, welches nicht nur nach Vorschrift der Artt. 8, 16, 24, 29, sondern auch in anderen vorher berührten Fällen subsidiär als Anknüpfungsmoment zur Verwendung kommt, ist gleichfalls ein Rechtsbegriff, dessen Kriterien durch positive Rechtssätze bestimmt sind, und zwar von verschiedenen Rechtsordnungen verschieden. Es erhebt sich also hinsichtlich des Domizils ebenso wie für die Staatsangehörigkeit die Vorfrage, welches Recht für das Anknüpfungsmoment maßgebend ist.[2])

Die Methode der Lösung dieser Vorfrage ist hier grundsätzlich dieselbe wie dort. Es muß zunächst gefragt werden, ob unsere Gesetzgebung positive Antwort auf die Frage gibt, welches Recht für das Domizil einer Person maßgebend sein soll. Diese Frage ist zu verneinen. Man könnte versucht sein, sie in dem Sinn zu bejahen, daß man die Bestimmungen der §§ 7—11 BGB. für absolut maßgeblich erklärte, das heißt, daß jene Kollisionsfrage nicht internationalistisch, sondern exklusiv gemäß der lex fori zu beantworten sei. Diese Auffassung ist aber nicht begründet. Für jede Vorschrift des BGB. ist, wo nicht das Anwendungsgebiet in internationaler Hin-

[1]) S. Neumann 44.

[2]) Die Judikatur hat die ganze Frage, deren Klarstellung natürlich gerade unter der bisherigen Herrschaft der lex domicilii methodisch für unumgänglich zu erachten gewesen wäre, meist gar nicht aufgeworfen. Aufgeworfen, aber nur unvollkommen behandelt ist sie in dem Erkenntniß des preuß. Obertribunals vom 17. Jan. 1860 (Rehbein, Entsch. des Obertrib. I 61) und vom Reichsgericht Entsch. XXXIV S. 399.

sicht aus der Vorschrift selbst ganz unzweifelhaft erhellt (z. B. §§ 23, 795, 1936), die internationalistische Frage im BGB. selbst offen gelassen, und dem Einführungsgesetz vorbehalten bezw. der Jurisprudenz überlassen. Wenn anders die Vorschriften über den Wohnsitz (§§ 7—11 BGB.) im Zusammenhang der Kollisionsnormen im Einführungsgesetz stünden, dann wäre klar, daß sie lediglich begriffsentwickelnd für den Wohnsitzbegriff der Kollisionsnormen und somit absolut wären. Da dies nicht der Fall ist, so ist ihre internationale Tragweite nach allgemeinen Grundsätzen zu bestimmen, d. h. nach Maßgabe der Kollisionsnormen des Einführungsgesetzes und eventuell gemäß den für die Lückenfüllung sonst geltenden Prinzipien.

Absolutistische Geltung in dem in Rede stehenden Sinn darf im Zusammenhang unserer Gesetzgebung für keinen einheimischen Rechtssatz präsumiert werden. Sie muß sich aus der Besonderheit der Vorschrift in Verbindung mit den allgemeinen Grundsätzen speziell ergeben. Von den positiven Kollisionsnormen kommt der übrigens selbstverständliche Schlußpassus des Art. 30 in Betracht, wonach die Anordnung ausländischer Gesetze ausgeschlossen ist, wenn die Anwendung gegen den Zweck eines deutschen Gesetzes verstoßen würde. Das Letztere würde bezüglich der ausländischen Wohnsitzvorschriften der Fall sein, wenn Sinn und Zweck der §§ 7—11 BGB. dahin ginge, die internationalistische Kollisionsfrage bezüglich der Wohnsitzvorschriften durch Aufstellung absoluter Vorschriften abzuschneiden. Dieser Zweck läßt sich aber nicht erkennen. Vielmehr läßt sich umgekehrt feststellen, daß dies nicht der Zweck ist. Wäre es der Zweck, so hätte man nicht, wie es in den §§ 7—11 BGB. geschieht, den Wohnsitzbestimmungen selbst wiederum Thatbestandsmomente zu Grunde gelegt, welche Rechtsbegriffe sind und die daher ihrerseits wieder gemäß den Kollisionsnormen des Einführungsgesetzes internationalistisch zu behandeln sind. Wer in der Geschäftsfähigkeit beschränkt ist, kann nach § 8 BGB. ohne den Willen seines gesetzlichen Vertreters einen Wohnsitz weder begründen noch aufheben. Ob aber eine Person in der Geschäftsfähigkeit beschränkt ist, richtet sich gemäß Art. 7 des EG. nach dem Recht der Staatsangehörigkeit. Also macht der § 8 indirekt das Auslandsrecht maßgeblich für die Wohnsitzfrage. Ein Japaner von 20 Jahren kann gemäß § 7 ff. BGB. und Art. 7 EG. selbständig einen Wohnsitz auch in Deutschland begründen, weil nach § 3 des japanischen Civilgesetzbuchs die Großjährigkeit mit 20 Jahren erreicht wird. Entsprechend verhält es sich mit dem abgeleiteten Wohnsitz ausländischer Ehefrauen und Kinder gemäß §§ 10, 11 BGB. Es ist demnach zweifellos, daß §§ 7—11 BGB. die internationalrechtliche Frage hinsichtlich des Wohnsitzes nicht durch absolutistische Regelung abzuschneiden bezwecken.[1])

Das Problem des Domizils gestaltet sich danach wie gesagt im Allgemeinen ebenso wie dasjenige der Staatsangehörigkeit.

Ein Unterschied und eine Erleichterung gegenüber dem Staatsangehörigkeitsproblem liegt darin, daß ein mehrfaches Domizil nicht in der Weise widerspruchsvoll ist, wie die mehrfache Staatsangehörigkeit. Mehrfaches Domizil ist in den thatsächlichen Verhältnissen nicht selten ganz natürlich gegeben und danach erkennt der § 7 II BGB. mit Recht grundsätzlich die rechtliche Möglichkeit mehrfachen Domizils an.

Während die Bestimmung der Staatsangehörigkeit nach dem Gesichtspunkt: „Wer will maßgebend sein?" einen prinzipiellen Widersinn enthält (s. oben S. 65), ist die Bestimmung des Domizils nach dem Gesichtspunkt, daß jedes nach dem Rechte irgendwelchen Staates irgendwo begründete Domizil anerkannt wird, unbedenklich, weil eben die mit diesem Gesichtspunkt prinzipiell zugelassene Kumulation mehrerer Domizile nichts Widersinniges, wenn schon vielleicht im besonderen Fall juristisch unbefriedigend ist. In der juristischen Behandlung selbst ist das Verfahren bei Feststellung des Domizils aber genau dasselbe wie bei der Staatsangehörigkeit.

Die Aufgabe besteht darin, festzustellen, unter welchen Voraussetzungen die verschiedenen Gesetzgebungen ihre eigenen Wohnsitz-Normen angewendet wissen wollen und inwiefern diese Voraussetzungen im gegebenen Fall vorhanden sind.

Darum ist nun insbesondere festzustellen, welcher Anwendungsbereich den §§ 7—11 BGB. zukommt, eine Aufgabe, welche offenbar nicht nur für die besondere Frage, die uns beschäftigt, sondern gleichmäßig für alle Anwendungen des Wohnsitzbegriffes zu lösen ist.

Weder das BGB. noch das EG. enthält über die Frage eine Bestimmung. Die absolute Anwendung ist aus den angeführten Gründen abzulehnen. Als Anknüpfungsmomente kommen für eine

---

[1]) Die S. 71 bezeichneten Urtheile nehmen auch nach bisherigen preußischem bezw. gemeinem Recht keine absolute Maßgeblichkeit der lex fori an.

beschränkte Anwendung in Betracht: örtlich das Gebiet des deutschen Reiches, persönlich der Kreis der deutschen Staatsangehörigen. Als gebotenes Minimum des Anwendungsgebietes erscheint das örtliche Gebiet des Reiches. Aber so selbstverständlich und einfach auf den ersten Blick dieser Grundsatz erscheint, so hat auch er doch seine Bedenken oder doch Schwierigkeiten. Er bedeutet, wie seine Beleuchtung sofort erkennen läßt, durchaus nicht nur die Geltendmachung einer örtlichen Gebietsherrschaft, sondern er enthält die personale Erstreckung der Gesetzgebung über die Grenzen des Reiches hinaus auf Personen, welche nicht Reichsangehörige sind. Denn der abgeleitete Wohnsitz der Ehefrau und der Kinder gemäß §§ 10, 11 BGB. gibt unter Umständen Personen, welche nicht Staatsangehörige des Reiches sind, einen Wohnsitz im Gebiet des Reiches, ohne daß sie sich hier jemals aufgehalten haben. Das ist immer dann der Fall, wenn Ausländer in Deutschland Domizil genommen und Frau und Kinder im Ausland gelassen haben. Indessen diese Konsequenz muß gezogen werden, damit überhaupt die Schraube einmal ein Ende findet, und es ist auch keine Mißlichkeit davon zu befürchten.

Was die Frage anlangt, ob das Anwendungsgebiet unserer Vorschriften auf alle Reichsangehörigen auszudehnen ist, nämlich auch bezüglich der Feststellung eines ausländischen Domizils, so ist dieselbe für unser internationales Privatrecht ohne praktische Bedeutung, da die lex domicilii für im Ausland domizilierte Deutsche gemäß den bereits entwickelten Grundsätzen und nach den sonstigen Regeln unserer Gesetzgebung niemals Grundlage des anzuwendenden Rechtes ist. Selbst für gewesene Deutsche, welche im Ausland domizilieren, ohne eine andere Staatsangehörigkeit erworben zu haben, ist nach Art. 29 EG. die Anwendung der lex domicilii ausgeschlossen.

Danach kommen also die ausländischen Rechtsvorschriften über den Wohnsitz nur in Betracht für das ausländische Domizil von Ausländern. Für diese Fälle sind nun darin Schwierigkeiten begründet, daß die ausländischen Gesetzgebungen zum Theil terminologisch und sachlich das Domizil in einer Weise behandeln, welche von unserem Wohnsitzbegriff so völlig abweicht, daß es zweifelhaft wird, ob es sich um das Analogon unseres Wohnsitzes handelt. Diese Schwierigkeiten können nur kasuistisch erledigt werden. Das „domicile élu“ des Art. 111 des französischen Code Civil z. B. ist sicherlich kein Wohnsitz im Sinn unserer Kollisionsnormen, trotz der terminologischen Uebereinstimmung, ebensowenig das „domicil of origin“ des englischen Rechts.

Nach dem Gesagten ist das Vorkommen mehrfachen Domizils nicht ganz so zu behandeln, wie das Vorkommen mehrfacher Staatsangehörigkeit. Wenn neben einem deutschen Domizil ein ausländisches Domizil vorhanden ist, kommt dem deutschen Recht nicht dieselbe vorwiegende Bedeutung zu[1]) wie bei konkurrierender Staatsangehörigkeit. Vielmehr ist diese Kombination nicht anders zu behandeln als mehrfaches ausländisches Domizil. Die Analogie des Art. 29 EG. scheint nun dafür zu sprechen, daß bei mehrfachem Domizil der Aufenthaltsort entscheidend sei. Indessen auch hier entspricht es der ratio des Personalstatutes besser, wenn unter den mehreren Domizilen dasjenige festgestellt wird, welches im konkreten Fall die intensivste und dauerhafteste Beziehung zu der in Rede stehenden Rechtsfrage darstellt.[2]) Wenn z. B. bei mehrfachem Domizil der Erblasser an einem dritten Ort, etwa auf der Reise im Gasthof oder auf der Eisenbahn gestorben ist, so fehlt dem am Todesort geltenden Recht doch jede innere Beziehung zu der Erbfrage. Meistens wird wohl, wenn die Domizile successiv gewählt sind, dem älteren Domizil die intensivere und dauerhaftere Bedeutung zukommen. Doch können die besonderen Umstände derart verschieden liegen, daß beim Schweigen des Gesetzes hier doch die allgemeine Regel[3]), daß das ältere Domizil entscheiden solle, nur im Sinn eines Fingerzeiges, nicht im Sinn eines Rechtssatzes aufgestellt werden darf. Man wird hier ebenso wie bei gleichzeitiger Begründung mehrerer Wohnsitze die konkreten Umstände darauf prüfen müssen, welches Domizil diejenigen Beziehungen aufweist, die zweckmäßiger und gerechter Weise den Ausschlag zu geben haben. —

Daß beim Mangel jeden Domizils der Aufenthaltsort („zur maßgebenden Zeit“) zu Grunde zu legen ist, bestimmt Art. 29 EG. positiv, so daß die für das bisherige Recht und de lege ferenda mehrfach vertretene Maßgeblichkeit des früheren Domizils ausgeschlossen ist.

---

[1]) A. M. Zitelmann I 180 und nach ihm Niedner 76 Nr. 6.

[2]) S. Neumann 51.

[3]) S. Savigny System VIII 101, Gierke Deutsch. Privatrecht I 220, Zitelmann I 180, Barazetti 22.

§ 6.

Rück- und Weiterverweisung.

Keine Frage des internationalen Privatrechts ist in den letzten 15 Jahren so reichlich und so lebhaft erörtert worden [1]) wie diejenige, ob die sogen. Rück- und Weiterverweisung zu billigen sei oder nicht.

Die Frage ist zum Theil ohne scharfe Trennung der Erwägungen de lege ferenda und de lege lata verhandelt worden. Die Gründe für und gegen sind de lege ferenda und de lege lata die gleichen. Die Vertheidiger der Rückverweisungstheorie stützen sich nicht auf positive Bestimmungen, sondern behaupten, es ergebe sich allgemein, sofern der Gesetzgeber nicht positiv das Gegentheil bestimme, aus der Natur der Sache: Wenn diejenige Rechtsordnung, welche durch positive Kollisionsnormen eines bestimmten Rechtsgebietes für maßgeblich erklärt wird, ihrerseits nicht angewendet sein wolle, sondern auf ein anderes Recht als maßgeblich verweise, — sei es, daß auf das Recht, welchem die Kollisionsnorm angehört, zurück-, sei es, daß auf ein drittes Recht weiterverwiesen wird, — dann sei das durch diese Verweisung bezeichnete Recht auch in dem Gebiet als maßgebend zu behandeln, welchem die zuerst genannte Kollisionsnorm

1) Lainé sagt: „c'est elle qui prime toutes les autres“. Aus der Literatur sei hervorgehoben: Gegen das Verweisungsprinzip: Kahn in Jherings Jahrb. XXX 7 ff., XXXVI 366 ff. („Der Grundsatz der Rückverweisung im deutschen Bürgerl. Gesetzbuch und auf dem Haager Kongreß für intern. Privatr.“) Lainé, Journal du droit international privé XXI 236 ff., XXIII 241 ff., Regelsberger Pandekten I 164, 165, Gierke, Deutsch. Privatr. I 215, Barazetti 11, vgl. aber auch Ztschr. I 426, VIII 35, Zitelmann I 237 ff., 389 ff., Crome I 140[51], Niemeyer, Methodik 76 ff. Vorschläge 80 ff., Catellani, Del conflitto fra norme di diritto internazionale privato, Venedig 1897, Buzzati, Il rinvio nel diritto internazionale privato, Mailand 1898. Für das Verweisungsprinzip: Schnell, Ztschr. V 343, Bar, Ztschr. VIII 177 ff., Keidel, Journal XXVI 19, 261. Das deutsche Reichsgericht hat sich nach einigem Schwanken gegen das Rück- und Weiterverweisungsprinzip entschieden. S. die Erkenntnisse vom 4. Juni 1886 (Bolze III Nr. 28), 27. Jan. 1888, 18. Febr. 1890 (Entsch. XXV 342 ff.), (Entsch. XX 351), 31. Mai 1889 (Entsch. XXIV 326 ff.), 22. Sept. 1891 (Annalen der bad. Gerichte 51, 373), 27. Okt. 1891 (Rhein. Archiv 83 Abth. 2 S. 89), 4. Febr. 1892 (Ztschr. II 469 ff.), 1. März 1892 (Entsch. XXIX 288 ff.), 24. April 1894 (Ztschr. V 58 ff.), 1. Mai 1894 (Bolze XVIII Nr. 8), 3. März 1896 (Entsch. XXXVI 205 ff.), 20. Oktober 1898 (Entsch. XXXVII 336). (Das zuletzt bezeichnete Urtheil enthält Wendungen, welche zu dem bezeichneten Standpunkt nicht passen; im Ergebniß folgt es aber nicht der Rückverweisungstheorie.)

angehört. Die Gegner der Rück- und Weiterverweisungstheorie bekämpfen diese ebenfalls aus Gründen, welche der Natur der Sache entnommen sind.

Die Frage ist aber darum nicht weniger eine positivrechtliche und von der Interpretation der Kollisionsnormen der einzelnen Rechtsordnung abhängig, weil die Gründe für und wider die Beachtlichkeit der Rück- und Weiterverweisung dort, wo die einzelne Rechtsordnung darüber keine positiven Normen gibt, der Natur der Sache entnommen und für die verschiedenen Rechtsordnungen gleich sind. Eine formale völkerrechtliche Verpflichtung, welche den einzelnen Staat verbände, die Beachtung der Rück- und Weiterverweisung vorzuschreiben, hat noch Niemand angenommen. Nur soviel hat man behauptet, daß es im Sinn der internationalistischen Kulturaufgaben des einzelnen Staates sachgemäß und zweckentsprechend sei, die Kollisionsnormen mit der Maßgabe des Verweisungsprinzipes zu behandeln.

Danach ist für unser positives Recht nicht mit allgemeinen Prinzipien zu beginnen, sondern die Stellungnahme unserer Gesetze zu ermitteln, wie sie aus deren positiven Bestimmungen und aus deren innerem Zusammenhang erkennbar ist.

Unsere Gesetzgebung hat nun in Artikel 27 EG. folgendermaßen Stellung zu der Frage genommen, und damit eine Grundlage gegeben, aus welcher sich deutlich und sicher alles Wesentliche ergibt:

„Sind nach dem Recht eines fremden Staates, dessen Gesetze in dem Artikel 7 Abs. 1, dem Artikel 13 Abs. 1, dem Artikel 17 Abs. 1 und dem Artikel 25 für maßgebend erklärt sind, die deutschen Gesetze anzuwenden, so finden diese Gesetze Anwendung."

Beispiele mögen zunächst den unmittelbaren Inhalt dieser Vorschrift und ihre Anwendung auf die von ihr betroffenen Artikel veranschaulichen.

Zu Art. 7: Ein Däne hat, im Alter von 22 Jahren stehend, während er in Kiel Domizil hatte, in Kopenhagen eine Schenkungsurkunde ausgestellt. Nach dänischem Recht ist er minderjährig, da dieses die Großjährigkeit erst mit vollendetem 25. Lebensjahre eintreten läßt. Deutsche Gerichte haben zufolge des Artikels 7 die Geschäftsfähigkeit regelmäßig nach dem Heimatrecht zu beurtheilen. Ohne die Bestimmung des Artikels 27 würde daher der Däne als Minderjähriger zu behandeln und auch die Frage, ob er als solcher zu Schenkungsakten fähig sei, nach dänischem Recht zu beurtheilen sein.

Nach dänischem Gewohnheitsrecht ist aber die lex domicilii für die Beurtheilung der Geschäftsfähigkeit maßgebend. Dänische Gerichte würden den gegebenen Fall nach deutschem Recht beurtheilen. Demzufolge haben gemäß Artikel 27 die deutschen Gerichte die Geschäftsfähigkeit ebenfalls nach deutschem Recht zu beurtheilen. Ein Spanier oder Holländer würde in gleichem Falle, da im spanischen und im holländischen Recht nicht lex domicilii, sondern das Heimatrecht als Personalstatut gilt, als minderjährig zu behandeln sein, indem nach beiden Rechten die Großjährigkeit mit 23 Jahren eintritt (Art. 9 und 320 des spanischen, Art. 385 des holländischen Zivilgesetzbuchs und Art. 6 des holländischen Gesetzes vom 15. Mai 1829).

Zu Art. 13: Eine 15jährige Argentinierin will in Deutschland, während sie daselbst domiziliert, zur Ehe schreiten. Nach dem argentinischen Ehegesetz von 1889 (§ 9) tritt die Ehemündigkeit weiblicher Personen mit 12 Jahren ein. Gemäß Artikel 13 des Einführungsgesetzes ist die Eingehung der Ehe in Ansehung eines jeden der Verlobten nach dessen Heimatrecht zu beurtheilen. Nach dem argentinischen Civilgesetzbuch (Artikel 7) ist aber die Geschäftsfähigkeit nach dem Wohnsitzrecht zu beurtheilen. Zufolge Artikel 27 ist deshalb für den gegebenen Fall das deutsche Recht maßgebend, und die Ehe kann nicht geschlossen werden. Würde es sich um eine 15jährige Italienerin handeln (nach Artikel 55 des italienischen Civilgesetzbuchs werden weibliche Personen mit 15 Jahren ehemündig), so würde der Eheschließung nichts im Wege stehen, da nach Artikel 6 des italienischen Civilgesetzbuchs die Fähigkeit zur Eheschließung sich nach dem Heimatrecht richtet.

Zu Art. 15: Ein englisches Ehepaar hat sein erstes und einziges Domizil in Deutschland. Nach Artikel 15 ist für das eheliche Güterrecht im Allgemeinen das Heimatrecht des Ehemannes maßgebend. Da aber das englische common law hinsichtlich des ehelichen Güterrechts die lex domicilii für maßgebend erklärt, so gilt gemäß Artikel 27 diese auch für uns als maßgebend. Das Ehepaar lebt also nach deutschem Güterrecht. Ein französisches Ehepaar würde unter gleichen Umständen nach französischem Güterrecht leben, da das französische Recht keine Vorschrift enthält, welche auf die lex domicilii verweist. Die französische Judikatur steht auf dem Standpunkt, daß die aus den obwaltenden Umständen sich ergebende Intention der Nupturienten für das eheliche Güterrecht maßgebend sei. Sie neigt dazu, auf dieser Basis das am ersten Ehedomizil geltende Güterrecht für maßgebend zu erklären. Ein entsprechender positiver Rechtssatz existiert aber nicht.

Zu Art. 17: Ein österreichisches Ehepaar hat sein erstes und einziges Domizil in Deutschland. Vor dem deutschen Gericht des Domizils wird gemäß § 606 Abs. 4 der deutschen CPO. und § 76 der österreichischen „Jurisdiktionsnorm" v. 1. Aug. 1895 auf Ehescheidung geklagt. Angenommen, das österreichische Recht, welches an sich nach Art. 17 für die Ehescheidungsfrage maßgeblich ist, erkenne für diesen Fall (wie es nach Jettel, Handb. des intern. Privat- und Strafrechts 1893 S. 49 scheint) die lex domicilii als maßgebend an, so würde die Ehescheidung sich gemäß Art. 27 grundsätzlich nach deutschem Recht richten, natürlich mit den Einschränkungen, welche sich aus dem Artikel 17 des Näheren ergeben und wodurch praktisch doch wiederum das österreichische Recht die ausschlaggebende Bedeutung erhält.

Zu Art. 25: Ein Bürger der Vereinigten Staaten von Amerika stirbt, in Deutschland domizilierend. Nach Art. 25 ist für die Erbfolge regelmäßig das Recht des Heimatstaates maßgebend. Da aber nach nordamerikanischem common law für das Erbrecht das Recht des letzten Wohnsitzes maßgebend ist, so hat es gemäß Artikel 27 dabei auch für Deutschland sein Bewenden. Die Erbfolge eines Franzosen, Italieners, Spaniers, Schweden müßte unter gleichen Umständen nach dem Heimatrecht beurtheilt werden.

Man sieht, daß hiernach die in Deutschland wohnenden Ausländer in zwei Klassen zerfallen: solche, die nach ihrem Heimatrecht und solche, die nach deutschem Recht beurtheilt werden. Zu der ersteren Klasse gehören Oesterreicher, Holländer, Belgier, Franzosen, Spanier, Portugiesen, Italiener, Griechen, Rumänen, Schweden, die Angehörigen der zentralamerikanischen und der meisten südamerikanischen Staaten. Zu der zweiten Klasse gehören: Engländer, Nordamerikaner, Dänen, Norweger, Argentinier.

Zweifelhaft erscheint die Entscheidung für diejenigen Ausländer, in deren Heimatort örtliche Rechtsverschiedenheiten bezüglich der Grundsätze des internationalen Privatrechts bestehen, zum Beispiel für die Russen. Für Liv-, Est- und Kurland ist gesetzlich die lex domicilii bezüglich der Mehrzahl der in Rede stehenden Rechtsfragen maßgebend (Liv-, Est- und Kurländisches Privatrecht — 1864 — Einleitung Art. 28 ff.). Es müßte also hiernach das deutsche Recht angewendet werden. Für das polnische Gebiet aber zufolge des code civil und für das übrige Rußland auf Grund einer konstanten Praxis gilt das Heimatrecht als maßgebend. (Lehr, Eléments de droit civil russe I S. 6.) Die grundsätzliche Lösung wird die sein müssen, daß das est-, liv- und kurländische Recht nicht in Betracht gezogen wird und für alle Russen das Heimatrecht prinzipiell maßgebend ist, da man nicht sagen kann, daß „das Recht des russischen Staates" die lex domicilii vorschreibe. Daß dann eine neue Schwierigkeit eintritt, da in Rußland eine Mehrzahl von Lokal- (und Personal-) Rechten in Kraft ist, und inwieweit die Staatsangehörigkeit als Anknüpfungsmoment den Dienst versagt, berührt die hier in Rede stehende Frage nicht. Hier ist nur das Ergebniß zu verzeichnen, daß auf Russen grundsätzlich deren Heimatrecht anzuwenden ist. Im Uebrigen ist so zu verfahren, wie oben (S. 70) ausgeführt wurde.

Eine weitere Schwierigkeit ergibt sich für den Fall, daß der Grundsatz der Rückverweisung in einem ausländischen Staat Geltung hat. Zur Veranschaulichung mag das schweizerische Recht dienen. Art. 28 des schweizerischen Bundesgesetzes vom 25. Juni 1891 bestimmt: „Sind die .. Schweizer (. . . welche im Auslande ihren Wohnsitz haben . . .) nach Maßgabe der ausländischen Gesetzgebung dem ausländischen Recht nicht unterworfen, so unterstehen sie dem Recht und dem Gerichtsstand des Heimatkantons." Das schweizerische Gesetz vom 25. Juni 1891 folgt im Uebrigen nicht dem Staatsangehörigkeitsprinzip, sondern dem Wohnsitzrecht. Wenn nun schweizerische Eheleute ihr erstes und einziges Domizil in Deutschland haben, nach welchem Recht haben deutsche Gerichte deren eheliches Güterrecht zu beurtheilen? Artikel 15 EG. erklärt grundsätzlich das schweizerische Recht für maßgebend. Nach Artikel 27 ist aber das deutsche Recht maßgebend, wenn das schweizerische Recht die deutschen Gesetze für maßgebend erklärt. Es fragt sich, ob die letztere Voraussetzung trotz des Artikels 28 des schweizerischen Gesetzes vorliegt. Die Frage ist meines Erachtens zu bejahen. Es bleibt trotz Art. 28 des schweizerischen Gesetzes wahr, daß das schweizerische Recht die deutschen Gesetze für maßgebend erklärt. Jener Artikel 28 trifft nur Bestimmung für den Fall, daß das fremde — hier das deutsche — Recht seinerseits die ihm vom schweizerischen Recht zugewiesene Maßgeblichkeit ablehnt. Dieser Fall liegt aber von deutscher Seite nicht vor. Artikel 27 acceptiert die Offerte des schweizerischen Rechts.

Es ist also zu konstatieren, daß die in einem ausländischen Rechtsgebiet bestehende Geltung des Rückverweisungsprinzips die Handhabung des Artikels 27 nicht berührt, und daß Schweizer, welche in Deutschland domizilieren, zu der zweiten der oben bezeichneten Klassen gehören.

Man hat nun behauptet[1]) in Art. 27 sei die Rückverweisung in Bezug auf die dort erwähnten Vorschriften nur beispielsweise hervorgehoben. Sinngemäß liege darin die Anerkennung des Prinzipes der Rückverweisung und der Weiterverweisung und dieses Prinzip sei daher geltendes deutsches Recht.

In dieser Auffassung, welcher natürlich insbesondere die Vertreter des Kompetenzprinzipes zugeneigt sind, liegt eine Gefahr für die Sicherheit unserer Rechtspflege, welcher auf das entschiedenste entgegengetreten werden muß, nicht nur aus allgemeinen Erwägungen, sondern insbesondere auch deswegen, weil sie unserem positiven Gesetze nicht entspricht[2]).

Was die allgemeinen Gründe für die innere Verkehrtheit und praktische Unbrauchbarkeit des Rück- und Weiterverweisungssystems betrifft, so nehme ich auf die bereits gegebenen Ausführungen S. 40 ff. und auf die S. 74 angeführte Literatur Bezug. Hier sei nur noch auf die Entstehungsgeschichte des Art. 27 und sein Verhältniß zu den übrigen Kollisionsnormen des Einführungsgesetzes hingewiesen, um darzulegen, daß dem Art. 27 positiv ein ganz anderer gesetzgeberischer Gesichtspunkt als derjenige der Rück- und Weiterverweisung oder der Kompetenztheorie zu Grunde liegt.

Unser Art. 27 ist die mutatis mutandis wortgetreue Wiederholung des § 31 der beiden Gebhard'schen Entwürfe. Gebhard hat nun, worauf bereits durch Kahn (Ihering's Jahrb. 39, 369), aufmerksam gemacht worden ist, in den allerdings unveröffentlichten, aber doch

---

[1]) S. besonders Bar Ztschr. VIII 188, Keidel Journal XXVI ff. Interessant und treffend sind die Bemerkungen der Redaktion a. a. O. S. 282 (Clunet — Darras), welche sich gegen Keidels Behandlungdes Art. 27 wenden.

[2]) Gegen jene Auffassung: Barazetti 19, Ztschr. VIII 36, Enneccerus, Verhandl. des 24. Juristentages IV 119, Seeler ebenda — — —, Silberschmidt Ztschr. VIII 101, Cosack Lehrbuch I 47, Matthias Lehrbuch I 64, Enneccerus-Lehmann, Das Bürgerliche Recht I 34, Crome I 140 [52 53], Niedner 70.

bekannt gewordenen Motiven zu dem ersten Entwurf das Rückverweisungsprinzip auf das Entschiedenste abgelehnt.

Es heißt in den Motiven (S. 11) des ersten Entwurfes: „Die Rechtsordnung anerkennt, daß die Rechtsverhältnisse vermöge ihrer internationalen Beziehungen ebensowohl dem Auslande als dem Inlande angehören können und gestattet nicht nur, sondern gebietet, daß bei der Beurtheilung eines dem Auslande angehörigen Verhältnisses das ausländische Recht zur Anwendung gebracht wird. Die Entscheidung darüber, ob mit Rücksicht auf die internationale Beschaffenheit des Verhältnisses das Recht des Inlandes oder Auslandes anwendbar ist, steht der inländischen Rechtsordnung zu. Desgleichen die Entscheidung darüber, welches der möglicherweise in Betracht kommenden fremden Rechte Platz greifen soll. Im souveränen Staate kann kein anderes Recht angewandt werden, als dasjenige, welches nach dem Willen seiner Rechtsordnung angewandt werden soll. In der Regel wird das hiernach maßgebende Recht auch seinerzeit auf das Verhältniß angewandt werden wollen; Erforderniß seiner Heranziehung ist dies nicht. Das fremde Recht wird zu Grunde gelegt, nicht weil es maßgebend sein will, sondern weil es von der inländischen Rechtsordnung für maßgebend erklärt ist. Es ist möglich, daß zwei fremde Rechte maßgebend sein wollen, nach dem Spruche der inländischen Rechtsordnung aber ein drittes Recht anzuwenden ist". Ferner (S. 34 der Motive): „Der Richter hat überhaupt nicht zu fragen, wieweit ein fremdes Gesetz angewendet sein will, sondern wieweit dasselbe auf Grund des eigenen Gesetzes angewandt werden soll". Endlich (S. 112 a. a. O.): „Es müssen daher die Gesetze des Staates, dem diese (Ausländer) angehören, entscheiden, mögen dieselben eingreifen wollen oder nicht".

Dem gegenüber wird nun (S. 148 der Motive) in der ausdrücklichen nochmaligen Feststellung des Prinzipes, „daß das fremde Recht im Inlande zur Anwendung kommt, nicht weil und soweit es angewandt sein will, sondern weil und soweit dessen Anwendung dem Geiste des eigenen Rechtes entspricht" der Art. 31 als eine zuzulassende Ausnahme von diesem Prinzip bezeichnet, welche sich aus zwei Gründen empfehle: „Einerseits weil sie die Kollisionen mit den Konsequenzen der Theorie vom Wohnsitze mindert, andererseits, weil, ohne dem Prinzipe zu nahe zu treten, dem deutschen Rechte ein weiterer, die Sicherheit des inländischen Rechtsverkehrs förderder Herrschaftskreis zugewiesen wird". Die erste Kommission hat diese Ausnahme verworfen (s. Kahn a. a. O. S. 377 und Gesetzentwurf in den Protokollen der zweiten Kommission Bd. VI S. 8—12). In der zweiten Kommission (Protokolle S. 5, 17—20) wurde das Prinzip der Rückverweisung wiederum erörtert und wiederum verworfen. Ein Antrag, welcher die Ausnahme des § 31 der Gebhard'schen Entwürfe aufnehmen wollte (S. 17 a. a. O.) wurde abgelehnt und es wurde (S. 20 a. a. O.) ausdrücklich registriert: „Einverständniß bestand, daß dieser Beschluß die Bedeutung habe, daß, wenn das inländische Recht auf die Anwendung eines fremden Rechtes verweise, damit lediglich auf die materiellen Normen dieses Rechtes verwiesen sein solle".

Wenn nun im Schoße des Bundesrathes (s. oben S. 5) der Gebhard'sche § 31 wieder aufgenommen und zufolge dessen demnächst zum Gesetz erhoben wurde, so spricht alles dafür, daß dies in eben demselben Sinn geschehen ist, in welchem der Artikel ursprünglich gemeint war und worüber die dem Bundesrath vorliegenden Materialien nicht den mindesten Zweifel ließen, das heißt als eine Ausnahme von dem im Uebrigen acceptierten Prinzip der Nichtrückverweisung.

Es ist dabei beachtlich, daß Tenor und Begründung der Gebhard'schen Bestimmung den Tendenzen des — Gesetz gewordenen — Bundesrathsentwurfes besser entsprechen, als dem Geist des Gebhard-schen Entwurfes, in dessen[1]) Rahmen sie als Velleität erscheinen, während der Bundesrathsentwurf augenscheinlich überhaupt bestrebt ist, das Anwendungsgebiet des deutschen Rechtes auszudehnen. Die in jener Instanz zur Geltung gebrachten eigenartigen diplomatischen Erwägungen, nämlich einerseits die Rücksicht auf den Abschluß von Staatsverträgen, andererseits das Bestreben, Konflikte mit dem

[1]) Gebhard (Motive S. 148) führt als Vorgang das privatrechtliche Gesetzbuch für den Kanton Zürich (1853) an, welches bestimmt: § 3: „Die Familienverhältnisse von Kantonsfremden, welche im Kanton wohnen, werden insofern nach dem Rechte ihrer Heimat beurtheilt, als das Recht des Staates, dem sie angehören, solches vorschreibt", und § 4: „Die Beerbung von Kantonsfremden, welche im Kanton gewohnt haben, wird insofern nach dem Rechte ihrer Heimat beurtheilt, als das Recht des Staates, dem sie angehören, solches vorschreibt." — Bestimmungen, welche später von den Gesetzgebungen der Kantone Schaffhausen, Zug, Graubünden übernommen sind und dann auch Nachfolge in dem Bundesgesetz vom 25. Juni 1891 gefunden haben. — Diese

Ausland zu vermeiden, unterstützen jene Tendenz und sprechen aber wieder nur dafür, daß der Grundgedanke die Erweiterung des Anwendungsgebietes der deutschen Vorschriften ist.

Alle in Betracht kommenden Erwägungen bewegen sich danach in einer völlig anderen Richtung, als die Rück- und Weiterverweisungstheorie. Während letztere dem Willen des Auslandsrechtes in Ehrerbietigkeit nachgibt, fertigt Art. 27 das Auslandsrecht, welches sich dem deutschen Prinzip des Heimatrechtes nicht fügen will und welches seinerseits die Anwendung des Heimatrechtes wie auf die eigenen Angehörigen, so auch auf Deutsche ablehnt, in schroffer Weise ab. Artikel 27 ist auf demselben Holze gewachsen wie die Artikel 21 und 25. Es ist ein Rest territorialer Exklusivität, der hier zur Geltung kommt, nicht moderne Uebertreibung des Internationalitätsgedankens, wie sie in Gestalt der Kompetenztheorie u. s. w. herumspukt.

Die Weiterverweisung hat neben Artikel 27 keinen Raum.

Man könnte daran denken[1]), die Weiterverweisung wenigstens in der Beschränkung zu befolgen, daß das deutsche Recht anstatt des Heimatrechtes auch dann zur Anwendung zu kommen habe, wenn letzteres zunächst auf ein drittes Recht weiter- und dieses dritte Recht auf das deutsche Recht zurückverweise. Der Fall wird sehr selten vorkommen. Möglich ist er aber z. B. in der Weise, daß die Kollisionsnormen des Heimatrechtes (wie z. B. das englisch-amerikanische common law bezüglich der Geschäftsfähigkeit) auf die lex loci actus und diese auf das deutsche Recht als lex domicilii zurückverweist. Wenn ein in Deutschland domizilierender Engländer in Dänemark ein Rechtsgeschäft abschlösse, so würde nach jener Ansicht für die Geschäftsfähigkeit des in Dänemark (wo lex domicilii als Personalstatut gilt), kontrahierenden Engländers das deutsche Recht maßgeblich sein, was ja insofern der Tendenz des Einführungs-

---

schweizerischen Bestimmungen sind in der That bisher überhaupt die einzigen Gesetzesvorschriften, welche der Rückverweisung stattgeben. Von Weiterverweisung ist dabei keine Rede. Sie charakterisieren sich ebenso wie die ihnen folgenden G.'schen Vorschriften als Ausnahmsvorschriften, deren Tendenz lediglich auf Ausdehnung des inländischen Rechtes geht.

[1]) Fischer und Henle, BGB., Handausgabe mit Anmerkungen. 4. Auflage S. 1123, zu Art. 27 EG. — Nach anderen Bemerkungen dieser Autoren (z. B. Anm. 1 zu Art. 17) kann es allerdings scheinen, als ob die Weiterverweisung überhaupt befolgt werden sollte.

gesetzes nicht widersprechen würde, als auf diese Weise lediglich eine Erweiterung des Anwendungsbereiches des deutschen Rechtes erzielt würde. Aber diese Tendenz ist doch eben nur insoweit wirksam, als sie in Art. 27 zum Ausdruck gekommen ist, und Art. 27 spricht deutlich nur von dem Fall, daß nach dem Heimatrecht die deutschen Gesetze anzuwenden sind. Dies könnte man in dem angegebenen Fall unter allen Umständen nur dann sagen, wenn das Heimatrecht den Grundsatz der Weiterverweisung positiv vorschriebe. Derartige Vorschriften existieren bisher nirgend. Aber auch wenn sie existieren sollten, so würde diese Weiterverweisung doch durch Art. 27 nicht gedeckt werden und unbeachtlich sein, weil dieser Artikel gemäß Wortlaut und Entstehungsgeschichte — nur den einfachen Fall der Rückverweisung ins Auge faßt.

Von dem vorstehend dargelegten Standpunkt aus verbietet sich natürlich jedwede „analoge" Ausdehnung des Art. 27 auf Materien, welche außerhalb des Gebietes des Personalstatuts liegen, ganz von selbst. Das gilt also vor allem für das Gebiet des Sachen- und Obligationenrechts. Wenn z. B. die künftige Judikatur an dem gemeinrechtlichen Grundsatz festhalten sollte, daß das Recht des Erfüllungsorts für Vertragsobligationen maßgeblich ist, so darf dabei der Rückverweisung nicht Raum gegeben werden. Ist ein Kaufgeschäft in Deutschland geschlossen und ein italienischer Erfüllungsort vereinbart, so wird nicht deswegen deutsches Recht zur Anwendung gebracht werden dürfen, weil nach italienischem Recht (Art. 9 der Einleitungsbestimmungen des Codice civile) für Vertragsobligationen das Ortsrecht der Geschäftserrichtung maßgebend ist.

Es ist dabei beachtlich, daß das Problem der Rückverweisung in der Literatur mit spezieller Beziehung auf das Gegenüberstehen von Heimatrecht und Wohnsitzrecht erörtert ist und daß die für das Rückverweisungsprinzip beigebrachten Argumente sich zu einem wesentlichen Theil speziell auf das Staatsangehörigkeitsverhältniß beziehen. Auch der Gebhard'sche Entwurf, welcher Kollisionsnormen für das Sachenrecht und das Obligationenrecht enthielt, beschränkte die Rückverweisung doch auf das Herrschaftsgebiet des Heimatrechts; und in der zweiten Kommission (Protokolle VI S. 18) wurde der Inhalt des Gebhard'schen Art. 31 von seinen Verfechtern auf die besondere Natur des Staatsangehörigkeitsverhältnisses gestützt.

Damit ist nun zugleich die Frage berührt, ob der Grundsatz, welcher in Art. 27 natürlich nur für die im Einführungsgesetz geregelten Thatbestände ausgesprochen werden konnte, zufolge der nach den Ausführungen in § 4 gebotenen analogen Ausdehnung des Staatsangehörigkeitsprinzipes gleichfalls analog auf alle Thatbestände auszudehnen ist, in denen das Staatsangehörigkeitsprinzip analog den Vorschriften des EG. anzuwenden ist.

Für die Verneinung der Frage könnte man versucht sein, sich auf Artikel 21 und 23 zu berufen, mittels einer Argumentation, die auf den ersten Blick nahe liegt und die dahin geht, daß das Gesetz selber, indem es in Artikel 27 die Artikel 21 und 23, in denen doch auch das Staatsangehörigkeitsprinzip angewendet sei, nicht nenne, das Prinzip des Art. 27 hier ablehne, somit für das Prinzip keineswegs verallgemeinerte Anwendung fordere. Diese Argumentation würde von einer falschen Voraussetzung ausgehen. Genaueres Zusehen lehrt, daß der Grundsatz des Artikel 27 nur darum für Artikel 21 und 23 nicht ausgesprochen ist, weil der Effekt der Rückverweisung in den letztgenannten Artikeln ohnehin gegeben, bezw. sogar überboten ist.

Wenn Artikel 21 vorschreibt, daß die Verpflichtungen des unehelichen Erzeugers, falls die Mutter Ausländerin ist, sich nach deren Heimatrecht richten, daß aber „weitergehende Ansprüche als nach den deutschen Gesetzen begründet sind" („vor deutschen Gerichten" ist im Text hinzuzudenken), nicht geltend gemacht werden können, so ist der Grundsatz des Artikel 27 damit überboten. Denn die Bestimmung bedeutet im Effekt, daß das deutsche Recht an und für sich ausschließlich maßgebend sein soll, daß aber diejenigen dem Erzeuger vom deutschen Recht auferlegten Leistungen, auf welche das Heimatrecht der Mutter und des Kindes den letzteren keine Ansprüche gewährt, ausgeschlossen sind. Der Gedanke ist offenbar der: was das Ausland ausweise seiner eigenen Rechtsvorschriften nicht haben will, das wollen wir unsererseits ihm auch nicht gewähren —, also derselbe Grundgedanke wie bei Art. 27 [1]).

Laut Artikel 23 kann eine Vormundschaft oder Pflegschaft über einen Ausländer im Inlande eingeleitet werden, sofern der Aus-

---

[1]) Enneccerus a. a. O. I 35 [4] erklärt, meiner Interpretation des Art. 21 nicht zustimmen zu können, weil, „wenn eine Rückverweisung des ausländischen Heimatsrechts der Mutter auf deutsches Recht von uns beachtet werde, danach auch die größeren Ansprüche des Kindes und der Mutter, welche etwa das deutsche Recht anerkennt, begründet seien". — Das ist methodologisch interessant. Enneccerus substituiert, wozu man durch das Schiboleth „Rückverweisung" leicht verführt wird, wie dem Art. 27 so dem Art. 21 den dogmatischen Ge-

länder nach den Gesetzen seines Heimatstaats der Fürsorge bedarf und der Heimatstaat die Fürsorge nicht übernimmt. Auf den ersten Blick scheint damit gesagt zu sein, daß ein Ausländer schlechtweg dann als vormundbedürftig anzusehen sei, wenn er es nach seinem Heimatrecht ist. Aber vergleicht man mit unserer Vorschrift die Artikel 7 und 27, so stellt sich heraus, daß diese Vorschriften jener Auffassung entgegenstehen und daß auch der Artikel 23 unter dem Grundsatz der Rückverweisung steht. Da für die Geschäftsfähigkeit nach Artikel 27 die Rückverweisung maßgebend ist, so kann hinsichtlich der Voraussetzungen der Bevormundung nichts anderes gelten. Es wäre widersinnig, einem in Deutschland domizilierten 23jährigen Dänen zufolge des Artikel 27 die Handlungsfähigkeit eines Großjährigen zuzuerkennen, ihm aber einen Vormund zu geben. Der Wortlaut des Artikels 23 stimmt damit überein. Die Worte: „wenn der Ausländer nach den Gesetzen dieses Staats der Fürsorge bedarf", gehen auf das Gesammtergebniß der die vormundschaftliche Fürsorge betreffenden Vorschriften jenes Staats, einschließlich der Kollisionsnormen. Wenn der Heimatstaat die Kollisionsnorm aufstellt, daß für die Voraussetzungen der Vormundschaft die lex domicilii maßgebend sei, so erklärt er damit, daß seine im Ausland lebenden Staatsangehörigen nur insoweit der Fürsorge bedürftig sein sollen, als es die lex domicilii bestimmt. Ein Däne im Alter von 23 Jahren, der in Deutschland domiziliert, ist, obwohl nach dänischem Recht die Großjährigkeit erst mit 25 Jahren eintritt, dennoch nach dem dänischen Recht selbst der vormundschaftlichen Fürsorge nicht bedürftig, da das dänische Recht die lex domicilii für maßgeblich erklärt.

Somit ist die Sachlage die: In den Fragen, in denen das Gesetz für Ausländer ausdrücklich deren Heimatrecht als maßgebend erklärt, geschieht dies grundsätzlich unter der Bedingung, daß nicht das Heimatrecht auf das deutsche Recht verweist. Der Schluß ist unabweisbar, daß die gleiche Bedingung auch da gelten muß, wo sich

danken der Rückverweisung, wie die moderne Rückverweisungstheorie ihn denkt. Wenn es dieser Gedanke wäre, welcher in dem Art. 21 zum Ausdruck käme, so hätte E. natürlich Recht. Aber in Wahrheit enthält doch Art. 21 in an und für sich gar nicht zweifelhafter Erkennbarkeit den Grundsatz, daß Ausländer in Schwängerungssachen vor inländischen Gerichten nicht besser gestellt sein sollen als Inländer. Das im Texte hervorgehobene tertium comparationis im Verhältniß von Art. 21 und 27 ist eben nur der Exklusivitätsgedanke.

die Anwendung des Heimatrechts auf ausdehnende Interpretation stützt. Wie der Inhalt der Artikel 13, 15, 17, 25 durch den Artikel 27 begrenzt wird, ist auch die Analogie jener Artikel nothwendig durch Artikel 27 begrenzt.

Nicht entscheidend, aber doch immerhin recht bemerkenswerth ist dabei die Erinnerung, daß die Gebhard'schen Entwürfe, deren Artikel 31 wie gesagt in Gestalt des Art. 27 vom Bundesrath wieder aufgenommen ist, die in Bezug genommenen Vorschriften nicht als einseitige und unvollständig zweiseitige, sondern als vollkommene Kollisionsnormen enthielten[1]).

Danach ist die analoge Anwendung des Art. 27 auch auf die nach Analogie der Artikel 14, 18, 19, 20, 22 zu behandelnden Thatbestände auszudehnen. Die Ausdehnung auf Art. 23 ist bereits näher begründet, desgleichen die Nichtanwendung auf Art. 21 vermöge des besonderen Inhalts dieses Artikels.

§ 7.

Personalstatut und lex rei sitae bei Vermögenseinheiten.

Die in der Ueberschrift angedeutete Frage wird im Artikel 28 EG. in Bezug auf das eheliche Güterrecht (Art. 15) die Rechte der Eltern an Kindesvermögen (Art. 19) und das Erbrecht (Art. 24, 25) in der Weise geregelt, daß das den angeführten Artikeln zu Grunde liegende Prinzip der einheitlichen Behandlung der Kollisionsfrage für das ganze in Betracht kommende Vermögen eine Ausnahme erfährt in Bezug auf solche nach unserer Auffassung zu dem betreffenden Vermögen gehörende Gegenstände, welche sich nicht in dem Rechtsgebiet befinden, dessen Gesetze unsere Kollisionsnormen im Allgemeinen für maßgebend erklären. Solche Gegenstände sollen nämlich dann, wenn das Recht des Gebietes, in dem sie sich befinden, die Maßgeblichkeit jenes anderen Rechtes

---

[1]) Mit der analogen Anwendung des Art. 27 auf die durch analoge Ausdehnung der das Staatsangehörigkeitsprinzip enthaltenden Kollisionsnormen des EG. betroffenen Thatbestände sind einverstanden: Enneccerus a. a. O. und Verhandl. des 24. deutsch. Juristentags IV 119, Barazetti 16. A. M. Niedner 71, Silberschmidt Ztschr. VIII 101 (der mit Unrecht Endemann, Einführung I 73 als Vertreter seiner Meinung citiert.)

nicht anerkennt, sondern besondere Vorschriften für sie gibt, nicht gemäß jenem Recht, sondern gemäß der lex rei sitae beurtheilt werden.

Die Fassung des Artikels 28 ist keineswegs einwandfrei und seine Tragweite nach dem Wortlaut an und für sich zweifelhaft. Man braucht aber nur Artikel 30 der Gebhard'schen Entwürfe[1]), aus denen die erste Kommission den mit Art. 28 übereinstimmenden § 22[2]) des ersten Entwurfes geformt hat, zu vergleichen, um über den Sinn nicht mehr im Zweifel zu sein. Der zweite Gebhard'sche Entwurf drückte sich ausführlicher so aus: „Die Vorschriften (der §§ . . . .) kommen nicht zur Anwendung, insoweit zu dem betreffenden Vermögen (dem Vermögen eines der Ehegatten, dem Vermögen des Kindes, der Erbschaft) Gegenstände gehören, welche nicht zu dem Gebiete des Staates, dessen Gesetze im Allgemeinen maßgebend sind, sich befinden, und diese Gegenstände nach den Gesetzen des Staates, in dessen Gebiet sie sich befinden, als vom Gesammtvermögen ausgesonderte Vermögensgegenstände zu betrachten sind oder sonst unter ihnen eigenthümlichen, eine abweichende Beurtheilung erheischenden Vorschriften stehen. In Betreff dieser Gegenstände entscheiden die Gesetze des Staates, in dessen Gebiet die Gegenstände sich befinden."

Die Fassung des Art. 28 EG. verschweigt denselben Sinn mehr, als daß sie ihn ausspricht. Dem Wortlaut nach ist die Bestimmung des Artikels ja lediglich negativ. Aber daß das Vorhandensein jener „besonderen Vorschriften" der lex rei sitae nicht blos als Bedingung für die Nichtanwendung der Artikel 15, 19, 24, 25 gemeint ist, sondern daß jene Vorschriften an Stelle der genannten Artikel maßgeblich sein sollen, kann demungeachtet nicht bezweifelt werden. Wenn man auch das Wort „unterliegen" nicht urgiert, so ist doch nach dem inneren Zusammenhang soviel völlig deutlich, daß jene „besonderen Vorschriften" positiv maßgebend sein sollen.

Nicht ganz sicher aber erscheint auf den ersten Blick, welche „besonderen Vorschriften" gemeint sind.

Es handelt sich in Art. 28 zweifellos um eine Einschränkung der von unserer Gesetzgebung an und für sich als sachgemäß erachteten Kollisionsgrundsätze, um einen Verzicht auf Geltendmachung dieser Grundsätze zu Gunsten der von der lex rei sitae hinsichtlich jener Gegen-

---

1) Niemeyer, Vorschläge S. 18.

2) Protokolle VI 11.

stände für angemessen erachteten Behandlung der Kollisionsfrage. Insofern steht die Bestimmung des Art. 28 in innerem Zusammenhang mit den Problemen der Rück- und Weiterverweisung. Nach dem Wortlaut des Art. 28 könnte man glauben, es sei hier geradezu das Weiterverweisungsprinzip insofern anerkannt, als unter den in dem Artikel bezeichneten Voraussetzungen die Kollisionsnormen der lex rei sitae an Stelle der deutschen Kollisionsnormen maßgebend sein sollten, so daß, wenn die lex rei sitae die Kollisionsfrage durch exklusive Diktierung ihrer eigenen Maßgeblichkeit erledige, dies nur als ein besonderer Anwendungsfall des dem Art. 28 zu Grunde liegenden prinzipiellen Gedankens zu behandeln wäre. In Wahrheit aber ist der Sinn des Art. 28 ein anderer. Das Zurückziehen unserer Kollisionsgrundsätze zu Gunsten der lex rei sitae bezieht sich einzig und allein auf den zuletzt angegebenen Fall. Nur wenn die lex rei sitae nicht zurück- oder weiterverweist, sondern wenn sie ihrerseits absolute Maßgeblichkeit beansprucht, läßt es unser Gesetz bei der von der lex rei sitae beliebten Behandlung der Kollisionsfrage bewenden. Der Ausdruck „besondere Vorschriften" in Art. 28 besagt nur: Vorschriften, welche die betreffenden Gegenstände nicht als Bestandtheile der in Frage kommenden Vermögensgesammtheiten mit dieser einer einheitlichen rechtlichen Behandlung „per universitatem" unterziehen, welche diese vielmehr als res singulares einer besonderen Behandlung, („besonderen Vorschriften" in diesem Sinn) unterwerfen.

Daß nicht jener weitergehende dem Wortlaute nach an und für sich mögliche Sinn in dem Art. 28 liegt, ergibt sich aus der Aufnahme der Ziffer „Art. 27" in den Text des Art. 28. Nicht als ob die Aufnahme jener Ziffer direkt den Zweck verfolge, jene Auffassung zurückzuweisen. Das ist sicher nicht der Fall. Sicher bedeutet die Einbeziehung des Art. 27 in die Bestimmung des Art. 28 nur: man soll nicht etwa die Kollisionsnormen, welche die lex rei sitae für eheliches Güterrecht, Kindesvermögen, Erbrecht aufstellt, auf das Gesammtvermögen als solches einschließlich der fraglichen Gegenstände beziehen nnd gemäß Art. 27 dabei die Rückverweisung auf deutsches Recht beachten. Dies hat gemäß Art. 27 allerdings z. B. dann zu geschehen, wenn die Erbschaft eines in Deutschland domizilierenden Dänen in Frage steht, der Immobilien in Dänemark hinterläßt. Da das dänische Recht die lex domicilii für das Erbrecht zu Grunde legt, und zwar auch hinsichtlich der Immobilien, gleichviel wo sie liegen, so ist hier von deutschen Gerichten die Erbfolge auch für jene dänischen Immobilien nach deutschem Recht zu richten. Art. 27 findet hier uneingeschränkt Anwendung; der Fall des Art. 28 ist nicht gegeben. Zufolge der Einbeziehung des Art. 27 in die Vorschrift des Art. 28 ist dies aber anders bezüglich der in England belegenen Nachlaßimmobilien eines mit deutschem Domizil gestorbenen Engländers. Das englische Recht legt für das Erbrecht nicht Heimatrecht, sondern lex domicilii zu Grunde. Die somit scheinbar vorliegende Rückverweisung des englischen Rechtes auf das deutsche Recht ist aber zufolge Art. 28 für englische Immobilien nicht zu beachten, weil Immobilien nach englischen Recht von der Maßgeblichkeit der lex domicilii ausgeschlossen und der lex rei sitae unterstellt sind. In Wahrheit liegt ja nun hier hinsichtlich der Immobilien gar keine Rückverweisung vor, weil das englische Recht eben nur für Mobiliarvermögen auf das deutsche Recht zurückverweist. Die Nennung des Art. 27 in Art. 28 wäre überhaupt überflüssig gewesen. Denn dieselbe Sachlage wiederholt sich bei allen in Betracht kommenden Fällen. Gerhard hatte in seinen Entwürfen in dem § 30, der dem Art. 28 EG. entspricht, den Rückverweisungsparagraphen (§ 31 der Entwürfe) auch nicht aufgeführt. Erst vom Bundesrath ist — in der Hitze des Gefechtes? — Art. 27 hinzugekommen. Aber **indirekt** ergibt sich aus der Nennung des Art. 27, die eben nur den angegebenen Sinn haben kann, daß bei der ganzen Vorschrift des Art. 28 der Gedanke an Rück- und Weiterverweisungsnormen, welche die lex rei sitae speziell für die in Frage stehenden Gegenstände aufstellen sollte, aus dem Spiel zu lassen ist. Man denke an folgende Sachlage. Deutsche Gerichte haben über die Erbschaft eines mit englischem Domizil gestorbenen Dänen zu urtheilen und es gehören zu dem Nachlaß Mobilien, die sich in den Vereinigten Staaten von Amerika, also „nicht in dem Gebiet des Staates" befinden, „dessen Gesetze — nach Analogie der Art. 24, 25 — maßgebend sind". Nach Analogie der Art. 24, 25 ist dänisches Recht für den Erbfall maßgebend. Das amerikanische Recht aber schreibt vor, daß für den Mobiliarnachlaß die lex domicilii maßgebend ist. Wenn das deutsche Gericht diese Kollisionsnorm als „besondere Vorschrift" im Sinn des Art. 28 ansehen und demgemäß für den Mobiliarnachlaß zufolge der Weiterverweisungsnorm des amerikanischen Rechtes das englische Recht zu Grunde legen wollte, so würde das dem Sinn des Art. 28

---

[1]) S. Zeitschr. f. intern. Privat- u. Strafrecht I 229.

nicht entsprechen, welcher vielmehr die lex rei sitae nur insofern maßgebend sein läßt, als sie selbst exklusive Geltung beansprucht. Nur soweit die lex rei sitae die Maßgeblichkeit des Realstatutes an Stelle des von unserer Gesetzgebung an sich für sachgemäß erachteten Personalstatutes aufstellt, wird der lex rei sitae Raum gegeben.

Der Grund der Bestimmung des Art. 28 liegt keineswegs in der Richtung des Weiterverweisungsprinzipes, sondern vor allem in der praktischen Erwägung, daß die schroffe Durchführung der allgemeinen Prinzipien des EG. an dem Willen der lex rei sitae thatsächlich als an einem rocher de bronze scheitert. Die rein theoretische Durchführung für richtig erkannter Prinzipien würde lediglich doktrinären Werth besitzen, dafür aber schwere praktische Nachtheile herbeiführen können in Gestalt rücksichtsloser Nichtachtung der Entscheidungen deutscher Rechtspflegeorgane von Seiten des Auslandes. In den Motiven des Gebhard'schen Entwurfes (S. 112) ist diesem Gesichtspunkt folgendermaßen Ausdruck gegeben: „Der Entwurf geht davon aus, daß das Herrschaftsgebiet des deutschen Rechtes aus dem Geiste und der Tendenz der deutschen Rechtsnormen zu bestimmen ist. Das deutsche Recht behandelt das Vermögen der Ehegatten . . . als Einheit . . . Immerhin wird der verschiedenen Auffassung des Vermögensbegriffes in einer Beziehung Rechnung zu tragen sein. Die Anwendung des deutschen Rechtes auf im Auslande belegene Vermögensstücke deutscher Ehegatten empfiehlt sich nur insoweit, als die Durchführung dieser Beurtheilung erzwingbar ist oder doch auf Anerkennung rechnen darf. Trifft diese Voraussetzung nicht zu, und es ist dies der Fall, wenn ein Staat gewisse zu dem Vermögen der Ehegatten gehörige Sachen als besondere Vermögens-Komplexe behandelt und sie der lex rei sitae unterstellt, so läuft das materielle Recht bei dem Festhalten an den deutschen Gesetzen Gefahr u. s. w."

Die positivrechtliche Frage, für welche ausländischen Rechtsgebiete die Voraussetzungen des Art. 28 thatsächlich zutreffen, fällt keineswegs zusammen mit der Frage, inwiefern in ausländischen Rechtsgebieten die dort geltende familien- und erbrechtliche Güterstandsordnung als solche die betreffenden Vermögen als Einheiten behandelt, oder sie in getrennte Massen, wie insbesondere Mobiliar- und Immobiliarvermögen, Allod- und gebundenes Vermögen zerlegt. Es ist z. B. nicht nur logisch möglich, sondern in weitem Maße positiven Rechtens, daß die Erbrechtsordnung das Nachlaßvermögen ihrerseits als Einheit behandelt, daß aber für die internationalrechtliche Kollisionsfrage eben dieselbe Rechtsordnung zwischen Mobiliar- und Immobiliarvermögen unterscheidet und das erstere dem Personalstatut, das letztere — wenigstens so weit es im Inland liegt — der lex rei sitae unterwirft. Dies geschieht insbesondere im Gebiet des französischen[1]) Rechtes (im weiteren Sinn, so daß Belgien, Holland, Luxemburg, die französischrechtliche Schweiz, Rumänien, Polen, Monako und mehrere außereuropäische Gebiete eingeschlossen sind), in Oesterreich-Ungarn[2]) und in Rußland[3]).

Andererseits stehen jene beiden Fragen insofern in einer thatsächlichen Verbindung, als es sehr nahe liegt, daß diejenigen Rechtsordnungen, welche im Familien- und Erbrecht schon an und für sich gewisse Vermögensgegenstände „besonderen Vorschriften" unterwerfen, auch hinsichtlich der internationalrechtlichen Frage für diese Gegenstände eine selbständige Regelung treffen. Es ist aber methodisch geboten und auch praktisch durchaus nicht gleichgültig, daß man beide Fragen logisch auseinanderhält. Das Hauptbeispiel für die positive Geltung einer von unseren Anschauungen abweichenden sowohl innerstaatlichen als internationalistischen Sonderbehandlung von Vermögensmassen bildet die im englischen Recht geltende Unterscheidung von real estate und personal estate, in der Hauptsache (aber keineswegs völlig) zusammenfallend mit der Unterscheidung von Immobiliar- und Mobiliarvermögen. Das englische Recht läßt für beide Vermögensmassen eine ganz verschiedene familien- und erbrechtliche Behandlung eintreten. Damit hängt es zusammen, daß auch hinsichtlich der internationalprivatrechtlichen Frage dieselbe Unterscheidung gemacht und für personal estate das Personalstatut, für real estate die „lex situs" als maßgebend behandelt wird. Entsprechendes gilt im nordamerikanischen Recht für moveables und immovables[4]).

---

[1]) Vgl. Crome Handbuch I 111, die Citate bei Bar II 305 Anm. 24, neuere Entscheidungen Zeitschr. I 702, VI 452, Journal XVII 121, XIX 489, 962, XXI 562, XXII 95, 127, 390, 1082.

[2]) S. Jettel Handbuch des internationalen Privat- und Strafrechts 1893 S. 64.

[3]) S. Lehr, Éléments de droit civil russe I § 440—41, Martens Völkerrecht (deutsch. Ausg. v. Bergbohm 1885) II § 76 Anm. 4.

[4]) Für England: Westlake, A treatise of on private international law,

Für die Anwendbarkeit des Art. 28 EG. wäre nach dem bisher Gesagten die Vorfrage immer die, ob die lex rei sitae die internationalrechtliche Kollisionsfrage dahin beantwortet, daß bezüglich der in Rede stehenden Rechtsfragen entweder überhaupt oder doch für die in dem Lande selbst belegenen Gegenstände das Realstatut maßgebend sein soll. Diese Antwort ist für die bisher erwähnten Rechtssysteme Frankreich u. s. w., Oesterreich-Ungarn, Rußland, England, Vereinigte Staaten von Amerika hinsichtlich der Immobilien zu bejahen, vorbehaltlich natürlich einer im Einzelfall zutreffenden genauen Feststellung der Sach- und Rechtslage; wobei insbesondere zu beachten ist, daß nicht der deutsche Begriff des Immobiliarvermögens, sondern, da es sich hier lediglich um die Interpretation der lex rei sitae handelt, deren Immobiliarbegriff (bezw. Begriff des real estate u. s. w.) maßgebend ist.

Die Anwendbarkeit des Art. 28 ist grundsätzlich nicht auf im Ausland befindliche Gegenstände beschränkt. Auf in Deutschland befindliche Gegenstände findet er nur insofern keine Anwendung, als die deutsche lex rei sitae ihrerseits die in Frage stehenden Vermögensbeziehungen des Familien- und Erbrechtes als Vermögenseinheit dem Personalstatut unterwirft. Dies ist zufolge der Artikel 15, 19, 24, 25 EG. reichsrechtlich der Fall, und Art. 28 EG. bestätigt das stillschweigend. Für die der Landesgesetzgebung vorbehaltenen Materien ist aber die Geltung abweichender Kollisionsgrundsätze möglich und thatsächlich vorhanden. Insbesondere kommen die in Art. 59 und 64 EG. bezeichneten Materien in Betracht. Wenn auch für Lehn-, Fideikommiß-, adlige und bäuerliche Stamm- und Erbgüter keine ausdrücklichen Bestimmungen bestehen, wonach für sie die lex rei sitae exklusive Geltung hat und die Anwendung fremden Rechtes im Ehe-, Kindes- und Erbverhältniß gemäß auswärtigen Personalstatuts ausgeschlossen ist, so ergibt sich jener Grundsatz doch aus dem Zweck jener Rechtseinrichtungen (so daß aus Art. 30 EG. hier einschlägt) sowie aus der bisherigen Rechtspraxis in Deutschland.[1])[2])

---

3. Aufl. (London 1890) §§ 34, 59ff., 156ff., besonders klar: Rattigan, Private international law (London 1895) §§ 48ff., Nelson, Selected cases of private international law (London 1889) S. 135ff.

Für Amerika: Story, Conflict of laws 8. Aufl. (Boston 1883) §§ 454ff., 474, 483, Wharton, Conflict of laws, 2. Aufl. (Philadelphia 1881) §§ 191, 255, 275d, 560.

[1]) S. Gierke Deutsches Privatrecht I 244.

[2]) Die Motive Gebhards a. a. O. bemerken hierüber, anschließend an die

Auch im ausländischen Recht kommen Rechtseinrichtungen analog den deutschen Lehn-, Fideikommiß-, Stamm- und Erbgütern vor, welche eine entsprechende Sonderbehandlung erheischen. So legt das dänische Recht bei der Statutenkollision im Erbrecht sowohl hinsichtlich des unbeweglichen wie hinsichtlich des beweglichen Vermögens die lex domicilii des Erblassers zu Grunde, macht aber eine Ausnahme zu Gunsten der lex rei sitae hinsichtlich der Lehn-, Fideikommiß-, Stamm- und ähnlichen Güter[1]).

Auch hier ist der grundsätzliche Gesichtspunkt für die Anwendung des Art. 28 EG. wieder derselbe: die „besondere Vorschrift" des dänischen Rechtes im Sinn des Art. 28 ist die Kollisionsnorm, und nicht etwa die dänische Erbrechtsnorm.

§ 8.

Vorbehaltsklauseln und Exklusivsätze.

„Die Anwendung eines ausländischen Gesetzes ist ausgeschlossen, wenn die Anwendung gegen die guten Sitten oder gegen den Zweck eines deutschen Gesetzes verstoßen würde."

Sinn und Funktion dieser Bestimmung des Art. 30 ist insoweit zweifellos, als durch sie eine Einschränkung der Anwendung des nach sonst geltenden Kollisionsgrundsätzen maßgebenden Auslandsrechtes ausgesprochen wird.

Die Vorschrift spricht nur in der Verneinung. Sie schließt unter den angegebenen Voraussetzungen nur die Anwendung ausländischen Rechtes aus, ohne zu sagen, ob und welches andere Recht angewendet werden soll. Daß aber etwa an Stelle des perhorreszierten Rechtes ein drittes Recht als maßgebend behandelt werden sollte, ist nach dem Zusammenhang ausgeschlossen. Dagegen ist möglich, daß es rein negativ bei der Nichtanwendung des fremden Rechts-

---

S. 90 referierten Bemerkungen: „Die Modifikation des Prinzips erscheint auch aus einem anderen Grunde geboten. Wie bereits angedeutet, behandelt das deutsche Recht noch jetzt gewisse Kategorien von Grundstücken als besondere selbständige Vermögenskomplexe. Sie theilen das Schicksal des übrigen Vermögens nicht und unterliegen ausschließlich der lex rei sitae. Es sind dies die Lehn- und Familienfideikommißgüter. . . . Das Gleiche wird hinsichtlich der Stammgüter des niederen Adels und der bäuerlichen Erbgüter zu gelten haben."

[1]) S. Zeitschr. I 229.

satzes bewendet, ohne daß etwa deutsches Recht angewendet wird. Soweit der Rechtssatz des fremden Rechtes, dessen Anwendung gemäß Art. 30 perhorresziert wird, sich aus seiner Umgebung herauslösen läßt, ohne daß dadurch der innere Zusammenhang zerrissen wird, bewendet es bei der Nichtanwendung dieses Satzes. Beispielsweise: Nach russischem Recht ist die Eheschließung zwischen (römischen oder griechischen) Katholiken und Nichtchristen nichtig [1]). Wenn ein deutscher Jude mit einer russischen Katholikin vor einem deutschen Standesbeamten die Ehe geschlossen hätte (sei es, daß ein Trauerlaubnißschein [§ 1315 BGB.] nach dem Landesrecht nicht erforderlich war, sei es, daß er irrig ausgestellt oder versehentlich von seiner Beibringung Abstand genommen war), so würde an sich nach Art. 13 EG. die Ehe auch von deutschen Gerichten für nichtig erklärt werden müssen. Angenommen nun, die Anwendung des angeführten russischen Rechtssatzes würde von uns als gegen die guten Sitten verstoßend anzusehen und darum durch Art. 30 ausgeschlossen sein, so stünde selbstverständlich der Anwendung des russischen Rechts auf jene Eheschließung in anderer Hinsicht gemäß Art. 13 EG. nichts entgegen. Die Ehe könnte darum doch aus anderen Gesichtspunkten gemäß dem russischen Recht für nichtig erklärt werden, z. B. weil die Ehefrau zur Zeit der Eheschließung bereits das 80. Lebensjahr erreicht hatte, oder weil sie bereits dreimal verheirathet war [2]).

In anderen Fällen wird die gemäß Art. 30 erfolgende Nichtanwendung fremder Rechtsvorschriften aber nothgedrungen die Konsequenz der exklusiven Anwendung deutscher Rechtsvorschriften haben. Wenn z. B. das nach Analogie des Art. 14 EG. für das persönliche Verhältniß der Ehegatten maßgebliche Auslandsrecht dem Ehemann Züchtigungs- und Einsperrungsrecht gegenüber der Frau gewährt und der Ehemann in Deutschland von diesem Recht Gebrauch macht, so würden wir hierin einen Verstoß gegen die guten Sitten erblicken und wenn etwa die Frau wegen fortgesetzter Züchtigungen den Mann verläßt, so würde die Nichtanwendung der das Züchtigungs- und Einsperrungsrecht gewährenden Auslandsvorschrift doch wohl dazu führen, daß nunmehr auch § 1361 BGB. zur Anwendung käme.

---

[1]) Leuthold, Russische Rechtskunde (1889) S. 65, dazu Engelmann, Zeitschr. f. Rechtswissenschaft (Dorpat) X S. 57, Lehr, Éléments de droit civil russe I S. 35, 36.

[2]) Lehr a. a. O. S. 19, 20.

Denn „Nichtanwendung jener Auslandsvorschrift“ durch unsere Rechtspflegeorgane bedeutet, daß wir die durch sie erlaubte Züchtigung als nicht erlaubt und als Verstoß gegen die aus der ehelichen Lebensgemeinschaft entspringenden Pflichten ansehen und zwar als einen solchen Verstoß, welcher die Frau berechtigt, das eheliche Zusammenleben zu weigern, woraus sich dann die Verpflichtung des Mannes ergibt, der Frau während der Trennung Unterhalt gemäß § 1361 BGB. zu gewähren.

Die Grenze zwischen den Fällen bloßer Nichtanwendung fremden Rechtes und „exklusiver“ Anwendung deutscher Rechtssätze in einer Formel zu bestimmen, soll hier nicht unternommen werden. Solche Formel müßte so allgemein sein, daß sie ohne praktischen Werth wäre[1]). Daß jene Grenze nicht etwa zusammenfällt mit der in Art. 30 gemachten Unterscheidung zwischen „Verstoß gegen die guten Sitten“ und „Verstoß gegen den Zweck eines deutschen Gesetzes“, lehrt schon das eben angeführte Beispiel. Jedes der beiden Kriterien des Art. 30 kann eben sowol zur bloßen Nichtanwendung ausländischer Vorschriften wie zur exklusiven Anwendung deutscher Vorschriften führen.

Die Fassung „Nichtanwendung ausländischer Gesetze“ empfängt also ihre richtige Beleuchtung und Erklärung lediglich durch den Gegensatz zu anderen, die Anwendung ausländischen Rechtes als Regel vorschreibenden Hauptnormen. Sie deckt in der Sache auch die Fälle absoluten Durchgreifens unserer eigenen Rechtssätze.

Der Artikel ist der gesetzgeberische Niederschlag jener Doktrin, welche als Lehre von den Prohibitivgesetzen[2]), Theorie des ordre public und unter anderen Stichworten[3]) bekanntermaßen eine ebenso breite wie umstrittene Rolle im internationalen Privatrecht spielt. Die Entwürfe haben in der Formulierung der entsprechenden Vorschrift mehrfach geschwankt. In Gebhard's erstem Entwurf heißt es: „Ausländisches Recht wird nicht angewandt, wenn dessen Anwendung durch das inländische Recht nach der Vorschrift oder nach dem Zweck desselben ausgeschlossen ist“, im zweiten Entwurf: „Ein ausländisches Gesetz wird nicht angewandt, wenn

---

1) Vgl. Zitelmann I 322—326.

2) Savigny, System VIII, Bar, Theorie I 127, f. „Leggi proibitive“ sagt auch Art. 12 des Präliminärartikels zum italienischen Gesetzbuch.

3) S. besonders Zitelmann I 317f. und Kahn Jherings Jahrb. 39 S. 1—112.

dessen Anwendung gegen die guten Sitten oder die öffentliche Ordnung verstößt". Die jetzige Fassung beruht im Wesentlichen auf den Beschlüssen der II. Kommission, in deren Entwurf die „guten Sitten" des ersten und der „Zweck eines deutschen Gesetzes" des zweiten Gebhard'schen Entwurfes kombiniert worden sind, nachdem Einverständniß über die Nothwendigkeit festgestellt worden war, „den Ausdruck einerseits „weit genug zu wählen, um alle in Betracht kommende Fälle zu umspannen und andererseits nicht so weit, daß damit die Sätze aller vorhergehenden Paragraphen in Frage gestellt würden" [1]).

Die Bestimmung entspricht nach allem nicht so sehr konkreten Erwägungen, als dem allgemeinen Bedürfniß, ein „Sicherheitsventil" zu schaffen, welches den Rechtspflegeorganen ermöglicht, die Grenzen der Anwendbarkeit fremden Rechtes im Einzelfall abweichend von den allgemeinen Regeln enger zu ziehen. Weder der Begriff „gute Sitten", noch der Gesichtspunkt „Zweck eines deutschen Gesetzes" ist genügend, um der Entscheidung im Einzelfall nach dem Maßstabe logischer Subsumtion als exakte Richtschnur dienen zu können. Das Wesentliche bleibt das den Rechtspflegeorganen ertheilte Blankomandat, wobei die „guten Sitten" und der „Zweck eines deutschen Gesetzes" nur ungefähre Gesichtspunkte bedeuten, welche darauf hinweisen, daß die ausnahmsweise Ablehnung ausländischen Rechtes nur in solchen Fällen erfolgen soll, in denen dessen Anwendung durch rechtspolitische Gesichtspunkte gefordert wird, deren Berechtigung der inländischen Rechtsanschauung zweifellos erscheint, sei es weil sie in der einheimischen Rechtsordnung zum Ausdruck gekommen sind, sei es, weil sie in dem ethischen Gesammtbewußtsein gegeben sind. Die Motive Gebhard's (S. 153) drückten sich darüber folgendermaßen aus: „Der Entwurf sieht davon ab, eine allgemeine Regel darüber, welche Rechtssätze als exklusive anzusehen sind und wieweit im einzelnen Falle die Exklusivität trägt, aufzustellen. So gewiß sittliche, wirtschaftliche oder politische Motive einem Rechtssatze innewohnen, der die Anwendung fremden Rechts ausschließt, beziehungsweise an dessen Stelle selbst angewandt sein will, so fehlt es doch an jedem ausreichenden objektiven Maßstabe für die Beantwortung der Frage, ob und beziehungsweise wieweit diese Motive im einzelnen Falle die Exklusivität bedingen. Hierüber wird nur das Reich der

[1]) Protok. VI 81—85.

nach freiem, durch besonnene Erwägung aller Umstände geleiteten Ermessen entscheiden können [1]).“

Derartige Blankettvorschriften gehören zu den wichtigsten Rüststücken der Gesetzgebung, und sie sind m. E. um so besser, je deutlicher sie ihre wahre Natur selbst zu erkennen geben. Je klarer in dem Richter das Bewußtsein erweckt wird, daß ihm für den gegebenen Fall die Aufgabe des Gesetzgebers mit Recht und Pflicht übertragen ist, um so vollkommener wird er sich selbst über die rechtspolitischen Motive seiner Entscheidung Rechenschaft geben. Je mehr eine jenes Verhältniß verdunkelnde Formulierung die Gefahr nahe legt, daß der Richter glaubt, lediglich zu subsumieren, während er in Wahrheit eine selbständige Entscheidung fällt, um so größer ist auch die Gefahr von Fehlsprüchen.

Die Natur des Art. 30 als einer solchen Blanketvollmacht ist nun durch seinen Text und seine Stellung hinreichend deutlich erkennbar gemacht. Es fragt sich nur, einerseits inwieweit der Artikel dem freien Ermessen dennoch gewisse Schranken setzt und andererseits, ob sich innerhalb dieser Schranken etwa allgemeinere Regeln aufstellen lassen, welche der Praxis als Richtschnur dienen können.

Die Schranken sind ebensowol durch das Wort „Anwendung“ als durch die Kriterien der „guten Sitten“ und „Zweck eines deutschen Gesetzes“ gezogen. — Indem das Gesetz den Maßstab dieser letztgenannten beiden Kriterien nicht an die Anerkennung der ausländischen Vorschriften selbst, sondern an ihre Anwendung durch die deutschen Rechtspflegeorgane anlegt, wird den Entscheidungen deutscher Rechtspflegeorgane aus Art. 30 eine inhaltliche Beschränkung insofern auferlegt, als diese Entscheidungen — um ein berühmt gewordenes Bild von Bar zu gebrauchen — nicht den in fremder Rechtsordnung stehenden Stamm des betreffenden Rechtsverhältnisses selbst zu treffen haben, sondern nur diejenigen Zweige und Schößlinge, welche im Bereich unserer Rechtsordnung hervortreten und welche unsererseits abgehauen und abgegraben werden sollen. Das traditionelle Schulbeispiel für jene Einschränkung in dem Maß der Ablehnung solcher ausländischer Rechtsinstitute, deren Anwendung

[1]) Bei den Verhandlungen der II. Kommission (Prot. VI 83, 84) wurden als beifallswürdige Beispiele richtiger Methode die Entscheidungen des Reichsoberhandelsgerichts Bd. 25 S. 53ff. und des Reichsgerichts (Civilsachen) Bd. 21 S. 136ff. bezeichnet. Der Empfehlung dieser Muster darf m. E. nicht unbedingt beigetreten werden.

sich mit unseren guten Sitten und mit dem Zweck unserer Gesetze nicht verträgt, ist die Polygamie. Selbst die polygamische Ehe müssen wir an sich gelten lassen, z. B. soweit es sich um Mohamedaner in der Türkei handelt. Die aus solcher Ehe entsprossenen Kinder müssen wir als eheliche anerkennen. Aber vor einem deutschen Standesamt kann ein Mohamedaner eine Mehrehe selbst mit einer Mohamedanerin nicht eingehen. Hier durchbricht Art. 30 die Kollisionsregel des Art. 13. — Zufolge jenes Prinzipes müssen aber auch die Entscheidungen unserer Rechtspflegeorgane in dem Sinne ergehen, daß den Entscheidungen ausländischer Organe dadurch nicht präjudiziert wird. Wenngleich wir unsererseits die Hand zur Verwirklichung derartiger ausländischer Rechtssätze nicht bieten, so wollen wir doch nicht der Verwirklichung der fremden Rechtsordnung durch deren eigene Organe entgegentreten, selbst wenn wir es mit Aussicht auf praktischen Erfolg können. Der Türke, dessen polygamische Eheschließung wir ablehnen, kann sich in seine Heimat begeben und dort eine Mehrehe mit der Wirkung schließen, daß auch wir sie als gültig anerkennen[1]). Wenngleich wir ferner unsererseits in dem oben (S. 94) unterstellten Fall die beantragte Nichtigkeitserklärung der russisch-jüdischen Ehe ablehnen, so hat doch Art. 30 nicht die Wirkung, daß wir der Nichtigkeitserklärung, welche ein demnächst angegangenes russisches Gericht auf Grund des von uns abgelehnten Gesichtspunktes ausspricht, die Anerkennung versagen. Eine eigenartige Gestalt kann der vorstehend vertretene Gedanke dann annehmen, wenn auf Grund des Art. 30 eine Klage abgewiesen wird. Die Abweisung geschieht dann in gewissem Sinn nur „angebrachtermaßen". Die Entscheidungen des ROHG. Bd. 25 S. 53 und die RG. Bd. 29 S. 90 ff. — s. besonders S. 96 — geben diesem Gesichtspunkt praktischen Ausdruck.

Art. 30 beschränkt die Ablehnung oder Anwendung ausländischen Rechtes auf die Gesichtspunkte der „guten Sitten" und des „Zweckes deutscher Gesetze". Darin ist z. B. nicht eingeschlossen die Ablehnung ausländischen Rechts unter dem Gesichtspunkt der Völkerrechtswidrigkeit. Wenn dem betreffenden Auslandsrecht an sich Geltung und nach den für uns sonst geltenden Kollisionsnormen Anwendbar-

---

[1]) Ich bin entschieden der Meinung, daß die §§ 328, 723 CPO. nicht, wie Niedner a. a. O. S. 80 Nr. 6 annimmt, wegen der „Kongruenz" des § 328 Nr. 4 („die Anerkennung des Urtheils eines ausländischen Gerichts ist ausgeschlossen . . ., wenn die Anerkennung des Urtheils gegen die guten Sitten

keit zukommt, so kann auf Art. 30 nicht seine Ablehnung gegründet werden[1]). Der § 2264 des veröffentlichten zweiten Entwurfes schrieb die Ablehnung auch vor „wenn das ausländische Gesetz die Rechte der Fremden in unbilliger Weise beeinträchtigt." Der Bundesrath hat diese Klausel gestrichen. Der Geltendmachung völkerrechtlicher und politischer Gesichtspunkte dient lediglich der Art. 31 (s. unten S. 109).

Wann die Anwendung ausländischen Rechtes einen Verstoß gegen die „guten Sitten" enthalten würde, ist eine ebenso allgemeine und zugleich ebenso kasuistische Frage, wie etwa die, welche Anforderungen die bona fides stellt, welche norma agendi in dem Gesichtspunkt von Treu und Glauben enthalten ist, wann dolus, culpa, casus vorliegt. Es könnte überflüssig erscheinen, vor der Verwechselung von „guten Sitten" und „Sittlichkeit" zu warnen, wenn nicht die Judikatur und die Literatur unserer Frage diese Verwechselung auf Schritt und Tritt aufwiese. Auch hier ist wieder zu betonen, daß es sich nicht um die Prüfung handelt, ob das Auslandsrecht gegen die guten Sitten verstößt, sondern ob dessen Anwendung im Bereich unserer Rechtsordnung unseren Anschauungen über gute Sitten zuwiderlaufen würde. Das Auslandsrecht kann „ländlich sittlich" sein, während seine Anwendung bei uns unser ethisches Gefühl verletzen würde. Der Maßstab der Sittlichkeit (auch wenn man von dem schließlich allein entscheidenden individuellen Maßstab absieht und nur an konventionelle Moral denkt), kann aber für unsere Rechtspflegeorgane gar nicht in Betracht gezogen werden. Die „guten Sitten" sind nur eine zusammenfassende Bezeichnung für die in der Rechtsordnung in Betracht kommenden ethischen Anschauungen, das Wort „ethisch" im groben Sinne genommen. Die Blankettnatur des Begriffes „gute Sitten" bedeutet nicht

---

oder gegen den Zweck eines deutschen Gesetzes verstoßen würde") mit Art. 30 EG. eine kongruente Auslegung des Art. 30 und jener Bestimmungen bedingt. Die Bestimmungen sind nicht kongruent. „Anerkennung" ist etwas anderes als „Anwendung". Die „Anwendung" ausländischen Rechtes kann unter Umständen gegen die guten Sitten oder gegen den Zweck eines deutschen Gesetzes verstoßen, wo es die Anerkennung eines ausländischen, die Anwendung aussprechenden Urtheils nicht thut. Vgl. auch Zitelmann I 352ff. Die Erlassung eines Vollstreckungsurtheils (§ 723 CPO.) ist allerdings immer Anwendung, Zwangsverwirklichung des fremden materiellen Rechts.

[1]) So auch Niedner a. a. O. S. 80 Nr. 7, A. M. Zitelmann I 379, Barazetti Zeitschr. VII 126ff.

die Unmöglichkeit, in wissenschaftlicher Weise generelle Gesichtspunkte und Formeln aufzustellen, welche des Näheren die Handhabung der Vorschrift analysieren. Zitelmann (I 334—68) hat das in umfassender und eindringender Weise unternommen. Aber man darf die Aufstellung solcher Gesichtpunkte doch nur im Sinne einer Abstraktion aus der Kasuistik, nicht im Sinne bindender Normen für die Einzelbehandlung bewerthen. Und so bleibt die Entscheidung doch immer wieder dem Einzelfall unmittelbar gemäß der gesetzlichen Vorschrift selbst vorbehalten. Kahn (Iherings Jahrb. 39 S. 4 ff.) hat einer generellen Durcharbeitung und — wenn ich ihn recht verstehe — der Dogmatisierung derjenigen Gesichtspunkte das Wort geredet, welche in der Lehre von „ordre public“ enthalten sind. „Was man unter den „Gesetzen der öffentlichen Ordnung“, der „Vorbehaltsklausel“ und Aehnlichem zusammenzufassen pflegt, ist der noch unerkannte und der noch unfertige Theil des internationalen Privatrechts.“ „Jede Ausnahme von einer sonst geltenden Regel, jede speziellere, neu sich bildende Kollisionsnorm, jede Abänderung, Umformung einer bestehenden pflegt eingeführt zu werden mit jenem passe partout des ordre public.“ Niedner (S. 77) hat Kahn so verstanden, daß diese Sätze sich auch ohne weiteres auf Art. 30 EG. „das verkleinerte Abbild des ordre public“ beziehen. So verstehe ich Kahn nicht. Was von den wissenschaftlichen Kategorien des ordre public, der „Vorbehaltsklausel“ u. s. w. gilt, das gilt nicht auch von Art. 30. Wenn Kahn (insbesondere S. 34ff.) betont, daß die „Prohibitivgesetze“ nicht absolut oder exklusiv angewendet werden, vielmehr wie alle anderen Gesetze unter der Voraussetzung bestimmter Anknüpfungen und wenn er in der Klarlegung dieser Anknüpfungen die Aufgabe sucht (S. 112) welche die Erbschaft der Lehre vom ordre public anzutreten hat, so steht das doch auf einem anderen Blatt, als die Interpretation des Art. 30. Kahn hebt (S. 29) hervor, daß die Thatsache der Anrufung inländischer Rechtspflegeorgane die maßgebende Anknüpfung bilden kann. Dieser Anknüpfung fällt bei der Anwendung des Art. 30 offenbar eine große Rolle zu. Dazu aber müssen oft genug, wie Kahn (S. 35) hervorhebt, noch andere Anknüpfungen zutreffen, wie z. B. inländischer Wohnsitz, inländischer Aufenthalt, inländischer locus actus, inländische Lage eines Gegenstandes, in manchen Fällen auch deutsche Staatsangehörigkeit. Es ist werthvoll, dies alles grundsätzlich klar zu stellen. Aber auch in der von Kahn hervorgehobenen Maßgeblichkeit und Mannigfaltigkeit der Anknüpfungsmomente, welche die Ablehnung ausländischen Rechtes und die „exklusive" Anwendung einheimischen Rechtes bedingen und begrenzen, liegt doch nur ein Gesichtspunkt, welcher die kasuistische Durchführung des Art. 30 begleitet, nicht leitet. Das Gleiche gilt bestenfalls von Niedners (S. 78 Nr. 4) Versuch, im Anschluß an Kahn und Zitelmann, eine nähere Anweisung für die Anwendung des Art. 30 durch die Formel zu geben: „Das unsittliche, an sich dem fremden Recht unterworfene Rechtsverhältniß ist dann dem deutschen Recht unterworfen, wenn es im Inlande a) verwirklicht werden soll, oder b) entstanden ist, oder c) unter fortdauernd sich erneuernden Wirkungen besteht". Ich halte diese Formel theils für zu weit, theils für zu eng. Sie deckt z. B. nicht den Fall, daß die deutsche Staatsangehörigkeit einer betheiligten Person das maßgebliche Anknüpfungsmoment bildet und sie geht vielleicht zu weit, wenn die Entstehung im Inland als stets rechtfertigendes Anknüpfungsmoment hingestellt wird. Die Hauptsache aber ist, daß solche Formeln nur abgeleiteten Werth haben. Non ex regula jus sumatur sed ex jure quod est (d. h. hier die im Einzelfall maßgebliche rechtspolitische Rücksicht) regula.

Was das Kriterium „Zweck eines deutschen Gesetzes" betrifft, so gilt von den Versuchen (Niedner S. 79, 80), nähere Regeln aufzustellen, das Gleiche. So ist z. B. die Bezugnahme auf den zwingenden Charakter unseres öffentlichen Rechtes und der Hinweis auf die demgemäß anzunehmende Exklusivität der mit unserem öffentlichen Recht untrennbar zusammenhängenden Privatrechtsvorschriften im Grunde auch nur wieder petitio principii. Die Frage wird damit nur an einen anderen Punkt gerückt, nicht aber gelöst.

Daß in Bezug auf den Art. 30 die bisherige Praxis Vorbilder und Anknüpfungen geben kann, sofern das neue Recht mit dem alten übereinstimmt oder altes Recht fortgilt, liegt auf der Hand. Daß aber überall eine selbständige Prüfung nach Maßgabe einerseits des Artikels 30 EG., andererseits der in Frage stehenden besonderen Rechtssätze geboten ist, bedarf kaum der Erwähnung.

Das EG. selbst hat neben dem Art. 30 in einer Reihe von Spezialbestimmungen dessen Prinzipien in einer Weise zur Geltung gebracht, daß man sagen kann, diese Spezialnormen seien Anwendungen des Art. 30. Zunächst gehören folgende Bestimmungen hierher:

1. Art. 13 Abs. 3: „Die Form einer Ehe, die im Inland geschlossen wird, bestimmt sich ausschließlich nach den deutschen Gesetzen.“.

2. Art. 16 Abs. 2: „Die Vorschriften der §§ 1357, 1362, 1405 des Bürgerlichen Gesetzbuchs finden Anwendung, soweit sie Dritten günstiger sind als die ausländischen Gesetze.“

3. Art. 17 Art. 4: „Auf Scheidung sowie auf Aufhebung der ehelichen Gemeinschaft kann auf Grund eines ausländischen Gesetzes im Inlande nur erkannt werden, wenn sowohl nach dem ausländischen Gesetz als nach den deutschen Gesetzen die Scheidung zulässig sein würde.“

4. Art. 21 Schlußsatz: „es können jedoch nicht weitergehende Ansprüche geltend gemacht werden, als nach den deutschen Gesetzen begründet sind.“

5. Art. 12: „Aus einer im Auslande begangenen unerlaubten Handlung können gegen einen Deutschen nicht weitergehende Ansprüche geltend gemacht werden, als nach den deutschen Gesetzen begründet sind.“

Nicht zweifellos ist die Hierhergehörigkeit der folgenden Vorschriften, indem nämlich Zweifel möglich sind, ob sie wirklich als Exklusivsätze oder als einseitige durch Analogieschluß zu erweiternde Kollisionsnormen aufzufassen sind:

1. Art. 7 Abs. 3: „Nimmt ein Ausländer im Inland ein Rechtsgeschäft vor, für das er geschäftsunfähig oder in der Geschäftsfähigkeit beschränkt ist, so gilt er für dieses Rechtsgeschäft insoweit als geschäftsfähig, als er nach den deutschen Gesetzen geschäftsfähig sein würde.“

2. Art. 8: Ein Ausländer kann im Inlande nach den deutschen Gesetzen entmündigt werden, wenn er seinen Wohnsitz oder, falls er keinen Wohnsitz hat, seinen Aufenthalt im Inlande hat.

3. Art. 9 Abs. 2: „Gehörte der Verschollene bei dem Beginne der Verschollenheit einem fremden Staate an, so kann er im Inlande nach den deutschen Gesetzen mit Wirkung für diejenigen Rechtsverhältnisse, welche sich nach den deutschen Gesetzen bestimmen, sowie mit Wirkung für das im Inlande befindliche Vermögen für todt erklärt werden; die Vorschriften des § 2369 Abs. 2 des Bürgerlichen Gesetzbuchs finden entsprechende Anwendung.“ [1])

---

[1]) § 2369 Abs. 2 BGB. lautet: Ein Gegenstand, für den von einer

4. Art. 15 Schlußsatz: „Die Ehegatten können jedoch einen Ehevertrag schließen, auch wenn er nach diesen Gesetzen unzulässig sein würde".

5. Art. 22 Abs. 2: „Gehört der Vater oder der Annehmende einem fremden Staate an, während das Kind die Reichsangehörigkeit besitzt, so ist die Legitimation oder die Annahme unwirksam, wenn die nach den deutschen Gesetzen erforderliche Einwilligung des Kindes oder eines Dritten, zu dem das Kind in einem familienrechtlichen Verhältnisse steht, nicht erfolgt ist."

6. Art. 23 Abs. 1: „Eine Vormundschaft oder eine Pflegschaft kann im Inland auch über einen Ausländer, sofern der Staat, dem er angehört, die Fürsorge nicht übernimmt, angeordnet werden, wenn der Ausländer nach den Gesetzen dieses Staates der Fürsorge bedarf oder im Inland entmündigt ist."

Die aufgeworfene Frage ist m. E. dahin zu beantworten, daß die Vorschriften zu 1, 2, 3, 6 als Exklusivsätze verstanden werden müssen, dagegen die Vorschriften zu 4 und 5 als einseitige Kollisionsnormen, welche analoge Erweiterung fordern.

Die ganze Frage würde nicht aufgeworfen werden können, wenn nicht das EG. die pathologische Erscheinung der einseitigen und unvollständig zweiseitigen Kollisionsnormen aufwiese. Wenn im EG. grundsätzlich vollkommene Kollisionsnormen aufgestellt wären, so wäre kein Zweifel, daß die in Rede stehenden Ausnahmssätze sämmtlich wörtlich zu nehmen und lediglich als Exklusivnormen zu behandeln wären. Bedenkt man dies, so gewinnt der Umstand entscheidende Bedeutung, daß die Vorschriften zu 1, 2, 3, 6 — von Unwesentlichem abgesehen — bereits in dem von der II. Komission beschlossenen Entwurf[1]), welcher das internationale Privatrecht kodifikatorisch und grundsätzlich in Gestalt vollkommener Kollisionsnormen regelte, in der einseitigen Fassung erhalten waren, welche dort durchaus eindeutig den Charakter jener Vorschriften als strikt zu behandelnde Exklusivnormen außer Frage stellte. Sie sind in gleicher Gestalt in den Bundesrathsentwurf und dann in das Gesetz hinübergenommen. Nichts spricht dafür, daß sie ihren Sinn verändert haben. Ihre analoge Ausdehnung ist

---

deutschen Behörde ein zur Eintragung des Berechtigten bestimmtes Buch oder Register geführt wird, gilt als im Inlande befindlich. Ein Anspruch gilt als im Inlande befindlich, wenn für die Klage ein deutsches Gericht zuständig ist.

[1]) Als §§ 2238 Abs. 3, 2239, 2236, 2259 des veröffentlichten Entwurfes.

daher ausgeschlossen. Sie sind geblieben, was sie von Anfang an waren: Anwendungen des dem Art. 30 innewohnenden Grundgedankens.

Anders verhält es sich mit den Vorschriften zu 4 und 5. Auch die diesen beiden Bestimmungen zu Grunde liegenden gesetzgeberischen Gedanken sind bereits in denjenigen Stadien der Gesetzesvorbereitung aufgetreten, in welchen man die Materie des internationalen Privatrechts kodifikatorisch und in Gestalt vollkommener Kollisionsnormen zu regeln entschlossen war. Aber im Unterschied zu den vorher erörterten, von vornherein exklusiv gemeinten und exklusiv formulierten Bestimmungen wurden sie damals als vollkommene Kollisionsnormen formuliert.

Was den Schlußsatz des Art. 15 betrifft, so verdankt er seine Entstehung einem in der zweiten Kommission[1]) angenommenen Antrag, demzufolge § 2250 lautete:

(„Das eheliche Güterrecht wird nach den Gesetzen des Staates beurtheilt, welchem der Mann zur Zeit der Eheschließung angehört. Dies gilt auch dann, wenn eine Aenderung der Staatsangehörigkeit eingetreten ist";) „das Verbot einen Ehevertrag zu schließen, verliert jedoch seine Kraft, wenn der Vertrag nach den Gesetzen des Staates zulässig ist, in welchem der Mann die Staatsangehörigkeit erwirbt."

Der Grundgedanke des Art. 22 Abs. 2 war schon in den Gebhardschen Entwürfen zur Geltung gebracht und erhielt in § 2253 des veröffentlichten Entwurfes der 2. Kommission folgende Gestalt:

(„Die Legitimation eines unehelichen Kindes wird nach den Gesetzen des Staates beurtheilt, welchem der Vater zur Zeit der Legitimation angehört"). „Das Erforderniß der Einwilligung des Kindes oder der Einwilligung Dritter, zu denen das Kind in einem familienrechtlichen Verhältnisse steht, bestimmt sich nach den Gesetzen des Staates, welchem das Kind zur Zeit der Legitimation angehört."

Die einseitige und scheinbar auf die Tendenz der Exklusivität hindeutende Fassung, welche die in Rede stehenden Bestimmungen im Einführungsgesetz erhalten haben, ist erst im Schoße des Bundesrathes entstanden, und zwar offenbar lediglich als Konsequenz der Aenderung, welche die betreffenden Hauptnormen erfahren haben, in-

---

[1]) Protokolle VI 57—60.

dem sie aus vollkommene Kollisionsnormen zu einseitigen (Art. 22) bezw. unvollständig zweiseitigen (Art. 15) gemacht wurden. Denn daß mit jener Aenderung der Hauptnormen die entsprechende Aenderung der Nebennormen nothwendig geworden war, ist handgreiflich, und bei dieser Sachlage noch nach anderen Motiven für die beschränktere neue Fassung zu suchen, ist überflüssig und vergeblich. Die Gründe, welche für die Zulässigkeit von Eheverträgen sprechen, sind ebenso zutreffend für jedes andere Rechtsgebiet wie für das deutsche; und für die Gründe, welche die Berücksichtigung der Konsensvorschriften des Heimatrechtes des Adoptierten und Legitimierten fordern, gilt dasselbe. Die Vorschriften des Art. 15 Abs. 3 und Art. 22 Abs. 2 fallen somit ganz aus dem Gesichtswinkel der Prohibitivgesetze und des ordre public heraus. Sie gehören nicht in die Richtung des Art. 30, sondern sind einseitige Kollisionsnormen, welche wie die Hauptnormen analoge Erweiterung fordern.

Eine andere Gruppe von Bestimmungen des EG., deren Hierhergehörigkeit nicht ganz zweifellos ist, bilden die vier folgenden Vorschriften:

1. Art. 14 Abs. 2: („Die persönlichen Rechtsbeziehungen deutscher Ehegatten zu einander werden nach den deutschen Gesetzen beurtheilt, auch wenn die Ehegatten ihren Wohnsitz im Auslande haben.")

„Die deutschen Gesetze finden auch Anwendung, wenn der Mann die Reichsangehörigkeit verloren, die Frau sie aber behalten hat."

2. Art. 17 Abs. 3: („Für die Scheidung der Ehe sind die Gesetze des Staates maßgebend, dem der Ehemann zur Zeit der Erhebung der Klage angehört.") „Ist zur Zeit der Erhebung der Klage die Reichsangehörigkeit des Mannes erloschen, die Frau aber Deutsche, so finden die deutschen Gesetze Anwendung."

3. Art. 19 Satz 2: („Das Rechtsverhältniß zwischen den Eltern und einem ehelichen Kinde wird nach den deutschen Gesetzen beurtheilt, wenn der Vater und, falls der Vater gestorben ist, die Mutter die Reichsangehörigkeit besitzt.") „Das Gleiche gilt, wenn die Reichsangehörigkeit des Vaters oder der Mutter erloschen, die Reichsangehörigkeit des Kindes aber bestehen geblieben ist."

4. Art. 20 Satz 2: („Das Rechtsverhältniß zwischen einem unehelichen Kinde und dessen Mutter wird nach den deutschen Gesetzen

beurtheilt, wenn die Mutter eine Deutsche ist.") „Das Gleiche gilt, wenn die Reichsangehörigkeit der Mutter erloschen, die Reichsangehörigkeit des Kindes aber bestehen geblieben ist."

Um zunächst den Sinn dieser Bestimmungen soweit er zweifellos ist, festzustellen, so liegt ihnen folgendes Prinzip zu Grunde:

Für die persönlichen Rechtsverhältnisse zwischen Ehegatten (Art. 14 Abs. 2, Art. 17 Abs. 3), für die persönlichen wie die vermögensrechtlichen Beziehungen zwischen ehelichen Eltern und Kindern (Art. 19 Abs. 2), sowie zwischen einer unehelichen Mutter und deren Kindern (Art. 20 Satz 2) ist regelmäßig das jeweilige Personalstatut des Ehemannes, des Vaters, der Mutter maßgebend. Dies gilt grundsätzlich auch dann, wenn die Frau oder die Kinder eine andere Staatsangehörigkeit als der Ehemann, der Vater, die Mutter haben. Ausnahmsweise aber wird der Wechsel der Staatsangehörigkeit nicht beachtet, so daß nicht das gegenwärtige, sondern ein früheres Personalstatut maßgebend ist, dies nämlich dann, wenn der Ehemann, der Vater, die Mutter an Stelle der deutschen Staatsangehörigkeit eine andere Staatsangehörigkeit erwirbt, während die Ehefrau oder die Kinder in der deutschen Staatsangehörigkeit verbleiben. In diesem Falle bleibt das deutsche Recht maßgebend. Mit anderen Worten: Es gilt für die fraglichen Materien im Allgemeinen das Wandelbarkeitsprinzip; dieses Prinzip wird aber in den genannten Fällen zu Gunsten der Unwandelbarkeit des deutschen Rechtes durchbrochen.

Die Bestimmungen beziehen sich nicht, obwol es nach deren Wortlaut so scheinen könnte, auf den Fall, daß die deutsche Staatsangehörigkeit verloren geht, ohne daß eine andere Staatsangehörigkeit erworben wird. Für diesen Fall ergibt sich vielmehr die Maßgeblichkeit des deutschen Rechtes aus dem allgemeinen Grundsatz des Art. 29.

Daß ferner die Bestimmungen sich als Ausnahmebestimmungen von dem vorher formulierten Prinzip charakterisieren, ergibt sich direkt allerdings nur in Bezug auf Art. 17, da nur dieser das Prinzip in Gestalt einer vollkommenen Kollisionsnorm ausspricht, während Art. 14, 19, 20 das Prinzip nur in einseitigen Kollisionsnormen für das deutsche Recht zur Anwendung bringen. Aber da aus diesen letzteren Bestimmungen sich durch Analogie (s. oben S. 34ff.) die Geltung des Prinzipes auch für den Fall ausländischen Personalstatuts ergibt, so liefern in der That alle jene Bestimmungen das Ergebniß der ausnahmsweisen Nichtanwendung eines Auslandsrechtes, welches nach der Hauptregel maßgeblich sein würde.

Es fragt sich nun, ob bei dem Wortlaut der Ausnahmebestimmungen stehen zu bleiben ist, oder ob auch in den Ausnahmebestimmungen einseitige Kollisionsnormen zu erblicken sind, welche durch Analogie erweitert werden müssen.

Das letztere ist zu verneinen.

Es wiederholt sich hier dieselbe Feststellung, welche hinsichtlich der Bestimmungen Art. 7 Abs. 3, Art. 8, Art. 9 Abs. 2, Art. 23 Abs. 1 (oben S. 103ff.) getroffen ist. Die in Rede stehenden Bestimmungen standen bereits in dem Entwurf der II. Kommission (§§ 2248, 2255 Abs. 2, 2256 Abs. 2)[1]) in einseitig auf das deutsche Personalstatut beschränkter Fassung; und in derselben Weise waren die Bestimmungen in der Hauptsache auch in §§ 24, 25 der Gebhard'schen Entwürfe und in §§ 16, 17 des Entwurfes der I. Kommission redigiert. Da in jenen Entwürfen die Hauptnormen, zu denen die fraglichen Sätze sich als Ausnahmebestimmungen verhalten, in Gestalt vollkommener Kollisionsnormen formuliert worden, so besteht kein Zweifel, daß die Ausnahmen dort als strikt zu behandelnde Exklusivsätze zu verstehen waren und demgemäß eine analoge Anwendung zu Gunsten der Unwandelbarkeit eines ausländischen Personalstatuts ausgeschlossen war. Die Verengung der Hauptnormen zu einseitigen Kollisionsnormen, welche der Bundesrath vornahm, konnte den Ausnahmebestimmungen keinen erweiterten Sinn geben. Die Bemerkung Gebhard's zu seinem § 24 (S. 124 der Motive): „Der fürsorgliche Charakter einer solchen Norm wird es erklärlich erscheinen lassen, wenn der Entwurf sie nur in Ansehung deutscher Ehefrauen und Kinder trifft", so wenig sie eine wahrhafte Begründung der Beschränkung auf deutsche Staatsangehörige gibt, ist doch als Beweis für die Willensmeinung des Urhebers unserer Bestimmnngen ein ad hominem beachtliches Moment. Objektiv aber ist von Bedeutung, daß die gleiche Tendenz in den Vorschriften des § 606 CPO. zur Geltung gebracht ist.

Ist hiernach m. E. nicht zu bezweifeln, daß die genannten positiven Bestimmungen die Bedeutung von Exklusivsätzen mit der Tendenz des Art. 30 EG. haben, so ist damit doch an sich nicht ausgeschlossen,

---

[1]) Prot. VI 10.

daß der Gedanke, welcher ihnen zu Grunde liegt, vermöge seiner inneren Berechtigung in Bezug auf analoge Thatbestände auch zu Gunsten ausländischer Ehefrauen und Kinder zur Geltung gebracht werden könnte. Hier würde aber eben nur die innere Berechtigung des Gedankens im konkreten Fall entscheidend sein. Mir persönlich ist seine prinzipielle Berechtigung zweifelhaft, obwol er auch in den Haager Konferenzen von 1893, 1894[1]) acceptiert worden ist. Der Gedanke läuft doch wol darauf hinaus, daß der Ehemann oder die Eltern nicht einseitig die betreffenden Rechtsverhältnisse durch höchst persönlichen Indigenatswechsel sollen verändern dürfen. Aber einerseits würde die Veränderung doch unbedenklich sein, wenn sie eine Verbesserung der Rechtsstellung der Ehefrau oder der Kinder ist; und andererseits haben Ehemann oder Eltern es doch im Allgemeinen rechtlich oder thatsächlich in der Hand, die Ehefrau oder die Kinder in die neue Staatsangehörigkeit mit hinüber zu nehmen. Wenn sie hierdurch die Rechtsveränderung bewirken können, warum nicht auch durch den lediglich persönlichen Indigenatswechsel?

Die praktische Bedeutung der in Rede stehenden Vorschriften beruht auf folgenden durch das Reichsgesetz über die Erwerbung und den Verlust der Reichs- und Staatsangehörigkeit vom 1. Juni 1870 (modifiziert durch Art. 41 EG. z. BGB.) gegebenen Möglichkeiten:

1. Nach § 19 des Gesetzes können, wenn ein Deutscher auf seinen Antrag aus der Reichsangehörigkeit entlassen wird, Ehefrau und Kinder von der Entlassung ausgenommen werden. Die Ausnahme hat namentlich in Bezug auf militärpflichtige Söhne praktische Bedeutung. Sie wird aber auch auf Begehren der Ehefrau oder der Kinder gelegentlich angezeigt sein.

2. Die Entlassung auf Antrag erstreckt sich niemals auf großjährige Kinder und minderjährige Kinder, deren gesetzliche Vertretung kraft elterlicher Gewalt dem Vater nicht zusteht.

3. Wenn eine Frau (Ehefrau, Wittwe oder uneheliche Mutter) aus der deutschen Staatsangehörigkeit entlassen wird, so erstreckt sich die Entlassung nicht mit auf die Kinder (arg. § 19).

4. Der strafweise Ausschluß eines Deutschen von der Reichsangehörigkeit gemäß § 20 erstreckt sich nach der in der Praxis maßgeblichen Auffassung[2]) zwar auf Frau und Kinder. Letztere können aber ausdrücklich ausgenommen werden.

---

[1]) Vgl. Zeitschr. f. Handelsrecht Bd. 45 S. 166 (Art. 3).

[2]) Vgl. Kahn, Das Reichsges. v. 1. Juni 1870 2. Aufl. S. 143—44.

5. Der Verlust der Reichsangehörigkeit durch 10jährigen Aufenthalt im Auslande gemäß § 21 erstreckt sich nicht auf die Ehefrau und die Kinder, welche sich nicht bei dem Ausgetretenen befinden, nicht auf die großjährigen Kinder, nicht auf die Kinder, deren gesetzliche Vertretung dem Ausgetretenen kraft elterlicher Gewalt nicht zusteht, endlich nicht auf verheirathete oder verheirathet gewesene Töchter.

Keiner weiteren Erörterung bedarf die Retorsionsbestimmung des Art. 31: „Unter Zustimmung des Bundesraths kann durch Anordnung des Reichskanzlers bestimmt werden, daß gegen einen ausländischen Staat sowie dessen Angehörige und ihre Rechtsnachfolger ein Vergeltungsrecht zur Anwendung gebracht werden". Die Vorschrift ist augenscheinlich mit Vorbedacht so allgemein gefaßt worden, daß jedwede privatrechtliche Zurücksetzung, welche deutsche Interessen von Seiten eines ausländischen Staates erfahren, retorquiert werden kann. Bezüglich der Wahl der Retorsionsmaßregeln wird durch den Artikel der Reichskanzler auch nicht auf eigentliche Retaliation beschränkt. Talion ist bei der vielfach vorhandenen Inkommensurabilität der verschiedenen Rechtsordnungen gar nicht immer ausführbar. Wenn z. B. ein Staat Ausländern den Erwerb von dinglichen Rechten verschließt, die unsere Rechtsordnung in dieser Weise gar nicht kennt, die aber wirthschaftlich dem Eigenthum gleichkommen, so würde eine eigentliche Talion sinnlos und anstatt dessen der Ausschluß der Ausländer vom Eigenthumserwerb am Platze sein.

§ 9.

Form der Rechtsgeschäfte.

Der Artikel 11 EG., welcher die Form der Rechtsgeschäfte betrifft, gilt nicht nur für das Gebiet des Personen-, Familien- und Erbrechtes, auf welches sich die Kollisionsnormen des EG. in der Hauptsache sonst beschränken, sondern auch für das Obligationen- und Sachenrecht; ja hier gerade liegt seine Hauptbedeutung.

Der Artikel enthält, um es mit der in der Literatur herkömmlichen Formel auszudrücken, die Regel locus regit actum und zwar im fakultativen Sinn.

Früher war es üblich, bei der Formulierung dieses Grundsatzes die Maßgeblichkeit der lex loci actus als das Prinzipale an die Spitze zu stellen und den in favorem negotii fakultativ daneben zugelassenen Maßstab des „materiell" in Betracht kommenden Rechtes als das Uneigentliche in die zweite Linie zu rücken. In dieser Weise bestimmt z. B. das sächsische Gesetzbuch § 9: „Die bei Rechtsgeschäften zu beobachtende Form richtet sich nach den Gesetzen des Ortes, wo dieselben vorgenommen werden. Es genügt jedoch die Beobachtung der Gesetze des Ortes, an welchem das Geschäft in Wirksamkeit treten soll[1])".

Unser Gesetz nimmt den umgekehrten Gedankenweg, und mit Recht[2]). Das nächstliegende und natürliche ist, daß ein Rechtsgeschäft als ungetheiltes Ganzes behandelt und seine Rechtswirksamkeit in jeder Hinsicht nach einem und demselben Recht beurtheilt wird. Die Trennung von Form und Inhalt der Rechtsgeschäfte ist mehr oder minder willkürlich und die Grenze oft zweifelhaft. Die Formulierung des Art. 11 ist nicht nur theoretisch befriedigender, sondern auch im praktischen Ergebniß besser als die umgekehrte Fassung. Durch sie wird der Ausnahmecharakter des die lex loci actus zulassenden Satzes nicht blos logisch zum zutreffenden Ausdruck gebracht, sondern es wird dadurch auch auf das praktische Ergebniß hingewirkt, einerseits, daß nur diejenigen Vorschriften der Ausnahmebehandlung unterfallen, welche sich als Formvorschriften im strengen Wortsinn charakterisieren und andererseits, daß nur diejenigen Thatbestände ihr unterworfen werden, welche einfach genug liegen, um eine lex loci actus als solche thatsächlich zu ergeben. Im Zweifel ist nach der Fassung unseres Artikels die ausschließliche Zugrundelegung des auch sonst für das Rechtsverhältniß maßgeblichen Rechtes geboten. Wie auf Schritt und Tritt im Gebiete des internationalen Privatrechtes bemerkbar wird, sind diejenigen Kollisionsnormen die brauchbarsten, welche rein thatsächliche, möglichst elementare Anknüpfungsmomente zu Grunde legen. Die Handhabung der Kollisions-

---

[1]) Den mittleren Weg geht Art. XXXVI des Liv-, Esth- und Kurländischen Privatrechts: „In Betreff der Form der Rechtsgeschäfte können ebensowol die Vorschriften für denjenigen Jurisdiktionsbezirk beobachtet werden, in welchem das Rechtsgeschäft in Wirksamkeit treten soll, als auch die Gesetze des Ortes, an welchem das Rechtsgeschäft vorgenommen wird.

[2]) Die Bedenken Endemanns (Einf. I 74) sind nicht gerechtfertigt. Ich finde den Sinn des Art. 11 ganz deutlich.

normen ist um so schwieriger, zweifelhafter, verwickelter, je feiner und — wenn ich so sagen darf — juristisch interessanter die in ihnen verwendeten Anknüpfungsmomente sind. Weder der Begriff der „Formvorschrift" noch der Begriff „Ort der Geschäftserrichtung" ist nun aber elementar genug, um im konkreten Fall Zweifel darüber auszuschließen, ob jene Begriffe gegeben sind. Die deutsche wie die außerdeutsche Literatur und Judikatur hinsichtlich der Regel locus regit actum liefert nach beiden Seiten hin ein reiches Material von Zweifelsfällen.

Eines der bekanntesten Beispiele bieten hinsichtlich des Begriffes Formvorschrift die gemeinrechtlichen Vorschriften über Interzessionen der Frauen. Im Liv-, Esth- und Kurländischen Privatrecht (§ 4506) sind diese zu folgender Gestalt herabgedrückt: „Bürgschaften der Frauen sind nur gültig, wenn letztere bei Leistung derselben ausdrücklich erklären, daß sie von der rechtlichen Wirkung der übernommenen Verbindlichkeit vollkommen unterrichtet seien und auf die ihnen in dieser Beziehung zustehenden Rechte — in Kurland eidlich — verzichten." Angenommen, ein deutsches Gericht sei mit einer in der Hauptsache zweifellos nach kurländischem Recht zu beurteilenden Verbürgung einer Frau befaßt, die Bürgschaftserklärung sei in Deutschland schriftlich gemäß § 766 BGB. abgegeben. Die Vorschriften des § 4506 l. c. seien nichterfüllt. Die Anerkennung der Wirksamkeit der Bürgschaft hängt hier davon ab, ob § 4506 eine Formvorschrift gibt (was in Konsequenz von Bar's Ausführungen, Theorie I 350 zu bejahen wäre). Meines Erachtens handelt es sich im Sinn unseres Art. 11 nicht um eine Formvorschrift. Denn § 4506 verlangt eine Erklärung besonderen Inhaltes (und für Kurland auch mit besonderer Form) neben der Bürgschaftserklärung, nicht eine Form der letzteren selbst.

Daß die Frage, ob eine Formvorschrift vorliegt oder nicht, an der Hand desjenigen Rechtes entschieden werden muß, welchem die in Frage stehende Vorschrift angehört, ist selbstverständlich. Aber ebenso sicher ist es, daß der Sinn, in welchem die Frage gestellt wird, durch Art. 11 EG. bestimmt wird. Der Sinn des Art. 11 ist zufolge der Entwickelungsgeschichte des Grundsatzes locus regit actum und der hieran sich anknüpfenden Fassung des Art. 11 der, daß hinsichtlich der „Solennitäten" der Geschäfte, weil sie als bloße Aeußerlichkeiten erscheinen und „ländlich — sittlich" mehr oder weniger willkürlich in verschiedenen Rechtsgebieten verschieden gewerthet und verschieden geregelt sind, im internationalen Verhältniß Toleranz geübt werden muß, nicht aus Gründen juristischer Dialektik, sondern auf Grund der grobpraktischen Erwägung, daß in internationalistisch gelagerten Fällen beim Abschluß von Rechtsgeschäften die Beobachtung anderer als der landesgesetzlichen Formen häufig absolut unmöglich, häufig wenigstens nicht zu verlangen ist, weil die Betheiligten nicht wissen und nicht wissen können, welches andere Recht etwa nach dem so zweifelhaften Inhalt des internationalen Privatrechts maßgebend sein soll oder will.

Daraus ergibt sich, daß der Sinn, in welchem Art. 11 den Begriff der „Formvorschrift" gebraucht, die Einschränkung auf zweifellose „Solennitäten" erheischt, als da sind Schriftform, Eigenhändigkeit, Erforderniß höchstpersönlicher Erklärung, Errichtung vor Gericht, Notar oder sonstigen Behörden, Eidesform, Zuziehung von Zeugen, Gebrauch bestimmter Worte, Formulare, Siegelung, Stempelung. Das Erforderniß von Willenserklärungen besonderen Inhaltes, oder von Willenserklärungen dritter Personen, oder von Behörden (Konsens, gerichtliche Bestätigung) gehört nicht dahin. Ebensowenig das Moment der Empfangsbedürftigkeit, die „Form" der Anfechtung, der honor institutionis des formellen Notherbrechts[1]). Der Begriff „Form" ist strikt zu interpretieren.

Dasselbe gilt auch hinsichtlich der Feststellung des Kriteriums „Ort der Vornahme des Rechtsgeschäftes". Wenn nicht strikt feststellbar ist, wo ein Geschäft errichtet ist, so ist Satz 2 schlechthin unanwendbar und es bewendet bei der Hauptregel. So insbesondere in den theoretisch viel erwähnten, praktisch übrigens kaum in Betracht kommenden Fällen des Geschäftsschlusses auf der Grenze oder während der Eisenbahnfahrt durch rasch wechselnde Rechtsgebiete.

Im Prinzip gilt das Gleiche auch von dem praktisch wichtigen Fall des Geschäftsschlusses inter absentes. Wenn sich dabei alle Betheiligten zur Zeit des Geschäftsschlusses in demselben Rechtsgebiet befinden, so ist natürlich das hier geltende Recht lex loci actus im Sinn des Art. 11. Der Umstand, daß sie sich in räumlicher Entfernung von einander befinden, ist selbstverständlich gleichgiltig. Dasselbe gilt, wenn sich die Kontrahenten zur entscheidenden Zeit in verschiedenen Rechtsgebieten befinden, in denen hinsichtlich der Form

---

[1]) Ganz falsch wäre es, etwa eine die Geschäftsfähigkeit der Frauen beschränkende Vorschrift anzunehmen und Art. 7 Abs. III EG. anzuwenden.

des Rechtsgeschäftes übereinstimmende Grundsätze gelten. Die Anwendung des Ausnahmesatzes bietet hier keine Schwierigkeit. Dagegen wenn an den verschiedenen Orten, an denen sich die Betheiligten während der Vornahme des Rechtsgeschäftes aufhalten, verschiedene Formvorschriften gelten, so ist für die Ausnahmevorschrift des Art. 11 Satz 2 nur dann Platz, wenn trotz der Verschiedenheit der Ortsrechte ohne Bedenken gesagt werden kann, daß jeder der Betheiligten die Formvorschriften seines Ortsrechtes beobachtet hat. Dies würde z. B. dann der Fall sein, wenn eine Bürgschaftserklärung in Frankreich, wo sie keiner Form bedarf, formlos abgegeben und in Deutschland vom Gläubiger formlos acceptiert würde. Gleichviel, welches Recht sonst für das Bürgschaftsverhältniß maßgebend ist, formgültig ist der Bürgschaftsvertrag, und insbesondere bleibt die Formvorschrift des § 766 BGB. außer Betracht, weil diese Formvorschrift nicht den Bürgschafts*vertrag*, sondern die Erklärung des Bürgen betrifft. Dasselbe gilt mutatis mutandis von der Formvorschrift des § 518 BGB. für Schenkungen. Wenn dagegen für den *Vertrag als solchen* Formvorschriften in Frage kommen, so kann man nicht sagen, daß jeder der Kontrahenten die Formvorschriften seines Ortsrechtes erfüllt habe, wenn jeder Kontrahent seine Erklärung gemäß den in seinem Gebiet geltenden Formvorschriften abgegeben hat. Wenn z. B. ein Immobiliarkaufvertrag in der Weise abgeschlossen ist, daß der Verkäufer seine Erklärung in Oesterreich in der Form des § 434 des österreichischen Gesetzbuches (Schriftform mit zwei männlichen Zeugen), der Käufer in Deutschland seine Erklärung gerichtlich (§ 313 BGB.) abgegeben hat, so genügt die Form, in welcher das Rechtsgeschäft errichtet ist, weder dem österreichischen noch dem deutschen Recht, da die beiderseitigen Formvorschriften sich auf den Vertrag als solchen beziehen.

Ganz fehlgängig und dem Sinn des Art. 12 nicht entsprechend würde es sein, wenn man etwa künstlich einen einheitlichen „Vertragsort" konstruieren wollte, wie es z. B. die italienische Jurisprudenz (s. Journal 1891 S. 1026) gethan hat. Vollends falsch endlich wäre es, die Frage aufzuwerfen, welchen Ort etwa in solchem Falle das nach unseren Kollisionsgrundsätzen für das Rechtsverhältniß sonst

---

[1]) Vgl. *Zitelmann* II 156, 157, 158.

[2]) Vgl. *Riedner* 33 Nr. 9, *Barazetti* 54, *Crome* 146, A. M. *Rehbein*, Das BGB. mit Erläuterungen I 160, *Zitelmann* II 164.

maßgebende Recht als Errichtungsort ansieht[1]). Das wäre Rück- und Weiterverweisungsverfahren in bedenklichster Anwendung. Wollte man den begriffsentwickelnden Rechtssatz, welcher bestimmt, welcher Ort als Errichtungsort anzusehen sei, acceptieren, so müßte man[2]) auch die Bestimmung acceptieren, welche, wie Art. 1181 des argentinischen Código civil allgemein besagt, daß Verträge inter absentes hinsichtlich der Form nach demjenigen Recht zu beurtheilen sind, welches der Gültigkeit günstiger ist. Im ersten Fall nicht weniger als im zweiten würden wir unserem Art. 11 durch Einstellung eines fremden Rechtssatzes einen ihm selbst fremden Inhalt geben.

Nach Maßgabe der Ausnahmevorschrift des Art. 11 Satz 2 ist lediglich die Frage zu entscheiden, ob das Rechtsgeschäft gültig ist oder nicht, aber nicht etwa auch die Frage nach dem Grade der Ungiltigkeit, oder, anders ausgedrückt, nach deren Folgen. Der strikte Charakter des Art. 11 nöthigt auch hier zu einer strikten Interpretation. Deutsche Gerichte werden also nicht etwa, wenn ein Rechtsgeschäft sowohl nach der lex loci actus, als nach dem materiell maßgebenden Recht wegen Formmangels ungültig, nach ersterer aber diese Ungültigkeit nur als Anfechtbarkeit, nach letzterer als Nichtigkeit zu charakterisieren ist, das Geschäft als blos anfechtbar behandeln, oder bei einer analogen Differenz zwischen heilbarer und unheilbarer Nichtigkeit erstere annehmen dürfen[3]). Das hieße, den Gesichtspunkt des favor negotii über die formellen Voraussetzungen hinaus auf den Inhalt der Wirkung erstrecken. Beispielsweise: Ein Schenkungsvertrag sei zwischen zwei Franzosen in Oesterreich mündlich geschlossen und dabei vereinbart, daß der Vertrag in Frankreich gemäß französischem Recht zu erfüllen sei, so daß also die Maßgeblichkeit des französischen Rechtes „für das den Gegenstand des Rechtsgeschäftes bildende Rechtsverhältniß" nicht zweifelhaft ist. Die Form des Schenkungs-

---

[1]) Vgl. Zitelmann II 163, der hier der Rück- und Weiterverweisung stattgibt, während Bar (Theorie I 361) sich dagegen wendet. S. auch Niedner 33 Nr. 11.

[2]) Das scheint nach den Citaten Zitelmanns II 163 auch dessen Meinung zu sein.

[3]) A. M. Niedner 32 Nr. 4. Vgl. auch Zitelmann II 160—62, dessen Ausführungen sich nicht auf Art. 11, sondern auf Vorschriften beziehen, welche lex loci actus und sonst maßgebendes Recht ebenbürtig zur Auswahl neben einander stellen.

versprechens genügt weder dem österreichischen noch dem französischen Recht, da nach ersterem Schriftform (§ 943 des österr. Gesetzbuches), noch letzterem (Art. 931 C. c.) notarielle Errichtung erforderlich ist. Angenommen, die Ungültigkeit sei (wie es thatsächlich nach herrschender Auffassung der Fall zu sein scheint) nach österreichischem Recht heilbare Nichtigkeit in dem Sinn, daß das Recht der soluti retentio begründet ist, nach französischem Recht dagegen unheilbare Nichtigkeit in dem Maße, daß die zur Erfüllung des formlosen Versprechens gemachte Leistung kondiziert werden kann. Wird man den Art. 11 EG. Satz 2 Abs. II so verstehen dürfen, daß danach das Recht der soluti retentio gemäß österreichischem Recht als der lex loci actus anzunehmen ist? Mir scheint das unmöglich. Weder der Wortlaut, noch die ratio legis des Art. 11 spricht dafür. Es muß hinter der Frage „Formgültig oder nicht?" eine schroffe Schranke errichtet werden, die jede Erstreckung der Ausnahmevorschrift über diese Frage hinaus deutlich und energisch ausschließt.

Dennoch sind natürlich diskutierbare Zweifelsfragen möglich. Die kasuistische Verfolgung derselben liegt nicht in unserer Aufgabe. Aber um ein nach der anderen Seite hin liegendes Beispiel ins Auge zu fassen: Ein Bestandtheil der Frage der Formgültigkeit selbst ist auch der Gesichtspunkt der zeitlich beschränkten Wirkung einer bestimmten Form, wie er z. B. beim Militär-, See- und Seuchentestament vorkommt. Nach Art. 789—90 des italienischen Gesetzbuches verliert ein testamentum tempore pestis conditum, welches durch einen Priester vor zwei Zeugen aufgenommen ist, sechs Monate nach dem Erlöschen der Seuche oder nach Uebersiedlung des Testators an einen seuchefreien Ort seine Kraft, während nach Art. 457—58 des Gesetzbuches für den Kanton Ticino ein ebensolches Testament kraftlos wird „zwei Monate nachdem der Testator in der Lage war, in der gewöhnlichen Weise zu testieren." Angenommen, ein derartiges Testament sei von einem Ticinesen in Italien errichtet und der Testator sei drei Monate nach der Uebersiedelung an einen seuchenfreien Ort gestorben. Nach dem für den Erbfall gemäß Art. 24, 25 EG. maßgeblichen ticinesischen Recht ist das Testament ungültig, nach dem italienischen Recht ist es gültig. Quaeritur: Ist Art. 11 Satz 2 auch für diesen Fall anzuwenden? Dies ist zu bejahen, weil die konkrete Frage sich glatt und scharf darauf richtet, ob nach dem Ortsrecht der Testamentserrichtung das Testament im Augenblick des Todes formgültig ist, was ja zweifellos zu bejahen ist. Befristungen

— aufschiebende und auflösende — der Formvorschriften selbst sind diesen immanent.

Für den Gesichtspunkt des in fraudem legis agere läßt Art. 11 keinen Raum. Die Absicht, durch Errichtung eines Rechtsgeschäftes im Auslande den schwereren Formvorschriften des Heimatlandes oder der lex domicilii zu entweichen, ist gleichgültig. Art. 11 selbst stellt gerade die Formen der verschiedenen Rechtsgebiete zur Verfügung der Betheiligten.

Es wäre zu weit gegangen, wenn man aus dem gleichen Gesichtspunkt die Anwendbarkeit des Art. 30 EG. in Bezug auf Formvorschriften gänzlich leugnen wollte[1]). Die Anerkennung ausländischer Formvorschriften kann sehr wohl „gegen die guten Sitten oder gegen den Zweck eines deutschen Gesetzes verstoßen". Das gilt z. B. von gewissen Eheschließungsformen unzivilisierter Völker.

Auch aus Absatz 3 des Art. 11 ist das Gegentheil nicht zu folgern.

Immerhin ergibt sich aus Art. 11 eine weitgehende Toleranz unserer Gesetzgebung in Bezug auf ausländische Formvorschriften, und die Anwendung des Art. 30 wird bezüglich der Form thatsächlich sehr selten gerechtfertigt sein.

Unser Gesetz stellt folgende positive Ausnahmen von den Vorschriften des Art. 11 Abs. 1 auf:

1. Art. 11 Abs. 2: „Die Vorschrift des Abs. 1 Satz 2 findet keine Anwendung auf ein Rechtsgeschäft, durch das ein Recht an einer Sache begründet oder über ein solches Recht verfügt wird."

Für solche Rechtsgeschäfte bewendet es also bei der Hauptregel des Art. 11 Satz 1 und die Frage der Formgültigkeit steht daher bezüglich der dinglichen Rechtsgeschäfte für uns regelmäßig unter zwingender Maßgeblichkeit der lex rei sitae.

2. Art. 13 Abs. 3: „Die Form einer Ehe, die im Inlande geschlossen wird, bestimmt sich ausschließlich nach den deutschen Gesetzen."

Ausländer können daher in Deutschland vor ihren diplomatischen und konsularischen Vertretern keine in Deutschland anerkannte Ehe schließen und ebenso sind kirchliche Eheschließungen von Ausländern

---

[1]) So Fischer und Henle zu Art. 11, Riedner 32 Nr. 7bß.

in Deutschland nach unserem Rechte ungültig, auch wenn sie nach dem Heimatrecht der Nupturienten gültig sein sollten.

Dagegen hat es für Eheschließungen im Auslande sein Bewenden bei Absatz 1 des Artikels 11 EG. sowohl hinsichtlich der Hauptregel als hinsichtlich der fakultativen Geltung der lex loci actus. Daraus ergibt sich, daß in erster Linie hier das Erforderniß der Formgültigkeit nach dem Heimatrecht **beider** Nupturienten gemäß Art. 13 Abs. 1 gilt, wonach insbesondere alle in Gemäßheit des Heimatrechtes beider Nupturienten vor konsularischen und diplomatischen Vertretern geschlossenen Ehen gültig sind, auch wenn die lex loci actus diese Ehen nicht anerkennt. Der Thatbestand des Reichsgesetzes vom 4. Mai 1870 (vgl. Art. 40 EG.) bildet eine besondere Anwendung des Grundsatzes.

§ 10.

Rechts- und Handlungsfähigkeit.

Das EG. hat (abgesehen von dem später zu erörternden Art. 10) keine besondere Bestimmung über die **Rechtsfähigkeit**. — Der Ausdruck bezeichnet in Anwendung auf physische Personen, von denen hier einstweilen allein die Rede sein soll, zweierlei, einestheils die Fähigkeit eines Menschen, überhaupt Träger von Rechten und Rechtspflichten zu sein, die **Rechtspersönlichkeit**, anderntheils die Fähigkeit, Träger bestimmter Arten von Rechten und Rechtspflichten zu sein: die **besonderen Rechtsfähigkeiten**.

Was die **Rechtspersönlichkeit** betrifft, so ist in dem Recht der meisten Kulturvölker heute der Satz allgemein anerkannt und seine Geltung versteht sich bei uns von selbst, daß alles, was Menschenantlitz trägt, grundsätzlich auch Rechtspersönlichkeit genießt. Damit ist aber sehr wenig gesagt und für die internationalprivatrechtliche Behandlung kommen Abweichungen fremder Rechte von jenem Grundsatz in Betracht. Art. 30 erledigt das Problem nicht. Es fragt sich danach vielmehr, wie im Einzelnen die Institute der Sklaverei, der Leibeigenschaft, des bürgerlichen Todes, falls unsere Rechtspflegeorgane berufen sind, Beziehungen aus diesen Verhältnissen zu beurtheilen, behandelt werden müssen.

In den Gebhard'schen Entwürfen war (§ 33) hinsichtlich der **Sklaverei** eine besondere Bestimmung vorgeschlagen, welche im 2. Entwurfe lautete: „Personen, welche im Auslande der Sklaverei unterworfen sind, aber im Inlande oder in einem anderen, die Sklaverei nicht anerkennenden Staate verweilen, werden in Verhältnissen, in Ansehung deren auf Grund ihrer Staatsangehörigkeit oder des Wohnsitzes die Gesetze des Sklavenstaates maßgebend sein würden, nach den Gesetzen des Staates beurteilt, in welchem sie den Wohnsitz haben oder, falls sie einen solchen außerhalb des Sklavenstaates nicht besitzen, sich aufhalten."

Schon die erste Kommission hat die Bestimmung fallen lassen. Die privatrechtlichen Bestimmungen des Landesrechts[1]) über die Sklaverei sind aufgehoben. Die maßgebliche Bestimmung gibt fortan lediglich Art. 30 EG. Seine zutreffende Anwendung (s. oben 97ff.) wird ergeben: Jede Entscheidung ist ausgeschlossen, welche den Sklaven als Sache behandelt (sachenrechtlich, obligatorisch, erbrechtlich); desgleichen jede Anordnung, welche eine unseren ethischen Anschauungen widersprechende Beeinträchtigung der persönlichen Freiheit des Sklaven enthält. Andererseits steht nichts entgegen, ein Maß von persönlicher Verpflichtung des Sklaven gegen seinen Herrn zur Anerkennung (nöthigenfalls zur Exekution) zu bringen, welches sich aus den gegebenen Verhältnissen als unverwerflicher Inhalt solches mittels freiwilliger Eingehung begründeten eigenartigen Dienstverhältnisses ergibt. Das ist für unsere Kolonialbeziehungen von Bedeutung. Auch Beschränkungen der Erwerbs- und Handlungsfähigkeit sind mindestens relativ anzuerkennen, sofern mittels freiwilliger Sklaverei Eingeborene sich zu generellen Erwerbsorganen ihrer Herren machen können. Die einzelnen kraft solchen Verhältnisses dem Herrn durch den Sklaven erwachsenen Rechte anzuerkennen, wird weder durch die guten Sitten noch durch den Zweck eines deutschen Gesetzes ausgeschlossen.

Das Maß der wirthschaftlichen Unselbständigkeit, welches mittels solcher Selbstbeschränkung als relative Geschäftsunfähigkeit zulässig erscheint, ist auch nach fortgeschrittener humaner Anschauung bei Eingeborenen (arg. Art. 7 Abs. 2) ein anderes als bei Angehörigen civilisierter Staaten.

Hinsichtlich der Leibeigenschaft und des bürgerlichen Todes sowie namentlich hinsichtlich der Rechtsbeschränkung der geistlichen

---

[1]) Z. B. das preuß. Gesetz v. 9. März 1857 („Sklaven werden von dem Augenblick an, wo sie preußisches Gebiet betreten, frei. Das Eigenthumsrecht des Herrn ist von diesem Zeitpunkt ab erloschen").

Ordenspersonen nehme ich, um mich nicht zu wiederholen, Bezug auf frühere Ausführungen (Vorschläge und Materialien S. 146ff.).

Die sogenannte besondere Rechtsfähigkeit ist nach nunmehr feststehender und durch das EG. stillschweigend gebilligter Auffassung um mit § 5 des Gebhardschen (2.) Entwurfes zu sprechen —, „nach den Gesetzen zu beurtheilen, welche über das Rechtsverhältniß entscheiden bei dem sie in Frage kommt" („lex causae" „Wirkungsstatut")[1]. Die Gebhard'sche Bestimmung ist offenbar nur darum fallen gelassen worden, weil sie selbstverständlich erschien.

Die Vorschriften über Beginn und Ende der natürlichen Persönlichkeit (siehe §§ 1, 20 BGB.), die sich als Bestimmungen über die Rechtsfähigkeit formulieren lassen, scheinen auf den ersten Blick dem Gebiet des „Personalstatuts" anzugehören. Indessen praktisch handelt es sich bei diesen Vorschriften gar nicht um die Rechtspersönlichkeit als um ein Rechtsgut desjenigen, von dem sie ausgesagt wird, sondern nur um die Funktion der in Frage stehenden Persönlichkeit als eines Durchgangspunktes für Erwerbungen von Todeswegen seitens anderer Personen. Zum Beispiel: die Vorschrift mancher ausländischer Gesetzgebungen, daß die Persönlichkeit eines Menschen in dem Zeitpunkt anhebt, wo er lebensfähig zur Welt kommt, hat doch nur praktische Bedeutung für den Fall, daß ein Kind kurz nach der Geburt stirbt und andere Personen auf das Moment der vorhanden gewesenen Rechtspersönlichkeit ihrerseits Ansprüche stützen. Ebenso verhält es sich mit den Vorschriften über Kommorienten. Die Vorschriften über Beginn und Ende der natürlichen Persönlichkeit ergeben hiernach kein Bedürfniß einer besonderen Behandlung. Auch hier müssen dieselben Grundsätze entscheiden, die in anderer Hinsicht für das betreffende Rechtsverhältniß maßgebend sind.

Anders verhält es sich mit der Todeserklärung, die mit Recht in Artikel 9 EG. eine besondere Normierung erfahren hat (s. oben S. 102). Auch die Todeserklärung bezweckt ja allerdings nicht sowohl die Wahrung der Rechte des Verschollenen, als vielmehr die Beseitigung der in Bezug auf den Verschollenen vorhandenen Unsicherheit im Interesse anderer Personen. Aber die Todeserklärung

[1]) S. Niemeyer, Vorschläge 148, Zitelmann II 82ff., Niedner 18 Nr. 1.

berührt, wenn der für todt erklärte Verschollene thatsächlich lebt, dessen Interessen in äußerst empfindlicher Weise. Das Verfahren behufs Todeserklärung beruht deshalb wesentlich auf dem Gedanken, daß das Interesse des Verschollenen durch die staatlichen Organe nach Möglichkeit gewahrt und daß vor Zulassung der durch Tod und Todeserklärung bedingten Rechtsfolgen dem etwa lebenden Verschollenen möglichst Gelegenheit gegeben werden soll, aus dem Dunkel hervorzutreten. Insofern bezweckt das Todeserklärungsverfahren den Schutz des Verschollenen und durch diese und ähnliche Erwägungen ist es durchaus gerechtfertigt, wenn die Todeserklärung der Kompetenz der Heimatsbehörden des Verschollenen zugewiesen und sein Heimatrecht für maßgebend erklärt wird. Voraussetzungen und Wirkungen der Todeserklärung lassen sich dabei nicht trennen, denn die ersteren sind legislatorisch von dem letzteren abhängig und durch deren Tragweite innerlich bedingt. Der Wortlaut des Artikels 9 nun läßt die Deutung zu (arg. „kann"), daß die Todeserklärung von Deutschen nur fakultativ der Zuständigkeit der deutschen Behörden überwiesen sein solle, so daß die Frage offen gelassen wäre, ob nicht auch eine im Ausland erfolgte Todeserklärung deutscher Staatsangehöriger als im Inlande wirksam anzuerkennen sei. Aber dieser Gedanke muß von der Hand gewiesen werden. Es kann nicht die Absicht des Gesetzes sein, die Todeserklärung eines Deutschen kumulativ im Inlande und im Auslande zuzulassen. Die Todeserklärung muß nach Artikel 9 Absatz 1 hinsichtlich eines jeden Deutschen erlassen werden, wenn die nach den deutschen Gesetzen erforderlichen allgemeinen Voraussetzungen vorhanden sind. Das Wort „kann" hat hier so wenig wie in §§ 13, 14, 15, 16, 17 BGB. („Wer verschollen ist, kann nach Maßgabe der §§ 14—17 für todt erklärt werden") den Sinn, daß es im freien Ermessen der Gerichte stehen solle, ob sie die Todeserklärung aussprechen wollen, so daß sie etwa davon Abstand nehmen könnten, wenn bereits im Ausland eine Todeserklärung stattgefunden haben sollte. Das letztere würde auch sachlich durchaus unangemessen sein, da die Todeserklärung in verschiedenen Rechtsgebieten Verschiedenes bedeutet, eine déclaration d'absence nach französischem Recht zum Beispiel etwas durchaus anderes ist als die deutsche Todeserklärung. Mehreren im konkreten Fall im Inland und im Ausland kumulativ ergangenen Todeserklärungen Anerkennung zu gewähren, würde sinnlos sein, und so ergibt sich, daß der Sinn des Artikel 9 Absatz 1 der sein muß, daß Deutsche nur von deutschen Gerichten und gemäß dem deutschen Recht für todt erklärt werden können. Andererseits aber ergibt sich als sinngemäßes Korrelat dieses Grundsatzes, daß Ausländer gemäß ihrem Heimatrecht und nur gemäß diesem für todt erklärt werden können, d. h. daß eine derart erfolgte ausländische Todeserklärung oder auch eine nach dem Heimatrecht unmittelbar ex lege sich ergebende Todespräsumtion von unseren Rechtspflegeorganen anerkannt werden muß.

Durch Absatz 2 und 3 des Artikels 9 wird dieser Grundsatz allerdings erheblich eingeschränkt. Hier ist bestimmt:

1. Verschollene Ausländer können im Inlande nach den deutschen Gesetzen für todt erklärt werden mit Wirkung für diejenigen Rechtsverhältnisse, die sich nach den deutschen Gesetzen bestimmen, sowie mit Wirkung für das im Inlande befindliche Vermögen.

2. Ein verschollener Ausländer, der seinen letzten Wohnsitz im Inland hatte, kam auf Antrag seiner in Deutschland zurückgebliebenen oder dahin zurückgekehrten Ehefrau im Inland nach den deutschen Gesetzen für todt erklärt werden, wenn die Ehefrau Deutsche ist oder es bis zu ihrer Verheirathung war.

Auch in diesen Vorschriften bedeutet das „kann" für die Gerichte ein „muß", sobald die in den §§ 13—17 BGB. aufgestellten Erfordernisse vorliegen. Die dadurch thatsächlich gegebene Möglichkeit der Kumulation in- und ausländischer Todeserklärungen drängt zu derselben Auffassung, die sich vorher bezüglich der ausländischen Todeserklärung deutscher Staatsangehöriger ergab, daß nämlich auch die ausländische Todeserklärung von Ausländern keine Anerkennung von Seiten der deutschen Rechtspflegeorgane finden kann, soweit Ausländer im Inlande für todt erklärt werden können. Wenn in concreto eine Todeserklärung gemäß Artikel 9 Absatz oder 3 erfolgt ist, so ist es offenbar, daß für die Anwendung ausländischen Verschollenheitsrechts kein Raum ist, soweit die deutsche Todeserklärung wirken will. Was aber gilt, wenn und soweit eine Todeserklärung in Deutschland wirklich erfolgt ist, muß auch gelten, wenn und soweit sie in Deutschland erfolgen kann. Es ergibt sich somit aus den besprochenen Vorschriften:

1. Die Verschollenheit eines Ausländers, der seinen letzten bekannten Wohnsitz in Deutschland hatte und dessen Ehefrau Deutsche ist oder bis zur Verheiratung war, ist lediglich nach deutschem Recht zu beurtheilen. Daß die deutsche Todeserklärung gemäß Absatz 3 des Artikel 9 nur auf Antrag der Ehefrau und nur dann er-

folgen kann, wenn diese im Inland zurückgeblieben oder dahin zurückgekehrt ist, schränkt den Anwendungsbereich der deutschen Vorschriften nicht weiter ein, so lange die Nachholung des Antrages und der Rückkehr geschehen kann. Mit dem Tode der Ehefrau erlischt, wenn sie nicht vorher die Todeserklärung im Inland betrieben hat, die Maßgeblichkeit der deutschen Gesetze. Ist einmal eine deutsche Todeserklärung erfolgt, so ist die Maßgeblichkeit der deutschen Vorschriften dadurch perpetuirt, wie im Artikel 12 Absatz 2 bezüglich der Eheschließung bestätigt ist.

2. In Hinsicht auf Vermögen eines verschollenen Ausländers, das sich in Deutschland befindet (wozu nach § 3369 BGB. alle Ansprüche gehören, für die ein deutsches Gericht zuständig ist, und alle Gegenstände, für die von einer deutschen Behörde ein zur Eintragung des Berechtigten bestimmtes Buch oder Register geführt wird), ist lediglich das deutsche Verschollenheitsrecht maßgebend und eine ausländische Todeserklärung unbeachtlich.

3. Hinsichtlich der Rechtsverhältnisse, für welche in sonstiger Beziehung die deutschen Gesetze maßgebend sind, ist auch für die Fragen der Verschollenheit allein das deutsche Recht maßgeblich und eine ausländische Todeserklärung nicht anzuerkennen. Es kann hier natürlich nur die nach den deutschen Kollisionsnormen begründete Maßgeblichkeit der deutschen Gesetze gemeint sein, nicht etwa eine lediglich nach ausländischem Recht begründete Maßgeblichkeit des deutschen Rechts (welche Situation thatsächlich auch vorkommt). Im Uebrigen liegt hier die Quelle einer Anzahl recht schwieriger Fragen, die an dieser Stelle nicht weiter verfolgt werden können.

Es erübrigen hiernach noch zahlreiche Verschollenheitsfälle, für welche die Frage nach dem maßgeblichen Recht offen bleibt. Diese Fälle sind der überwiegenden Mehrzahl nach so gelagert, daß deutsche Rechtspflegeorgane nicht in die Lage kommen, sich mit ihnen zu befassen. Immerhin sind Fälle denkbar, wo dies doch geschieht. Für sie die Maßgeblichkeit der deutschen Gesetze in Anspruch zu nehmen, liegt in dem Artikel 9 keinerlei Grund vor. Vielmehr wird in jenen Fällen das Staatsangehörigkeitsprinzip auch für Ausländer zu Grunde zu legen sein. Die ungemein weite Erstreckung, welche Absatz 2 und 3 des Artikels 9 der deutschen Kompetenz geben, gestattet nicht den Schluß, daß die Intention des Gesetzes noch weiter gehe, als der Wortlaut besagt. Vielmehr ist umgekehrt die Folgerung geboten, daß das Gesetz seine Ansprüche ohne Rückhalt zum Ausdruck gebracht hat. Indessen es läßt sich nicht verschweigen, daß eine Reihe von Fragen zweifelhaft bleibt. Die Bestimmung des § 2369 Absatz 2 BGB., wonach Ansprüche, für die ein deutsches Gericht zuständig ist, „als im Inlande befindlich gelten", soll „entsprechende" Anwendung finden. Ist die Zuständigkeit zufolge Prorogation einzuschließen? Sind auch reine Präjudizialfragen einbegriffen? Beides ist meines Erachtens zu verneinen. Doch ein Eingehen auf diese Fragen würde hier zu weit führen.

Hinsichtlich der Geschäftsfähigkeit bestimmt Art. 7:

„Die Geschäftsfähigkeit einer Person wird nach den Gesetzen des Staates beurtheilt, dem die Person angehört.

„Erwirbt ein Ausländer, der volljährig ist oder die rechtliche Stellung eines Volljährigen hat, die Reichsangehörigkeit, so behält er die rechtliche Stellung eines Volljährigen, auch wenn er nach den deutschen Gesetzen nicht volljährig ist."

„Nimmt ein Ausländer im Inland ein Rechtsgeschäft vor, für das er geschäftsunfähig oder in der Geschäftsfähigkeit beschränkt ist, so gilt er für dieses Rechtsgeschäft insoweit als geschäftsfähig, als er nach den deutschen Gesetzen geschäftsfähig sein würde. Auf familienrechtliche und erbrechtliche Rechtsgeschäfte, sowie auf Rechtsgeschäfte, durch die über ein ausländisches Grundstück verfügt wird, findet diese Vorschrift keine Anwendung."

Hier erhebt sich vor allem die Frage, wie weit der Begriff der Geschäftsfähigkeit reicht. Die §§ 104 ff. BGB. verstehen unter Geschäftsfähigkeit die Fähigkeit zu rechtlichen „Willenserklärungen", so daß zweifellos auch Genehmigung, Verzicht, Kündigung, Mahnung dazu gehören. Aber auch Rechtshandlungen, wie Besitzerwerb und Wohnsitzbegründung, bezüglich deren es zweifelhaft erscheinen kann, ob sie als „rechtliche Willenserklärungen" bezeichnet werden können, sind einzubeziehen. Die Grenze wird negativ bestimmt durch den Begriff der Deliktsfähigkeit, oder, wie man im Anschluß an das BGB. sagen muß, durch den Begriff der Verantwortlichkeit für Schaden aus unerlaubten Handlungen im Sinne der §§ 807 ff. BGB. Für sie ist nicht das Heimatrecht sondern das Recht des Ortes maßgebend, wo der in Frage stehende Thatbestand sich ereignet hat.

Das EG. beschränkt die Maßgeblichkeit des Heimatrechts für die Geschäftsfähigkeit nicht auf bestimmte Gattungen der Rechtsverhältnisse. Der Grundsatz des Artikels 7 Absatz 1 bezieht sich ebensowohl auf familienrechtliche, erbrechtliche, sachenrechtliche, wie auf obligatorische Rechtshandlungen. Auch die Ehemündigkeit und das Erforderniß elterlichen und vormundschaftlichen Konsenses zur Eheschließung ist demnach schon zufolge des Artikels 7 für die im Ausland von zwei Ausländern geschlossene Ehe gemäß dem Heimatrecht der Nupturienten zu beurtheilen. Auch Art. 24 spricht für Testamente, soviel die persönliche Fähigkeit des Disponenten angeht, nichts aus, was nicht schon der Artikel 7 sagt. Jene Vorschrift hat nur insofern selbständigen Inhalt, als sie sich auf den Gegenstand der letztwilligen Disposition bezieht.

Daß es gemäß Artikel 7 keinen Unterschied macht, ob die Beschränkung der Geschäftsfähigkeit des Ausländers unmittelbar auf Gesetz, oder auf einer kraft Gesetzes erfolgten obrigkeitlichen Verfügung (Entmündigung, Strafurtheil, Konkurseröffnung) beruht, ist im Prinzip zweifellos. Denn es ist grundsätzlich gleichbedeutend, ob eine ausländische Rechtsordnung die Beschränkung der Geschäftsfähigkeit an irgend einen anderen Thatbestand oder an den Thatbestand einer behördlichen Entscheidung, insbesondere aber an eine speziell und ausdrücklich auf jene Rechtswirkung gerichtete Entscheidung knüpft. Ausnahmen von diesem Grundsatz begründen Art. 30 und § 328 Nr. 4 CPO. (s. oben S. 100). Besonders kommt aber auch als Ausnahmebestimmung in Betracht Art. 8 EG.:

„Ein Ausländer kann im Inlande nach den deutschen Gesetzen entmündigt werden, wenn er seinen Wohnsitz oder, falls er keinen Wohnsitz hat, seinen Aufenthalt im Inlande hat."

Die analoge Ausdehnung[1]) dieser Vorschrift ist abzulehnen. Daß die im Auslande gemäß den dortigen Gesetzen erfolgte Entmündigung Deutscher, welche dort wohnen oder, falls sie vagabundi sind, sich dort aufhalten, anzuerkennen wäre, widerspricht dem Zusammenhang und Zweck des Art. 8. Die Vorschrift des Art. 8 ist ja insofern eigenthümlich, als die Hauptfrage, wie weit der Anwendungsbereich der deutschen Entmündigungsbestimmungen geht, nur bruchstückweise beantwortet ist. Es ist nicht ausgesprochen, daß Deutsche nach den deutschen Vorschriften entmündigt werden können, auch wenn sie im Auslande Wohnsitz beziehungsweise Aufenthalt haben. Daß dies der

---

[1]) Von Cosack, Lehrb. I 75 und Niedner S. 23c befürwortet, von Zitelmann II 103, Barazetti S. 45 bekämpft.

Fall sein soll, ist aber konkludent mit Bestimmtheit ersichtlich. Die Vorschrift will offenbar nur bestimmen, daß darüber hinaus die deutschen Bestimmungen auch auf Ausländer Anwendung finden sollen, wenn diese im Deutschen Reich Domizil beziehungsweise Aufenthalt haben. Alle Zweifel in dieser Hinsicht werden durch Artikel 648 Abs. 2 CPO.[1]) entschieden, welcher augenscheinlich den deutschen Gerichten die Kompetenz für Entmündigung Deutscher sichern will.

Wie aber soll die durch Art. 8 geschaffene Konkurrenz in- und ausländischer Kompetenz behandelt werden, das heißt, wie soll es mit der Anerkennung ausländischer Entmündigungen gehalten werden, welche sich auf in Deutschland domizilierende oder hier als vagabundi aufhältliche Ausländer beziehen? Unbedenklich ist hier die ausländische Entmündigung anzuerkennen, so lange nicht in Deutschland eine Entmündigung gemäß Art. 8 erfolgt ist. Sind aber beiderseits Entmündigungen erfolgt, so können in Konfliktsfällen für uns nur die in den deutschen Gesetzen begründeten Beschränkungen der Geschäftsfähigkeit maßgebend sein. Soweit indessen eine Kumulation der Wirkungen beider Entmündigungen durchführbar ist, sind die Wirkungen beider Entmündigungen anzuerkennen.

Die — streng genommen nicht in diesen Zusammenhang gehörende aber zweckmäßigerweise hier zu berührende — Frage, unter welchen Voraussetzungen und in welcher Weise die Wirkungen ausländischer Entmündigungen in anderer Beziehung als hinsichtlich der Geschäftsfähigkeit anzuerkennen sind, kann nicht allgemein beantwortet werden. Sie ist für die einzelnen in Betracht kommenden Rechtsfragen (Eherecht — persönliches und güterrechtliches —, Elternrecht, Vormundschaftsrecht) gemäß den für diese Rechtsfragen geltenden Kollisionsgrundsätzen zu beantworten.

Die Ausnahmebestimmung des Art. 7 Absatz 3 Satz 1 ist im Interesse speziell des inländischen Verkehrs getroffen und ausweise der Entstehungsgeschichte des Gesetzes (s. oben S. 104ff.) als Exklusivsatz zu verstehen. Auch aus objektiven Gründen verbietet sich seine analoge Anwendung auf im Ausland geschlossene Rechtsgeschäfte. So wenig zu erwarten und zu verlangen ist, daß der ausländische

---

[1]) „Gegen einen Deutschen, welcher im Inlande keinen allgemeinen Gerichtsstand hat, kann der (— Entmündigungs- —) Antrag bei dem Amtsgericht gestellt werden, in dessen Bezirk der zu Entmündigende den letzten Wohnsitz im Inlande hatte; in Ermangelung eines solchen Wohnsitzes finden die Vorschriften des § 15 Abs. 1 Satz 2, 3 entsprechende Anwendung."

Heimatstaat die von seinem Recht abweichende partielle capitis deminutio seiner Angehörigen gemäß Art. 7 Abs. 3 für die in Deutschland geschlossenen Rechtsgeschäfte anerkennt, so wenig hat die deutsche Rechtspflege Veranlassung, Deutschen hinsichtlich der im Auslande geschlossenen Geschäfte die Schutzbestimmungen der deutschen Gesetze zu entziehen, und zwar um so weniger, als die Auslandsstaaten nur zum Theil eine unserem Art. 7 Abs. 3 entsprechende Vorschrift[1]) aufgestellt haben. Aber auch im Verhältniß zweier ausländischer Staaten angewendet würde die analoge Zugrundelegung des Abs. 3 der Sicherheit und Harmonie der internationalen Rechtspflege schwerlich zur wesentlichen Förderung gereichen. Vielmehr wird die möglichst konsequente Durchführung des Staatsangehörigkeitsprinzipes jenem Ziele besser dienen.

Anders verhält es sich mit der Vorschrift des Art. 7 Abs. 2. Sie dient nicht spezifisch deutschen Interessen, sondern entspricht und entspringt dem Standpunkt internationalistischer Gerechtigkeit und Zweckmäßigkeit. Oder will man etwa an eine Prämiierung der Erwerbung der Reichsangehörigkeit durch Gewährleistung der Fortdauer der erworbenen Majorennität denken? Solche national-propagandistische Tendenz wäre ebenso unwürdig wie absurd. Das Rechtsinstitut der Minderjährigkeit bezweckt den Schutz der Minderjährigen und insofern stellt die Vorschrift rechtspolitisch betrachtet ein privilegium odiosum dar. Auf der anderen Seite ist freilich nicht zu verkennen, daß der Erwerb der Volljährigkeit gemeinhin als ein Vortheil gilt und als willkommene Steigerung der Persönlichkeit aufgefaßt wird. Somit bewirkt die Vorschrift des Art. 7 Abs. 3 für den Betreffenden weder blos Vortheil noch blos Nachtheil. Und es kann schon darum nicht das Motiv des Gesetzes sein, Staatsangehörigkeits-Proselyten als solche besser oder schlechter als andere Staatszugehörige zu stellen. Ebenso fehlt aber auch jedes spezifisch deutsche Interesse an dem Bestehen unserer Vorschrift vom Standpunkt betheiligter Dritter. Praktische Anwendung wird die Vorschrift in verhältnißmäßig geringem Maße finden. Nur wenige Staaten lassen die Großjährigkeit früher eintreten als mit 21 Jahren. Von europäischen Staaten kommen die Türkei (Großjährigkeitsalter: 16 Jahre) und die Schweiz (20 Jahre), von außereuropäischen Japan (Großjährigkeitsalter: 20 Jahre) und (soweit ich sehe) die Staaten Ohio

[1]) Vgl. Vorschläge und Materialien 168ff.

und Vermont (weibliche Personen mit 18 Jahren großjährig) in Betracht. Seine häufigste Anwendung wird Art. 7 Abs. 2 vielleicht in den Fällen finden, wo verheirathete oder verwittwete Ausländerinnen die Reichsangehörigkeit erwerben, nachdem sie gemäß ihrem bisherigen Heimatrecht durch die Heirat großjährig geworden sind, was nach holländischem und nach ungarischem Recht der Fall ist. Daneben wird die im früheren Heimatstaat erlangte venia aetatis vielleicht eine Rolle spielen.

Das Vorkommen des dem Art. 7 Abs. 2 entsprechenden Thatbestandes wird immerhin schon wegen seiner Seltenheit nicht als eine Erscheinung gelten können, welche deutsche Verkehrsinteressen berührt. Es ist aber auch nicht abzusehen, inwiefern im einzelnen Falle ein spezifisch deutsches Interesse vorhanden sein sollte, welches die Unwandelbarkeit der erworbenen Großjährigkeit fordern und den Charakter des Art. 7 Abs. 2 als eines Exklusivsatzes zu begründen geeignet wäre. Man könnte daran denken, daß § 8 Nr. 1 des deutschen Reichsindigenatsgesetzes, welche die Naturalisation allein von der Dispositionsfähigkeit des zu Naturalisierenden „nach den Gesetzen der bisherigen Heimat" abhängig macht, die Bestimmung des Art. 7 Abs. 2 als Konsequenz fordert, was an sich ein durchaus triftiger Gesichtspunkt zu Gunsten des Art. 7 Abs. 2 ist. Aber dabei handelt es sich doch nicht um ein deutsches Exklusivinteresse, sondern um den objektiven Gesichtspunkt der logischen Konsequenz.

Unser Gesetz hat den in Rede stehenden Satz aus dem Inventar der bisherigen Theorie und Praxis des internationalen Privatrechts übernommen und bisher ist der Satz in solchem Sinn und mit solchen Gründen vertreten worden, daß dabei jeder Gedanke an den exklusiven Standpunkt eines bestimmten Staates ausgeschlossen ist[2]).

---

[1]) Savigny, System VIII 167 ff., Stobbe I 246, Bar, Theorie I 418 ff., Lehrbuch 66, Regelsberger, Pandekten I 169, Gierke I 224.

[2]) Gebhard hat sich in seinen Motiven (S. 43) auf die herrschende Theorie und auf die Analogie des gleichen Problems in Bezug auf den zeitlichen Anwendungsbereich des Großjährigkeitsrechts bezogen. Die einseitige Fassung seines Entwurfes hat er mit keinem Worte motiviert, so daß angenommen werden kann, daß diese Fassung auf einem gewissen Indifferentismus gegenüber den im Text erörterten Gesichtspunkten beruht. Es scheint, daß die Analogie der zeitlichen Kollisionsfrage die Redigierung bestimmt hat, was allerdings einen Gedankenfehler des Redaktors voraussetzt.

Als der zutreffende Grund des Satzes ist diejenige Erwägung zu betrachten, welche das oberste Prinzip des Personalstatutes bildet, nämlich der Gedanke, daß eine Person hinsichtlich ihres status möglichst dauernd und allgemein demselben Recht unterstellt werden muß. Im gegebenen Fall ist dieses Postulat erfüllbar, ohne daß irgendwelche Interessen verletzt werden. Der nach seinem bisherigen Heimatrecht Großjährige ist dem Bedürfniß der Schutzmaßregeln entwachsen und entwöhnt, welche dem Minderjährigen gewährt werden, und Dritte, welche mit ihm in Verbindung treten, haben kein Interesse an der Beschränkung seiner Handlungsfähigkeit. Da dieser Gedanke ebenso zutreffend ist für den Fall, daß ein Großjähriger (Deutscher oder Nichtdeutscher) die Staatsangehörigkeit in einem dritten Staat erwirbt, nach dessen Recht er nicht großjährig sein würde, so halte ich die analoge Anwendung des Art. 7 Abs. 2 auch in solchen Fällen für geboten. Das Gewicht der hierfür sprechenden inneren Gründe kann nicht aufgewogen werden durch den an und für sich nicht unbeachtlichen Umstand, daß wie die oben S. 106 ff. besprochenen Exklusivsätze, so auch unser Satz sich bereits in den Entwürfen in einseitiger Fassung vorfand.

Art. 7 Abs. 2 stellt ausdrücklich der eigentlichen Volljährigkeit „die rechtliche Stellung eines Volljährigen" gleich, so daß also die auf irgend eine Weise eingetretene venia aetatis unbedingte (nur durch Art. 30 eingeschränkte) Anerkennung zu finden hat.

Noch ist zu bemerken, daß die Anwendung des Art. 7 Abs. 2 nicht auf die Fragen der Geschäftsfähigkeit zu beschränken ist, obwohl der Zusammenhang mit dem lediglich die Geschäftsfähigkeit betreffenden Abs. 1 darauf schließen lassen könnte. Die familien- und vormundschaftsrechtlichen Fragen sind mit den Fragen der Geschäftsfähigkeit untrennbar verbunden.

Hinsichtlich der juristischen Personen bestimmt Art 10 EG.: „Ein einem fremden Staate angehörender und nach dessen Gesetzen rechtsfähiger Verein, der die Rechtsfähigkeit im Inlande nur nach den Vorschriften der §§ 21, 22 des Bürgerlichen Gesetzbuchs erlangen könnte, gilt als rechtsfähig, wenn seine Rechtsfähigkeit durch Beschluß des Bundesraths anerkannt ist. Auf nicht anerkannte ausländische

[1]) S. Niemeyer, Vorschläge 177.

Vereine der bezeichneten Art finden die Vorschriften über die Gesellschaft sowie die Vorschrift des § 54 Satz 2 des Bürgerlichen Gesetzbuchs Anwendung."

Außerdem kommt hier in Betracht § 23 BGB.:

„Einem Verein, der seinen Sitz nicht in einem Bundesstaate hat, kann in Ermangelung besonderer reichsgesetzlicher Vorschriften Rechtsfähigkeit durch Beschluß des Bundesraths verliehen werden".

EG. und BGB. geben keine Kollisionsnormen hinsichtlich anderer juristischer Personen als der „Vereine". Das Recht der Anstalten und Stiftungen, sowie der juristischen Personen des öffentlichen Rechtes (§ 89) bleibt unberührt.

Aber auch hinsichtlich der Vereine beschränkt sich das EG. darauf, die Voraussetzungen der Rechtsfähigkeit zu normieren. Die Anerkennung derselben wird in Art. 10 von zwei Momenten abhängig gemacht; erstens muß der Verein nach den Gesetzen des Staates, dem er angehört, rechtsfähig sein; zweitens muß seine Rechtsfähigkeit durch Beschluß des Bundesraths anerkannt sein. Das heißt mit anderen Worten: die Rechtsfähigkeit wird grundsätzlich dem Recht des Staates unterstellt, dem ausländische Vereine angehören; die Anerkennung des Bundesraths ist deklaratorisch und ohne Wirkung, wenn jene andere erste Voraussetzung nicht zutrifft. Die Gerichte müssen im Falle der bundesräthlichen „Anerkennung" stets prüfen, ob der Verein nach dem maßgebenden ausländischen Recht rechtsfähig ist. Der Bundesrathsbeschluß entbindet sie nicht davon[1]). Die Stellung, welche hier dem Bundesrath gegeben ist, entbehrt nicht der Bedenken. Die Versagung der Anerkennung kann politische Verwickelungen hervorrufen; andererseits läuft die bundesräthliche Anerkennung Gefahr, durch gerichtliche Entscheidungen im Stich gelassen zu werden. Unverfänglicher wäre es vielleicht gewesen, die Rechtsfähigkeit der Vereine lediglich von dem an ihrem Sitz geltenden Recht abhängig zu machen und die Entscheidung von Zweifelsfragen den Gerichten zu überlassen. Praktisch indessen werden die Bedenken sich wohl nicht fühlbar machen, da eventuell die Konkurrenz des § 23 BGB. vorbeugend benutzt werden kann. Letztere Bestimmung ist durch den Bundesrath eingeschaltet (Reichstagsvorlage § 21 Abs. 3). Sie steht in einem gewissen Mißklang zu dem Art. 10 EG., indem sie dem Bundesrath eine

[1]) S. auch Zitelmann II 118, Barazetti 37.

über Art. 10 weit hinausgehende Machtvollkommenheit gibt und den Art. 10 dadurch abschwächt. Das Ergebniß ist, daß dem Bundesrath zwei Rechtsformen zur Verfügung stehen, um einem ausländischen Verein vor deutschen Rechtspflegeorganen die Rechte der juristischen Personen zu geben: Anerkennung (Art. 10 EG.) und Verleihung (§ 23 BGB.). Die Anerkennung setzt voraus, daß der Bundesrath die Rechtsfähigkeit gemäß dem Recht des Sitzes festgestellt hat und sie hat nur beschränkte Wirkung, sofern die Gerichte das Recht und die Pflicht haben, die Rechtsfähigkeit gemäß dem Heimatrecht nachzuprüfen. Die Verleihung setzt logisch voraus, daß Art. 10 unanwendbar ist, das heißt, daß der Verein nach den Gesetzen des Staates, dem er angehört, nicht rechtsfähig ist. Sie hat konstitutive Wirkung und schließt jede Nachprüfung der Gerichte aus. Die Unanwendbarkeit des Art. 10 kann darauf beruhen, daß der Verein keinem Staate angehört oder daß er nach den Gesetzen seines Staates nicht rechtsfähig ist. Es kann zweifelhaft werden, welcher dieser Thatbestände vorliegt. Beide Thatbestände können auch im gewissen Sinn gleichzeitig vorliegen. So wenn es sich um Personenvereine von Christen handelt, welche in der Türkei oder in anderen Kapitulationsländern ihren Sitz haben. Die Frage ist neuerdings z. B. hinsichtlich des Verbandes der deutschen Templerkolonisten in Palästina praktisch geworden. In solchen Fällen gewährt § 23 BGB. eine Handhabe, welche neben Art. 10 geradezu unentbehrlich ist. Aber man wird sich auch in solchen Fällen seiner bedienen können, in denen das Zutreffen der Voraussetzungen des Art. 10 EG. aus anderen Gründen zweifelhaft ist. Der Bundesrath ist formell in der Lage, auf diese Weise, wenn er sich nur der Form der Verleihung bedient, den Art. 10 EG. außer Funktion zu setzen. Sinn- und sachgemäß bleibt es aber, daß diese Form nur angewendet wird, wenn festgestellt ist, daß die Voraussetzungen der Anwendbarkeit des Art. 10 nicht vorliegen.

Die Tragweite des Artikels 10 erscheint auf den ersten Blick in einer wichtigen Beziehung zweifelhaft, nämlich hinsichtlich der Frage, ob die Vorschrift sich auch auf ausländische Handelsgesellschaften bezieht. Die Bejahung würde einen groben Methodenfehler des EG. voraussetzen. Die „Allgemeinen Vorschriften" des ersten Abschnittes des Einführungsgesetzes sind nur als allgemeine Vorschriften über das Bürgerliche Gesetzbuch aufzufassen, soweit nicht etwas Anderes deutlich zum Ausdruck gebracht ist. Der Artikel 10 in Verbindung mit § 22 BGB. ergibt aber auch an sich positiv und speziell, daß Artikel 10 sich auf solche Gesellschaften nicht bezieht. Lediglich ausländische Vereine, welche die Rechtsfähigkeit im Inlande nur nach den Vorschriften der §§ 21, 22 des Bürgerlichen Gesetzbuchs erlangen könnten, sind dem Artikel 10 unterworfen. Nach § 22 („in Ermangelung besonderer reichsgesetzlicher Vorschriften") sind aber von den Vorschriften des § 22 diejenigen Vereine ausgenommen, für welche reichsgesetzlich Eintragung in das Vereinsregister oder staatliche Genehmigung nicht vorgeschrieben ist, also die Gesellschaften des Handelsgesetzbuches und die sonstigen reichsgesetzlich geregelten Gesellschaften und Genossenschaften. Entsprechende ausländische Personenverbände fallen also nicht unter Artikel 10. — Freilich enthält die Frage, welche Personenverbände des Auslandes hierher gehören, schwierige Probleme und es wird öfters zweifelhaft sein, ob eine ausländische Gesellschaft dem Artikel 10 untersteht oder nicht. Soweit es nicht der Fall ist, ist in Ermangelung besonderer reichsgesetzlicher Vorschriften das Schweigen des Gesetzgebers dahin zu deuten, daß solche Gesellschaften als rechtsfähig anzuerkennen sind, wenn ihnen die Rechtsfähigkeit nach den Gesetzen des Staates zukommt, in dessen Gebiet sie ihren Sitz haben.

Auch hinsichtlich ausländischer juristischer Personen, die nicht Vereine sind, ergibt sich aus dem Fehlen besonderer Kollisionsnormen im Einführungsgesetz, in Verbindung mit dem in Artikel 10 für ausländische Vereine aufgestellten Prinzip, daß die Rechtsfähigkeit aller dieser juristischen Personen sich grundsätzlich nach den Gesetzen des Staates richtet, „dem sie angehören".

In § 80 BGB. heißt es nun aber: „Zur Entstehung einer rechtsfähigen Stiftung ist außer dem Stiftungsgeschäft die Genehmigung des Bundesstaats erforderlich, in dessen Gebiet die Stiftung ihren Sitz haben soll. Soll die Stiftung ihren Sitz nicht in einem Bundesstaat haben, so ist die Genehmigung des Bundesraths erforderlich. Als Sitz einer Stiftung gilt, wenn nicht ein Anderes bestimmt ist, der Ort, an welchem die Verwaltung geführt wird." Der § 80 bezieht sich nur auf Stiftungen, die auf einem im Inland stattfindenden Stiftungsgeschäft beruhen. Aber er trifft diese Stiftungen, auch wenn sie im Auslande ihren Sitz haben. Es ergibt sich daraus also eine wichtige Einschränkung des soeben formulierten Grundsatzes dahin, daß auch juristische Personen mit ausländischem Sitz, die nicht Vereine sind (ausgenommen diejenigen des öffentlichen Rechts), der Genehmigung des Bundesraths bedürfen, wenn sie auf einem im Inland errichteten Stiftungsgeschäft beruhen.

Findet auf ausländische Vereine, welche weder durch Anerkennung noch durch Verleihung Seitens des Bundesrathes Rechtsfähigkeit erlangt haben, noch auch Handelsgesellschaften sind, denen aber nach dem Recht ihres Sitzes Rechtsfähigkeit eignet, § 54 BGB. Anwendung („Auf Vereine, die nicht rechtsfähig sind, finden die Vorschriften über die Gesellschaft Anwendung. Aus einem Rechtsgeschäfte, das im Namen eines solchen Vereins einem Dritten gegenüber vorgenommen wird, haftet der Handelnde persönlich, handeln Mehrere, so haften sie als Gesammtschuldner.")? Niedner (S. 30) scheint dies als selbstverständlich anzusehen; denn er behauptet es ohne Angabe von Gründen; und zwar versteht er die Maßgeblichkeit des § 54 BGB. offenbar so, daß die deutschen Vorschriften über die Gesellschaft Anwendung finden sollen. Ich halte diese Auffassung für einen Fehlgriff. Die Gründe, welche zur Versagung der Rechtsfähigkeit eines ausländischen Vereins führen, bedingen keineswegs ohne weiteres die Anwendung des deutschen Rechts auf die obligatorischen Beziehungen der Vereinsmitglieder und Vereinsvertreter unter einander und zu Dritten. Der § 54 BGB. selbst läßt wie fast alle Bestimmungen des BGB. seine internationale Tragweite dahingestellt. Seine Anwendbarkeit auf ausländische Vereine ist nur insoweit begründet, als sie sich aus internationalprivatrechtlichen Gesichtspunkten ergibt. Das kann im Einzelergebniß insbesondere auf Grund des Art. 30 EG. der Fall sein. Für den zweiten Satz des § 54 BGB. halte ich diesen Gesichtspunkt für zutreffend. Der Zweck keines deutschen Gesetzes fordert aber, daß wir auf ausländische Vereine, was die Beziehungen der Mitglieder zu einander und zu den Vereinsorganen angeht, durchweg deutsches Recht anwenden. Vielmehr müssen hier die einzelnen Beziehungen geprüft werden. Rechtsgeschäfte, die von ausländischen Vereinsvertretern im Auslande mit Ausländern geschlossen und im Auslande zu erfüllen sind, können gleichwohl zur Beurtheilung deutscher Gerichte kommen. Es würde sinnlos sein, hier deutsches Recht anzuwenden, weil der Verein kein Patent des deutschen Bundesraths besitzt, zu dessen Einholung ihm bislang vielleicht jede praktische Veranlassung fehlte.

Nach den §§ 50, 735 CPO. kann ein ausländischer Verein, dessen Rechtsfähigkeit in Deutschland nicht anerkannt ist, gleichwohl verklagt werden und es kann gegen ihn Zwangsvollstreckung stattfinden.

Hinsichtlich der die juristischen Personen betreffenden Bestimmungen deutscher Staatsverträge s. unten § 16.

§ 11.
Eherecht.

Hinsichtlich der Eheschließung[1]) bestimmt Art. 13 EG.:

„Die Eingehung der Ehe wird, sofern auch nur einer der Verlobten ein Deutscher ist, in Ansehung eines jeden der Verlobten nach den Gesetzen des Staates beurtheilt, dem er angehört. Das Gleiche gilt für Ausländer, die im Inland eine Ehe eingehen.

In Ansehung der Ehefrau eines nach Artikel 9 Abs. 3 für todt erklärten Ausländers wird die Eingehung der Ehe nach den deutschen Gesetzen beurtheilt.

Die Form einer Ehe, die im Inlande geschlossen wird, bestimmt sich ausschließlich nach den deutschen Gesetzen."

Daß die Vorschriften in Abs. 1 und 2 sich nur auf die materiellen Voraussetzungen der Eheschließung beziehen, ergibt sich aus dem dritten Absatz. Eben daraus ergibt sich aber auch, daß alle anderen Requisite der Eheschließung außer der Form nach dem Grundsatz des Abs. 1 zu behandeln sind.

Nach den früheren Ausführungen (S. 34ff.) sind die Worte „sofern auch nur einer der Verlobten ein Deutscher ist", sowie der zweite Satz des Abs. 1 („das Gleiche gilt u. s. w.") als bedeutungslos anzusehen und ist das Heimatrecht auch für reine Ausländerehen in derselben Weise als maßgebend zu behandeln.

Art. 27 schreibt die Beachtung der Rückverweisung vor (s. oben S. 76ff.).

Die Vorschrift des Abs. 1 sagt nicht, daß die „persönlichen Erfordernisse" der Eheschließung sich nach dem Heimatrecht richten, sondern er spricht schlechthin von der Eingehung der Ehe. Das ist korrekt und zweckmäßig. Nur ein Theil der Voraussetzungen der Eheschließung (anders ausgedrückt: der impedimenta matrimonii)

---

[1]) Vgl. zum Folgenden auch Keidel, Journal XXVI 32ff., Meyerowitz, „Die Eheschließung von Ausländern im Deutschen Reiche und von Deutschen im Auslande", Ztschr. X 1—40.

läßt sich unter den Gesichtspunkt persönlicher Erfordernisse bringen. Nicht so die Grundsätze über Zwang, Betrug, Irrthum. Auch hinsichtlich ihrer gilt aber nach der Fassung des Gesetzes und mit innerer Berechtigung das Prinzip des Heimatrechts. Wenn man gegen diese Auffassung die Wendung ins Feld führen möchte, daß in Ansehung eines jeden der Verlobten die Gesetze des Staates entscheiden, dem der Verlobte angehört, ausgehend von der Ansicht, daß hiermit nur persönliche Erfordernisse gemeint sein könnten, so würde dieser Einwand unhaltbar sein gegenüber der in den Anfangsworten „die Eingehung einer Ehe u. s. w." deutlich ausgesprochenen Intention des Gesetzes, den Anwendungsbereich sämmtlicher Voraussetzungen der Eheschließungen zu normieren. Es ist aber zuzugeben, daß in Anwendung auf Willensmängel die Worte „in Ansehung eines jeden der Verlobten" eine Unebenheit enthalten. Hat der Mann die Frau durch Drohung zur Eheschließung bestimmt und es knüpft das Heimatrecht des Mannes (wie z. B. das österreichische Recht) an den Betrug die Nichtigkeit der Ehe, während das Heimatrecht der Frau (§§ 1330, 1335 BGB.) nur Anfechtbarkeit eintreten läßt, so kann zweifelhaft erscheinen, wie die Beurtheilung der Wirkung „in Ansehung eines jeden der Verlobten nach den Gesetzen des Staates, dem er angehört" anzustellen ist, ob etwa die Ehe nun für den Mann nichtig, für die Frau anfechtbar ist. Der Zweifel muß aber sachgemäß im Sinne der Nichtigkeit gelöst werden. In Ansehung des Ehemanns — um den Wortlaut des Artikels 13 anzuwenden — ist die Ehe nichtig. Das kann aber nichts anderes heißen, als: die ganze Ehe ist nichtig. Das Prinzip des Art. 13 Abs. 1 ist dies, daß die Wirkung „der ärgeren Hand" folgt.

Die Durchführung der Vorschrift des Art. 13 Abs. 1 vor den deutschen Standesämtern (einschließlich der Konsulate u. s. w.) wird formell erleichtert und materiell gefördert durch die allerdings zunächst aus anderen Rücksichten entspringende Bestimmung des § 1315 BGB. Abs. 2: „Ausländer, für die nach den Landesgesetzen zur Eingehung der Ehe eine Erlaubniß oder ein Zeugniß erforderlich ist, dürfen nicht ohne diese Erlaubniß oder ohne dieses Zeugniß eine Ehe eingehen" und durch die in dieser Richtung bestehenden landesgesetzlichen Vorschriften [1]). Aber die Beibringung eines solchen „Trauscheins" kann

[1]) Auf diese kann hier nicht näher eingegangen werden. Für Preußen s. Ausführungsgesetz Art. 43, Ministerialverordnungen v. 16. Okt. und 4. Dez. 1899.

natürlich nicht die materiellen Erfordernisse der Gültigkeit der Eheschließung, wie sie im Art. 13 Abs. 1 reichsgesetzlich vorgeschrieben sind, ersetzen. Ohne daß die Standesbeamten die Erfordernisse der Eheschließung nach dem Heimatrecht der Ausländer bis ins Einzelne prüfen und feststellen, ist keine Gewähr der Gültigkeit gegeben. Wenn diese Prüfung für die Standesbeamten „mit großen, kaum überwindbaren Schwierigkeiten verbunden ist", wie die preußische Ministerialverordnung vom 4. Dez. 1899 sagt, und wenn deswegen den preußischen Standesbeamten von den zuständigen Ministern die Erlaubniß ertheilt ist, sich mit den Trauscheinen zu begnügen, so mag das durch den geringen juristischen Bildungsgrad mancher Standesbeamten und sonstige Unvollkommenheiten der bestehenden Verhältnisse gerechtfertigt sein. Aber selbstverständlich hat sich die richterliche Prüfung damit nicht zu begnügen, sondern den Maßstab des Art. 13 EG. in dem soeben dargelegten Sinn zu Grunde zu legen.

Es ist wohl zu bemerken, daß die Anweisung an die Standesbeamten, sich mit dem Trauschein der Heimatsbehörden zu begnügen, bedeutet, daß in der standesamtlichen Praxis der Art. 30 EG. außer Anwendung bleiben soll. Es ist keineswegs unbedenklich, wenn hiernach der Art. 30 EG. nicht präventiv, sondern nur repressiv in Gestalt gerichtlicher Nichtigkeitsurtheile zur Geltung kommt, während doch die Nupturienten nicht an die Möglichkeit denken werden, daß ein Ehehinderniß, das vor dem Standesamt durch den Trauschein gedeckt wird, nachträglich zur richterlichen Nichtigkeitserklärung führen kann. Eine nähere Instruktion der Standesbeamten — s. die Ausführungen von Meyerowitz a. a. O. S. 25 — würde daher am Platze sein.

Eine besondere Frage ist die, wie die Ungültigkeit einer Ausländerehe, d. h. einer Ehe, bei welcher ein Ausländer betheiligt und deswegen gemäß Art. 13 ausländisches Recht maßgebend ist, von deutschen Rechtspflegeorganen zu behandeln ist. Hier ist nun soviel wohl zweifellos, daß auch eine Ehe, welche gemäß einem nach Art. 13 maßgeblichen Auslandsrecht ungültig ist, von deutschen Standesbeamten gemäß § 1309 BGB. zu behandeln ist, also unter allen Umständen ein aufschiebendes Ehehinderniß bildet, so lange nicht die Ungültigkeit durch eine gerichtliche Entscheidung ausgesprochen ist. Sollte anders das für die Ungültigkeit gemäß Art. 13 maßgebliche Auslandsrecht die Ungültigkeit als in dem gesteigerten Maß wirkend behandeln, daß auch ohne Ungültigkeitsurtheil eine neue Ehe zugelassen wäre, so bliebe dennoch § 1309 BGB. gemäß Art. 30 EG. maßgeblich. Auch ein Trauerlaubnißschein der Heimatbehörde würde m. E. hieran nichts ändern können. Der Standesbeamte müßte neben dem Trauschein das Ungültigkeitsurtheil fordern, wenn das Bestehen einer — wenngleich ungültigen — Ehe zu seiner Kenntniß kommt. „Das Bestehen einer ungültigen Ehe", d. h. der Anschein einer Ehe im Sinne des § 1309 ist vorhanden, wenn eine der Form nach gültige Eheschließung vorliegt. Ob dies der Fall ist, richtet sich internationalprivatrechtlich nach Art. 11 EG. (s. oben S. 109ff.).

Hinsichtlich der Anerkennung eines von ausländischen Gerichten erlassenen Urtheils in Ehesachen bestimmt § 328 CPO.: „Die Anerkennung des Urtheils eines ausländischen Gerichtes ist ausgeschlossen . . . . . . 3. wenn in dem Urtheil zum Nachtheil einer deutschen Partei von den Vorschriften des Art. 13, Abs. 1, 3 oder der Art. 17, 18, 22 des Einführungsgesetzes zum Bürgerlichen Gesetzbuch oder von der Vorschrift des auf den Art. 13 Abs. 1 bezüglichen Theiles des Art. 27 desselben Gesetzes oder im Falle des Art. 9 Abs. 3 zum Nachtheile der Ehefrau eines für todt erklärten Ausländers von der Vorschrift des Art. 13 Abs. 2 abgewichen ist."

Was die Anrufung deutscher Gerichte hinsichtlich Nichtigkeit, Anfechtung, Bestehen oder Nichtbestehen einer Ehe (auch hinsichtlich der Form der Eheschließung) angeht, so ist § 606 CPO. entscheidend:

„Für die Rechtsstreitigkeiten, welche die Scheidung, Nichtigkeit oder Anfechtung einer Ehe oder die Feststellung des Bestehens oder Nichtbestehens einer Ehe zwischen den Parteien oder die Herstellung des ehelichen Lebens zum Gegenstande haben (Ehesachen), ist das Landgericht, bei welchem der Ehemann seinen allgemeinen Gerichtsstand hat, ausschließlich zuständig."

„Ist der Ehemann ein Deutscher und hat er im Inlande keinen allgemeinen Gerichtsstand, so kann die Klage bei dem Landgericht erhoben werden, in dessen Bezirk er den letzten Wohnsitz im Inlande hatte; in Ermangelung eines solchen Wohnsitzes finden die Vorschriften des § 15 Abs. 1 Satz 2, 3 entsprechende Anwendung. Das Gleiche gilt, sofern der Ehemann im Inlande keinen allgemeinen Gerichtsstand hat, in dem Falle, daß der Ehemann die Reichsangehörigkeit verloren, die Ehefrau sie aber behalten hat oder daß beide Ehegatten die Reichsangehörigkeit verloren haben, der Ehemann aber eine andere Staatsangehörigkeit nicht erworben hat."

„Ist eine Deutsche eine Ehe mit einem Ausländer eingegangen und hat dieser im Inlande keinen allgemeinen Gerichtsstand, so können die Nichtigkeitsklage und die Anfechtungsklage von der Ehefrau bei dem Landgericht erhoben werden, in dessen Bezirke sie den letzten Wohnsitz im Inlande hatte; in Ermangelung eines solchen Wohnsitzes finden die Vorschriften des § 15 Abs. 1 Satz 2, 3 entsprechende Anwendung. Das Gleiche gilt, sofern nicht nach Abs. 2 Satz 2 ein Gerichtsstand begründet ist, in dem Falle, daß eine Deutsche eine Ehe mit einem Deutschen eingegangen ist, dieser aber die Reichsangehörigkeit verloren und im Inlande keinen allgemeinen Gerichtsstand hat."

„Sind beide Ehegatten Ausländer, so kann die Scheidungsklage im Inlande nur erhoben werden, wenn das inländische Gericht auch nach den Gesetzen des Staates zuständig ist, dem der Ehemann angehört."

Art. 13 Abs. 2 EG. zieht die Konsequenz des Art. 9 Abs. 3 EG. Aber zugleich scheint hier eine über die Kompetenz des Art. 9 Abs. 3 weit hinausgehende Ausnahme von dem Prinzip des Art. 13 Abs. 1 gemacht zu sein [1]).

Wenn die Nupturientin Ehefrau eines nach den besonderen Vorschriften des Art. 9 Abs. 3 in Deutschland für todt erklärten Ausländers war, so soll hinsichtlich ihrer das deutsche Recht für die Eingehung der Ehe maßgebend sein, auch wenn sie selbst Ausländerin geworden und geblieben ist. Das gilt also auch, wenn die Ehe im Ausland geschlossen wird, so daß das befremdliche Ergebniß eintritt, daß für eine zwischen zwei Ausländern im Ausland stattgefundene Eheschließung deutsches Recht zur Anwendung gebracht wird. Es fragt sich, ob dies wirklich in dem Umfang geschehen soll, wie es nach dem Wortlaut geschehen zu sollen scheint. Schwerlich. Vor Allem leuchtet ein, daß nicht gemeint sein kann, es solle eine Ehefrau, die einmal in der bezeichneten Situation gewesen ist, für alle Zeiten dem deutschen Recht hinsichtlich der Eheschließung unterworfen sein. Wird etwa später der wirkliche Tod des

---

[1]) Vgl. zum Folgenden: Biberfeld, Zeitschr. VIII 219. 21, Mariolle, Ztschr. VIII 456 ff., IX 104—107, 300—301, Barazetti 61, Niedner 36, Meyerovitz a. a. O. S. 36—37.

verschollenen Ehemanns festgestellt, welchen Sinn hat es dann noch, die Eingehung der Ehe seiner Wittwe anderen Kollisionsnormen als den regelmäßigen zu unterstellen? Welcher innere Zusammenhang aber besteht überhaupt zwischen der Todeserklärung gemäß Art. 9 Abs. 3 und der Mehrzahl der Voraussetzungen der Ehe? Wenn das Gesetz sonst das ausländische Recht als maßgebend z. B. hinsichtlich der Verwandtschaftshindernisse für Ausländerinnen erklärt, auch soweit sie früher Deutsche waren, warum nicht in dem besonderen Fall, wo die Ausländerin das Benefizium des Art. 9 Abs. 3 erhalten hat? Und nun vollends der Gegensatz zu dem Fall, daß der Ehemann Deutscher war und als solcher in Deutschland für todt erklärt ist, die Frau aber später Ausländerin wird. In diesem Fall wird eine fernere Eheschließung auf ihrer Seite nach ausländischem Recht beurtheilt; war ihr Ehemann aber Ausländer, dann soll, wenn er gemäß Art. 9 Abs. 3 für todt erklärt ist, das deutsche Recht maßgebend sein? Das sind offenbare Sinnwidrigkeiten, die dazu nöthigen, dem Abs. 2 des Art. 13 eine engere Bedeutung zu geben, als die Worte anzeigen. Der wahre Sinn ist der, daß das deutsche Recht unter den in Rede stehenden Voraussetzungen lediglich hinsichtlich des Verschollenheitsrechts maßgebend sein soll. Das ist die nothwendige Konsequenz der in Deutschland erfolgten Todeserklärung und ein rationelles Ergebniß.

Eine Lücke in Art. 13 ergibt sich aus den Bestimmungen des § 606 CPO. Wenn in Gemäßheit dieser Zuständigkeitsvorschriften eine ehemalige Deutsche, welche Ausländerin geworden ist, die Nichtigkeitserklärung ihrer Ehe durch ein deutsches Gericht erlangt hat, so sollen, wenn sie zu einer neuen Ehe schreiten will, gemäß Art. 13 für die Voraussetzungen der Ehe die Gesetze des Staates maßgebend sein, dem sie angehört. Auch hinsichtlich der Frage, ob die Nupturientin mit Rücksicht auf eine frühere Eheschließung heiratsfähig ist oder nicht, muß hiernach dieses Recht grundsätzlich für maßgeblich erachtet werden. Die konsequente Befolgung dieses Grundsatzes führt dazu, daß die gemäß § 606 CPO. von einem deutschen Gerichte für nichtig erklärte Ehe einer neuen Eheschließung entgegensteht, wenn das Recht des Staates, dem die Ehefrau angehört, jene Nichtigkeitserklärung nicht als wirksam anerkennt. Daß auswärtige Staaten den gemäß § 606 CPO. ergangenen Urtheilen vielfach die Anerkennung versagen werden, ist zweifellos. Ein Beispiel gewährt die ungarische Gesetzgebung, welche in § 114 des Gesetzesartikels XXXI vom Jahre 1894 bestimmt: „In Eheprozessen ungarischer Staatsangehöriger sind nur die Urtheile ungarischer Gerichte wirksam.“ Wäre also die in Frage Stehende ehemalige Deutsche Ungarin, so würde nach strenger Anwendung des Art. 13^I^ EG. das von einem deutschen Gericht gefällte Nichtigkeitsurtheil auch von deutschen Rechtspflegeorganen nicht, wenigstens nicht voll anerkannt werden dürfen. Soll nun wirklich der Grundsatz des Art. 13 zu dieser Konsequenz führen? Für die Bejahung läßt[1]) sich außer dem Wortlaut des Art 13^I^ auch der zweite Absatz des Art. 13 geltend machen. Der Gesetzgeber hat hier die durch den ersten Absatz an und für sich gegebene Konsequenz der Nichtanerkennung der nach Art. 9^III^ in Deutschland ergangenen Verschollenheitserklärung durch eine Sonderbestimmung ausgeschlossen. Es liegt nahe, hieran den Schluß zu knüpfen, daß, weil eine entsprechende Sonderbestimmung für den Fall des Ehenichtigkeitsurtheils nach § 606^II^ CPO. nicht getroffen ist, der Wille des Gesetzgebers erkennbarerweise dahin gehe, es solle hier jene Konsequenz nicht ausgeschlossen werden, vielmehr die Bestimmung des ersten Absatzes konsequent durchgeführt werden. Nun ist zuzugeben, daß das Fehlen der Sonderbestimmung auffällig, ja bedenklich ist. Wären wir in der Lage, den Maßstab einer in jeder Hinsicht vollkommenen Gesetzgebungstechnik anzulegen, so wäre jener Schluß nicht abzuweisen. So liegt es aber bei der Gruppe unserer Bestimmungen nicht, wie deren Entstehungsgeschichte und das Vorhandensein vielfacher Mängel ergibt. Wir dürfen und müssen vielmehr mit der Möglichkeit von Redaktionsversehen rechnen. Ein solches ist hier mit höchster Wahrscheinlichkeit anzunehmen. Es widerspricht durchaus der aus dem Sinn der Kompetenzbestimmungen des § 606 CPO. und zudem gerade auch aus dem Absatz II des Art. 13 sich ergebenden Tendenz unserer Gesetzgebung, daß ein gemäß jener Spezialkompetenz gefälltes deutsches Urtheil in Deutschland unter Umständen nicht gelten solle. Man wird sagen müssen, daß, wenn die Meinung gewesen wäre, ein gemäß § 606 CPO. gefälltes Urtheil solle unter Umständen nicht wirksam sein, dies besonders hervorgehoben worden wäre. Es kommt hinzu, daß jenes Redaktionsverfahren seine einleuchtende Erklärung ad hominem darin findet, daß den Redaktoren des Art. 13^II^ EG. die Bestimmung des jetzigen § 606 CPO. nicht vor Augen stand. Auch die in der

---

[1]) S. Mariolle, Ztschr. IX 105.

Denkschrift zur Reichstagsvorlage des BGB. (S. 324) zu § 568 CPO. in Aussicht genommenen Veränderungen enthielten zwar Bestimmungen, welche zu der gleichen Frage führen, wie die uns beschäftigenden Vorschriften des § 606 CPO., aber in versteckterer Weise, so daß es begreiflich ist, wenn der Bundesrath bei seiner raschen Arbeit auf jene Fragen nicht aufmerksam wurde. Es ist dabei bemerkenswerth, daß der zweite Absatz des Art. 13 lediglich im Anschluß an die gleichfalls erst vom Bundesrath eingestellte Bestimmung des dritten Absatz des Art. 9 aufgenommen worden ist.

Hiernach halte ich es reichsrechtlich nicht mit Mariolle a. a. O. für erforderlich, daß die Ausländerin, deren Ehe von deutschen Gerichten für nichtig erklärt ist, sich zunächst in Deutschland naturalisieren läßt, um in Deutschland eine neue Ehe eingehen zu können.

Anders gestaltet sich die Sache nach Landesrecht, wo die nach § 1315 BGB. zugelassene landesgesetzliche Bestimmung gilt, daß Ausländer behufs ihrer Eheschließung ein Zeugniß der Behörden ihres Staates darüber beibringen müssen, daß „ein nach den Gesetzen dieses Staates bestehendes Ehehinderniß" (so das preußische Ausführungsgesetz zum BGB.) nicht vorliege oder ihnen nicht bekannt sei. Der mehrerwähnten Ungarin darf ein solches Zeugniß nicht ertheilt werden. Sie muß sich also naturalisieren lassen, um in Preußen heirathen zu können.

Dieselbe landesgesetzliche Einschränkung gilt aber trotz Art. 13^{II} auch für die ehemalige Deutsche, deren Ehemann gemäß Art. 9^{III} für verschollen erklärt ist, woraus sich zugleich ergibt, daß nicht etwa aus § 1315 BGB. ein Argument gegen die vorher dargelegte Auffassung des reichsrechtlichen Zustandes abgeleitet werden kann. Hinsichtlich der Form der Eheschließung[1]) ist angesichts der unmißverständlichen Vorschriften des Art. 13 und Art. 11 nur daran zu erinnern, daß die im Ausland geschlossenen Ehen, gleichviel ob Deutsche oder nur Ausländer betheiligt sind, grundsätzlich den Formvorschriften des Heimatrechtes beider Nupturienten entsprechen müssen, daß aber die Beobachtung der Formvorschriften der lex loci actus genügt. Danach sind diplomatische und konsularische Eheschließungen gültig, wenn sie nach dem Heimatrecht beider Nupturienten formgültig sind, ohne Rücksicht darauf, ob der Staat, in dessen Gebiet die Eheschließung stattfindet, seinerseits solche Ehen

[1]) „Form der Ehe" sagt Art. 13 in auffälligem Versehen.

anerkennt. Wenn z. B. in Paris vor einem Vertreter der Vereinigten Staaten von Amerika eine Ehe von amerikanischen Staatsangehörigen geschlossen wird, was nach amerikanischen Vorschriften noch heute möglich ist, so ist gemäß den Artikeln 11 und 13 EG. solche Ehe von deutschen Rechtspflegeorganen als gültig zu behandeln, obwohl das französische Recht sie nicht anerkennt. Die vor dem amerikanischen Beamten zwischen einem Amerikaner und einer Französin geschlossene Ehe dagegen ist für uns nicht gültig. Andererseits, wenn die Eheschließungsform durch das Recht des Empfangsstaates (etwa in der Form des Staatsvertrages) anerkannt wird, so müssen auch wir sie anerkennen, wenngleich etwa ein einem dritten Staate angehörender Nupturient betheiligt ist, dessen Heimatrecht jene Form nicht anerkennt.

Eine Ausnahme von diesen Grundsätzen gilt für die Eheschließungen vor deutschen diplomatischen Vertretern und Konsuln, indem nach § 10 des Reichsgesetzes vom 4. Mai 1870 (BGBl. S. 599), welches durch Artt. 32, 40 EG. aufrecht erhalten ist, die Eheschließung auch stattfinden kann, wenn nicht beide Verlobte, sondern nur einer derselben die Reichsangehörigkeit besitzt. Die Form des Reichsgesetzes ersetzt — dies ist der Grundgedanke — die Form der lex loci actus.

Daß diplomatische, konsularische, kirchliche Eheschließungen von Ausländern im Gebiet des Deutschen Reiches nichtig sind, ist nach Art. 13 EG. und § 1324 BGB. zweifellos. Ausnahmen können durch Staatsverträge begründet sein (s. unten § 16).

Bezüglich der R e c h t s w i r k u n g e n der E h e, nach der persönlichen und nach der vermögensrechtlichen Seite bestimmt das EG.:

Art. 14. „Die persönlichen Rechtsbeziehungen deutscher Ehegatten zu einander werden nach den deutschen Gesetzen beurtheilt, auch wenn die Ehegatten ihren Wohnsitz im Auslande haben.

Die deutschen Gesetze finden auch Anwendung, wenn der Mann die Reichsangehörigkeit verloren, die Frau sie aber behalten hat."

Art. 15. „Das eheliche Güterrecht wird nach den deutschen Gesetzen beurtheilt, wenn der Ehemann zur Zeit der Eheschließung ein Deutscher war.

Erwirbt der Ehemann nach der Eingehung der Ehe die Reichsangehörigkeit oder haben ausländische Ehegatten ihren Wohnsitz im Inlande, so sind für das eheliche Güterrecht die Gesetze des Staates maßgebend, dem der Mann zur Zeit der Eingehung der Ehe angehörte; die Ehegatten können jedoch einen Ehevertrag schließen, auch wenn er nach diesen Gesetzen unzulässig sein würde.“

Art. 16. „Haben ausländische Ehegatten oder Ehegatten, die nach der Eingehung der Ehe die Reichsangehörigkeit erwerben, den Wohnsitz im Inlande, so finden die Vorschriften des § 1435 des Bürgerlichen Gesetzbuchs entsprechende Anwendung; der ausländische gesetzliche Güterstand steht einem vertragsmäßigen gleich.

Die Vorschriften der §§ 1357, 1362, 1405 des Bürgerlichen Gesetzbuchs finden Anwendung, soweit sie Dritten günstiger sind, als die ausländischen Gesetze.“

Was zunächst Art. 14 anlangt, so ist gemäß den oben (S. 34ff.) entwickelten Grundsätzen Art. 14 Abs. 1 zu dem allgemeinen Satz zu erweitern, daß überhaupt die persönlichen Rechtsbeziehungen der Ehegatten nach dem jeweiligen Heimatrecht der Ehegatten zu beurtheilen sind [1]).

Rückverweisung auf das deutsche Recht (s. oben S. 76ff.) ist zu befolgen.

Es fragt sich aber, wie es zu halten ist, wenn die Ehegatten verschiedene Staatsangehörigkeiten besitzen.

Der besondere im Abs. 2 getroffene Fall ist bereits (S. 105ff.) erörtert und dabei ausgeführt, daß die analoge Ausdehnung dieser Vorschrift abzulehnen ist.

Wie aber, wenn die Ehegatten, abgesehen von diesem Fall, verschiedenen Staaten zugehören, was infolge von Naturalisation oder Entlassung des einen Ehegatten, ohne daß der andere daran theilnimmt, vorkommen kann und was sowohl in der Kombination zu berücksichtigen ist, daß der Ehemann Deutscher wird oder bleibt, als auch so, daß es sich um zwei ausländische Indigenate handelt.

Ist Art. 14 Abs. 1 so zu verstehen, daß der Anwendungsbereich des deutschen Rechtes durch ihn erschöpfend geregelt sein soll, so daß die Anwendung des deutschen Rechtes insbesondere auch dann ausgeschlossen sein soll, wenn der Ehemann Deutscher geblieben oder geworden ist? Diese Annahme würde offenbar ebenso sehr der Natur der Sache als der Neigung des EG. zur Bevorzugung des deutschen Rechtes widersprechen. Es könnte ferner in Betracht kommen —

---

[1]) Der Aufsatz von Mariolle: „Die persönlichen Beziehungen der Ehegatten u. s. w.“, Seufferts Blätter für Rechtsanwendung, Jahrgang 64 Nr. 7—20, ist mir bisher nicht zugänglich gewesen.

was Niedner (S. 3) vertritt —, daß die Geltendmachung nur solcher Rechte zugelassen werden soll, welche sowohl nach dem Personalstatut des einen wie des anderen Ehegatten anerkannt sind. Aber diese Auffassung ist darum zu verwerfen, weil die persönlichen Verhältnisse der Ehegatten sich keineswegs in subjektiven Rechten und Ansprüchen erschöpfen. Nur eine solche Behandlung der Kollisionsfragen kann befriedigen, welche für die persönlichen Beziehungen in ihrem objektiven Bestande einen allgemeinen Maßstab an die Hand gibt. Es wäre geradezu absurd, wenn man diese Beziehungen quantitativ messen und jenen Ehen[1]) als persönlichen Rechtsinhalt das Minus überweisen wollte, welches übrig bliebe, wenn man aus den beiden betheiligten Rechtsordnungen diejenigen Rechtssätze streichen wollte, welche die andere nicht enthält. Das widerstrebt dem rechtlichen Wesen der Ehe. Demgemäß hatten sowohl die Gebhard'schen Entwürfe (§ 17)[2]) als die Entwürfe der beiden Kommissionen an Stelle des Art. 14 Abs. 1 die Regel, daß das Recht des Ehemannes entscheidend sei. Auch die Beschlüsse der Haager Konferenz[3]) 1894 stimmen damit überein. Und das entspricht auch der Natur der Sache[4]). Die wunderliche Fassung des Art. 14 Abs. 1 rührt vom Bundesrath her und ist nicht der Ausdruck eines von jener Auffassung abweichenden prinzipiellen Standpunktes unseres Gesetzes, sondern lediglich der Ausfluß der vom Bundesrath beliebten stückweisen Art der Regelung.

Die Tragweite des Begriffes der „persönlichen Beziehungen" im Sinn des Art. 14 ist nicht zweifellos. Art. 16 Abs. 2 legt die Auffassung nahe, daß die dort genannten und ähnliche Vorschriften vermögensrechtlicher Natur im Art. 14 nicht einbegriffen sein sollen, indem Art. 16 sich äußerlich lediglich als Modifikation des unmittelbar vorhergehenden, das eheliche Güterrecht betreffenden Artikels darstelle. Aber Art. 16 kann als Modifikation der beiden vorhergehenden Artikel aufgefaßt werden, indem Art. 15 und 16 das Ver-

---

[1]) Prot. VI S. 9 (§ 9), Entwurf § 2246.

[2]) Niemeyer, Vorschläge u. Materialien S. 9.

[3]) Niemeyer, Vorschläge Theil II Nr. 315. — Art. 2 lautet: Les droits et les devoirs du mari envers la femme et de la femme envers le mari sont déterminés par la loi nationale du mari. Toutefois ils ne peuvent être sanctionnés que par les moyens que permet également la loi du pays où la sanction est requise. Der letzte Satz, auf den auch Niedner Bezug nimmt, ist etwas ganz Anderes, als was N. will.

[4]) So auch Crome 152 Anm. 65.

hältniß der Ehegatten zu einander und Art. 16 das Verhältniß zu Dritten behandelt. Während ich früher[1]) die erstere Auffassung vertreten habe, bekenne ich mich nunmehr zu der letzteren[2]). Danach bezieht sich Art. 14 nicht nur auf die Materien der §§ 1353 bis 1356 BGB., sondern auf alle in den §§ 1353 bis 1362 als „Wirkungen der Ehe im Allgemeinen" zusammengefaßten Materien, sodaß folgendes einbegriffen ist: Inhalt der Verpflichtung zur Lebensgemeinschaft, Stellung des Ehemanns als Haupt der ehelichen Gemeinschaft, Theilnahme der Frau an Namen und Stand des Mannes, Pflicht und Recht der Frau zur Leitung des Hauswesens, Schlüsselgewalt, Unterhaltungspflicht, Mucianische Präsumtion. Auch das Verbot der Schenkungen zwischen Ehegatten, sofern es in dem maßgebenden Auslandrecht gilt, gehört konsequenterweise hierher. — Alle diese Rechtsfragen sind gemäß Art. 14 nach dem Prinzip der Wandelbarkeit zu behandeln, so daß der in Art. 15 für „das eheliche Güterrecht" aufgestellte Grundsatz der Unwandelbarkeit auf das System des ehelichen Güterrechts im Sinn des „Güterstandes" einzuschränken ist. Wie das BGB. beide Materien trennt, indem es jene „Wirkungen der Ehe im Allgemeinen" gleichmäßig bei jedem Güterstand eintreten läßt, so ist die Trennung auch für die Kollisionsfrage möglich und geboten. Der an die Terminologie des BGB. anschließende Ausdruck für diese Ergebnisse würde sein:

Die „Wirkungen der Ehe im Allgemeinen" werden nach dem jeweiligen Heimatrecht des Ehemannes beurtheilt, „der eheliche Güterstand" richtet sich nach dem ersten Heimatrecht des Ehemannes.

Die rein persönlichen (d. h. nicht vermögensrechtlichen) Beziehungen der Ehegatten sind indessen nur insofern nach jenem Grundsatz zu behandeln, als nicht die Verletzung der daraus entspringenden Pflichten in Gestalt der Klage auf Scheidung oder Aufhebung der ehelichen Gemeinschaft geltend gemacht wird. Geschieht dies, so ändert sich der Maßstab und es treten die Kollisionsnormen der Art. 17 EG. ein. Im Uebrigen werden jene Beziehungen namentlich in Gestalt des Anspruchs auf Herstellung des ehelichen Lebens (§ 606 CPO. s. oben S. 138), oder durch Anrufen des Vormundschaftsgerichts (§§ 1357, 1358) zur Kognition der Ge-

[1]) Vortrag S. 21. So auch Barazetti S. 70.

[2]) Ich trete den Ausführungen Niedners S. 39 bei.

richte kommen[1]). Dabei wird der Gesichtspunkt des Art. 30 EG. eine wesentliche Bedeutung gewinnen. Im Art. 2 Satz 2 der Haager Konferenzbeschlüsse (s. oben S. 143) hat dieser Gesichtspunkt eine unmittelbar verwendbare Formulierung gefunden.

Auch der Grundsatz des Art. 15 Abs. 1 ist, wie früher (S. 34ff.) ausgeführt, dahin zu erweitern, daß der eheliche Güterstand sich stets nach dem Heimatrecht des Ehemannes zur Zeit der Eheschließung richtet.

Rückverweisung gemäß Art. 27[2]) und lex rei sitae gemäß Art. 28 begründen Ausnahmen (s. oben S. 74ff., 86ff.).

Vertragsmäßiger oder gesetzlicher Güterstand stehen einander gleich, mit Ausnahme des im letzten Satz des Art. 15 ausgesprochenen Grundsatzes. Dieser letztere ist nicht als Exklusivsatz, sondern als Ausdruck eines Prinzipes zu behandeln, welches analog auch in anderen als in den durch Abs. 2 Satz 1 bezeichneten Fällen Anwendung zu finden hat[3]). Die zweite Kommission hatte dies (§ 2250) allgemein dahin formuliert[4]): „Das Verbot, einen Ehevertrag zu schließen, verliert jedoch seine Kraft, wenn der Vertrag nach den Gesetzen des Staates zulässig ist, in welchem der Mann die Staatsangehörigkeit erwirbt.“ Die nunmehrige Fassung erklärt sich als Folge der bundesräthlichen Umformung der früher vollkommenen Kollisionsnorm in eine unvollständig zweiseitige.

Ein hiernach einmal wirksam geschlossener Ehevertrag muß aber unter allen Umständen auch weiterhin wirksam bleiben, mögen auch nachträglich die Thatbestandsmomente weggefallen sein, auf welche die Norm des Absatzes II und demgemäß insbesondere auch der Schlußsatz sich bezieht. Wenn das Gesetz einem Vertrag Wirksamkeit zuspricht, so ist nach allgemeinen Grundsätzen darunter dauernde

---

[1]) Die unter Umständen auch gegenüber Ausländern begründete Kompetenz deutscher Vormundschaftsbehörden folgt theils unmittelbar aus Art. 16 Abs. 2 EG., theils aus der Verfolgung der in Art. 30 EG. enthaltenen Gesichtspunkte.

[2]) Gegen Schnell, Ztschr. VII 116, Silberschmid, Ztschr. VIII 102, s. Niedner S. 40, 41. Zu dem Folgenden vgl. auch K. Hasler, „Das eheliche Güterrecht im internationalen Privatrecht“, Zürich 1897.

[3]) So hier (ausnahmsweise) auch Niedner S. 43 Nr. 5. Vgl. Bar, Theorie I 523, 524.

[4]) Prot. VI 57.

Wirksamkeit zu verstehen. Wenn ein französisches Ehepaar Domizil in Deutschland genommen, dann gemäß § 1432ff. BGB. einen Gütertrennungsakt errichtet hat, so bleibt nach Art. 15 dieser Ehevertrag gültig, auch wenn das Ehepaar sein Domizil nach Frankreich zurückverlegen sollte, obwol zufolge art. 1395 des code civil ein nach der Eheschließung errichteter Ehevertrag nichtig nicht. Es liegt auf der Hand, daß damit die Möglichkeit von Widersprüchen und Konflikten zwischen deutscher und ausländischer Rechtspflege gegeben ist, sofern das Recht des Auslandes dem Art. 15 die Anerkennung versagt. Kehrt etwa die Wittwe (die vielleicht vor der Verheirathung die deutsche Staatsangehörigkeit besaß) nach Deutschland zurück, oder ist dort Vermögen hinterblieben, so kann nicht nur der Fall eintreten, daß bei der Nachlaßregulierung das in Frankreich zurückgebliebene Vermögen der Ehegatten Seitens der französischen Gerichte als gütergemeinschaftlich angesehen wird, während das nach Deutschland gebrachte Vermögen von den dortigen Gerichten als Sondergut behandelt wird, sondern es sind auch widersprechende Urtheile über dasselbe Objekt möglich, wobei die Durchführung des Konfliktes deutscherseits durch §§ 723, 328 Nr. 4 („gegen den Zweck eines deutschen Gesetzes") CPO. vermittelt wird. Die Möglichkeit solcher Konsequenzen darf aber nicht davon abschrecken, dem einmal gültig errichteten Ehevertrag fortdauernde Wirksamkeit zuzuerkennen; ähnliche Widersprüche können sich auch aus der Durchführung des Art. 15 II während der Dauer des deutschen Staatsangehörigkeits- und Wohnsitzverhältnisses ergeben. — Eine andere Frage ist, ob die einmal begründet gewesene deutsche Staats- bezw. Wohnsitzzugehörigkeit noch weitere die Zugehörigkeit überdauernde Folgen hat, sei es für den Fall, daß während jener Zugehörigkeit ein Ehevertrag errichtet worden ist, sei es, daß dies nicht geschehen ist. Was den letzteren Fall betrifft, so wird die Auffassung keinem Widerspruch begegnen, daß durch Art. 15 II nur *für die Dauer* der deutschen Staatsangehörigkeit oder des deutschen Wohnsitzes die unbedingte Zulässigkeit eines Ehevertrages statuiert wird, nicht aber auch für den Fall und für die Zeit, wo späterhin dieses Anknüpfungsmoment verloren gegangen ist. In diesem Fall ist die Zulässigkeit von Eheverträgen nicht anders zu behandeln, als wenn jene Staats- oder Wohnungszugehörigkeit niemals bestanden hat. Wenn ein Ehevertrag während des Bestehens der deutschen Staats- oder Wohnungszugehörigkeit errichtet ist, so scheinen gewisse Erwägungen dafür zu sprechen, daß nicht nur der Ehevertrag gültig, sondern daß nunmehr grundsätzlich auch fernerhin für Abänderungen des Güterstandes das deutsche Recht maßgebend bleibt. Es läßt sich dafür sagen, der Grundsatz der fortdauernden Geltung des deutschen Güterrechtes erheische die Fortgeltung auch der Freiheit, welche nach deutschem Rechte den Güterstand nach Schließung des Ehevertrages begleitet, das heißt des Rechtes der Ehegatten, den Vertrag aufzuheben oder zu ändern. Man könnte sagen, der vertragsmäßige Güterstand habe ohne solches Aenderungs- und Aufhebungsrecht einen anderen Inhalt als mit diesem Recht. Aber überwiegende praktische Gründe sprechen doch gegen die Konsequenz solcher Erwägungen, und als Ausnahmebestimmung wird der Schlußsatz des Art. 15 eine strikte Interpretation nach dieser Seite wenn nicht erheischen, so doch jedenfalls gestatten. In praktisch ausreichender Weise wird jenen Gesichtspunkten durch die vorher vertretene analoge Anwendbarkeit des Schlußsatzes entsprochen. Aenderungen der Ehepakten sind hiernach zulässig, wenn und soweit das jeweilige Heimatrecht des Ehemannes sie gestattet.

Nach Art. 11 ist auch für die Form der Ehepakten das jeweilige Personalstatut grundsätzlich maßgebend, die Beobachtung der lex loci actus aber ausreichend. Die Annahme, daß § 1434 BGB. („Der Ehevertrag muß bei gleichzeitiger Anwesenheit beider Theile vor Gericht oder vor einem Notar geschlossen werden.") mit Bezug auf Art. 30 EG. unter Umständen zwingende Anwendung fordere (was von Silberschmid, Ztschr. VIII 104 und Barazetti S. 77 vertreten wird), ist durch nichts gerechtfertigt. Der Gedanke ist, nebenbei gesagt, in den Verhandlungen der zweiten Kommission (Prot. VI 60) ausdrücklich abgelehnt worden.

Zweifelhaft kann die Grenze zwischen dem Anwendungsgebiet des Art. 15 und Art. 7 werden, da mitunter Zweifel darüber obwalten können, ob eine die Verfügungen der Frau beschränkende Bestimmung als Beschränkung der Handlungsfähigkeit oder als Beschränkung des Verfügungsrechtes über bestimmte Objekte aufzufassen ist. Auch in den deutschen Systemen des ehelichen Güterrechts ist die Antwort auf diese Frage nicht überall zweifellos. Ich glaube, man wird sagen dürfen, daß wegen des inneren Zusammenhanges, welcher zwischen solchen Bestimmungen und dem ehelichen Güterstand meistens auch dort besteht, wo die Bestimmung das Aussehen einer Beschränkung der persönlichen Handlungsfähigkeit haben, im Zweifel Art. 15 anzuwenden ist. Dies gilt insbesondere auch hinsichtlich gewisser Beschränkungen der Testierfähigkeit der Ehegatten, namentlich der Ehefrau. Hier kann aber außerdem die Grenze gegenüber dem Gebiet der erbrechtlichen Kollisionsnormen zweifelhaft werden. Wenn nach dem Recht des Kanton Uri[1]) die Ehefrau zur Errichtung von Vermächtnissen der Einwilligung ihres Ehemannes bedarf, so ist dies eine Sonderanwendung des Satzes, daß „Bevogtete der Genehmigung der Vormundschaft bedürfen". Daher handelt es sich hier um einen Grundsatz, welcher dem Gebiet des Art. 7 EG. angehört. Wenn dagegen § 511 des Zivilgesetzbuchs für Graubünden vorschreibt: „Letztwillige Verfügungen der Ehefrau zu Gunsten ihres Ehegatten und seiner Anverwandten bedürfen zu ihrer Gültigkeit der Zustimmung und Mitunterzeichnung eines außerordentlichen Beistandes", so gehört diese Bestimmung als rein erbrechtliche dem Gebiete der Artt. 24, 25 EG. an, während endlich Art. 423 des Codice civile für Ticino („La moglie non può disporre per testamento dei beni dotali, se non coll' assenso del marito, in caso e pel caso di prole mancante") lediglich dem ehelichen Güterrecht zugehört und daher den Grundsätzen des Art. 15 EG. untersteht.

Die Grenze zwischen dem Gebiet der eherechtlichen und der erbrechtlichen Kollisionsnormen kann auch in vielen anderen Beziehungen zweifelhaft werden. Die Grenzregulierung gehört zu den häufigst vorkommenden Problemen der Praxis des internationalen Privatrechts[2]). Allgemeine Regeln oder auch nur leitende Gesichtspunkte für die Behandlung dieser Probleme lassen sich in praktisch brauchbarer Weise kaum aufstellen. Indessen darf doch soviel prinzipiell gesagt werden, daß zunächst der Zusammenhang der Güterstandsnormen so weit verfolgt und als maßgeblich behandelt werden muß, bis der Faden reißt, der Zusammenhang der Güterrechtsnormen geradezu versagt. Das Güterrecht ist das Primäre, das Erbrecht das Sekundäre. Bemerkenswerth ist dabei, daß auch der Art. 200 EG. von den „erbrechtlichen Wirkungen des Güterstandes" spricht und diese Wirkungen hinsichtlich des zeitlichen Anwendungsbereiches dem älteren Recht unterstellt werden. Das — wandelbare — Erbstatut (Artt. 24, 25 EG.) ist in gewissem Sinn die jüngere

---

[1]) Huber, System und Geschichte des schweizerischen Privatrechts I 283.

[2]) Vgl. Silberschmid, Ztschr. III 133—154, VIII 98—117.

Rechtsnorm gegenüber dem — unwandelbaren — Güterstandsstatut. Insofern gibt Art. 200 EG. eine Analogie[1]).

Eine andere Grenzfrage betrifft das Verhältniß des Art. 15 zu Art. 17. Auch in dieser Hinsicht dürfte insofern eine Präponderanz des Art. 15 anzunehmen sein, als primo loco die Normen des nach Art. 15 maßgeblichen Güterstandsstatutes, welche für den Fall der Ehescheidung die Vermögensauseinandersetzung regeln, gemäß Art. 15 maßgebend sind. Auch hinsichtlich der sogenannten „Ehescheidungsstrafen" wird man nur ausnahmsweise zur Maßgeblichkeit des Art. 17 gelangen dürfen[2]), nämlich nur dann, wenn die Ehescheidungsstrafe sozusagen eine Qualität der Ehescheidung selbst bildet[3]). Ein größerer Raum als dem Art. 17 wird in Hinsicht der vermögensrechtlichen Folgen der Ehescheidung dem Art. 30 zu gewähren sein. Ganz unzweifelhaft erscheint es mir z. B., daß § 1583 BGB. („Ist die Ehe wegen Geisteskrankheit eines Ehegatten geschieden, so hat ihm der andere Ehegatte Unterhalt in gleicher Weise zu gewähren wie ein allein für schuldig erklärter Ehegatte") auf alle Scheidungen wegen Geisteskrankheit anzuwenden ist, welche von deutschen Gerichten ausgesprochen werden. Ich glaube aber, daß man noch weiter gehen und die sämmtlichen Vorschriften der §§ 1578—1585 BGB. über Unterhaltspflicht gemäß der deutschen lex fori als maßgeblich behandeln muß.

Das schließt nicht in sich, daß auch an ausländische Ehescheidungsurtheile die Rechtsfolgen der deutschen Gesetzgebung zu knüpfen sind. Vielmehr wird hier im Allgemeinen (vorbehaltlich der Anwendung des Art. 30 im Einzelnen) dem vorher ausgesprochenen Gedanken Konsequenz gegeben werden müssen, daß gewisse vermögensrechtliche Folgen dem Ehescheidungsurtheil immanent sind. Die deutsche Anerkennung des ausländischen Ehescheidungsurtheils schließt die Anerkennung dieser Folgen in sich.

Die Wirkungen des ehelichen Güterstandes, welche, wie fortgesetzte Gütergemeinschaft, Nießbrauch der Wittwe am Kindesvermögen u. s. w. beim Tode eines Ehegatten eintreten und durch Wiederverheiratung beendet werden, bleiben dem Art. 15 unterworfen. Andere sog. Strafen der Wiederverheiratung charakterisieren

[1]) Vgl. auch Entsch. RG. 36 S. 331.

[2]) Die Formulierung in RG. Entsch. Bd. 38 S. 198 muß m. E. eingeschränkt werden.

[3]) Vgl. RG. Entsch. Bd. 38 S. 197.

sich größtentheils als Schutzmaßregeln positiver und singulärer Art für die Kinder erster Ehe. Diese sind weder Bestandtheile der Güterstandsnormen (Art. 15 EG.), noch des Erbrechtes (Artt. 24, 25), sondern gehören als Spezialnormen des Eltern- und Kindesrechtes dem Gebiete des Art. 19 EG. an. Da es sich um Sicherung gegen die den Kindern durch die Wiederverheiratung drohenden Nachtheile handelt, so muß natürlich das Personalstatut maßgebend sein, welches der parens binubus vor Eingehung der neuen Ehe hatte. Dasselbe gilt für diejenigen poenae secundarum nuptiarum, deren Tendenz die Verhinderung der Wiederverheiratung ist. Hier kann freilich Art. 30 EG. zu einer anderen Entscheidung führen.

Der Art. 16 gibt eine Ausnahmevorschrift im Sinne des Art. 30 im Interesse Dritter, welche mit den Ehegatten in rechtsgeschäftliche oder auch sonstige juristische Beziehungen treten. Nach Abs. 1 wird Dritten gegenüber der Ehemann so behandelt, als ob er Verwaltung und Nutznießung gemäß der Verwaltungsgemeinschaft des BGB. hätte, sofern nicht ein abweichender Inhalt des zwischen den Ehegatten bestehenden Güterverhältnisses im Güterrechtsregister eingetragen ist. Nach Abs. 2 gelten Dritten gegenüber die deutschen Vorschriften über Schlüsselgewalt (§ 1357) Mucianische Präsumtion (§ 1362), selbständigen Betrieb eines Erwerbsgeschäftes durch die Frau (§ 1405), sofern nicht etwa die nach § 14, 15 EG. maßgebenden Vorschriften dem Dritten noch günstiger sind. Die Anwendung von §§ 1357 Abs. 1 und 1405 Abs. 1 und 2 BGB. ist indessen nicht so zwingend, wie es nach Art. 16 auf den ersten Blick scheint. Der Ehemann kann ihre Anwendbarkeit nämlich in Gemäßheit der §§ 1357 Abs. 2 und 1405 Abs. 3 auch Dritten gegenüber wirksam beschränken, indem er eine entsprechende Eintragung im Güterrechtsregister des Domizils (§ 1558 BGB.) bewirkt. —

Daß Art. 16 keinerlei analoge Anwendung finden kann, ergibt Wortlaut und Sinn der Vorschrift unmittelbar.

Was die Auflösung der Ehe betrifft, so ist von der Todeserklärung bereits die Rede gewesen. (S. oben S. 119ff.) Bezüglich der Ehescheidung (hier zunächst im weitesten Sinn des Wortes genommen) bestimmt Art. 17 EG.:

„Für die Scheidung der Ehe sind die Gesetze des Staates maßgebend, dem der Ehemann zur Zeit der Erhebung der Klage angehört.

Eine Thatsache, die sich ereignet hat, während der Mann einem anderen Staate angehörte, kann als Scheidungsgrund nur geltend gemacht werden, wenn die Thatsache auch nach den Gesetzen dieses Staates ein Scheidungsgrund oder ein Trennungsgrund ist."

Die nach Art. 27 EG. zu befolgende Rückverweisung kommt hier nicht so sehr in der Weise vor, daß das Auslandsrecht die lex domicilii unmittelbar für maßgebend erklärt, als vielmehr in der Gestalt, daß das Auslandsrecht — in verschiedenen Modifikationen — die lex fori als Ehescheidungsstatut behandelt. Dabei pflegt die zwingende Maßgeblichkeit des eigenen Rechtes für die eigenen Gerichte im Vordergrund zu stehen. Aber vielfach wird auch generell die Maßgeblichkeit der lex fori anerkannt, wenn auch wiederum mit Einschränkungen, insbesondere bezüglich der Kompetenzvoraussetzungen. In Gestalt der letzteren wird z. B. in England[1]) und in den Vereinigten Staaten von Amerika[2]) die lex domicilii des Ehemannes mit der lex fori kombiniert, indem die absolute Maßgeblichkeit der lex fori für Ehescheidungsfragen als selbstverständlich vorausgesetzt, für die Kompetenz aber das Domizil des Ehemannes zu Grunde gelegt wird und diese Regeln nicht nur von den englischen und amerikanischen Gerichten bei ihren eigenen Entscheidungen angewendet, sondern auch zu dem Grundsatz verallgemeinert werden, den Westlake formuliert: „A divorce pronounced by a foreign court is treated as valid when, and only when, the parties were domiciled within the jurisdiction of that court at the time of the suit in it."[3]) Soweit hiernach die englisch-amerikanische Praxis deutsche Ehescheidungen von in Deutschland domizilierenden Engländern und Amerikanern gelten läßt, welche auf Grund lediglich deutschrechtlicher Ehescheidungsgründe (z. B. Geisteskrankheit § 1569 BGB.) ergangen sind, müssen wir es unsererseits gemäß Art. 27 EG. bei der alleinigen Maßgeblichkeit unseres Rechtes bewenden lassen und Art. 17 wird somit hier sehr stark modifiziert. Ein eigenthümliches Ausnahmemoment kommt in diese Erwägungen dadurch hinein, daß nach amerikanischem Recht, wenn in fraudem

[1]) Westlake, Private international law, 3. Aufl., London 1890, S. 74ff. Nelson, Private international law London 1889 S. 128ff.

[2]) Story, Conflict of laws, 8. Ausg. 1883 § 228, Wharton, Conflict of laws, 2. Ausg. 1881, §§ 223ff.

[3]) Westlake a. a. O. § 50 und § 52 Absatz 1, Schlußsatz. Nelson a. a. O. S. 131.

legis zur Umgehung des amerikanischen Ehescheidungsrechtes eine Domizilverlegung stattgefunden hat, ein bei diesem forum domicilii erlangtes Scheidungsurtheil nicht anerkannt wird[1]). Hiernach kommt in Frage, ob nicht die Rückverweisung des amerikanischen Rechtes als durch sog. bona fide-Domizil bedingt anzusehen ist, so daß die deutschen Gerichte den Art. 17 EG. wiederum uneingeschränkt anzuwenden hätten, wenn das deutsche Domizil in fraudem des amerikanischen Rechtes gewählt worden ist. Man wird nicht sagen dürfen, daß dies künstlich sei. Denn die Beachtung jenes Gesichtspunktes des amerikanischen Rechtes bedeutet nichts anderes als die konsequente Verfolgung des dem Artikel 17 zu Grunde liegenden Prinzipes, daß deutsche Gerichte keine Ehescheidungsurtheile im Widerspruch mit dem materiellen Ehescheidungsrecht des Heimatrechtes des Ehemannes fällen sollen. Dennoch glaube ich, daß, soweit das Heimatrecht auf unsere lex fori zurückverweist, das deutsche Recht unter Zurückweisung jenes Gesichtspunktes des mala fide-Domizils angewendet werden muß, da eine Berücksichtigung des in fraudem legis agere hier in Wahrheit eine Durchbrechung unserer prozessualischen Kompetenzgrundsätze (§ 606 CPO.) bedeuten und gegen Art. 30 EG. verstoßen würde. Auch im englischen Recht finden sich Ansätze für jene Doktrin des amerikanischen Rechtes[2]). Darum ist auch hinsichtlich Englands es nicht ganz gleichgültig, wie wir jene Doktrin im Hinblick auf Art. 27 zu behandeln haben.

Die Anwendung des Art. 27 auf Art. 17 wird übrigens vielfach durch den Gesichtspunkt des Art. 30 unterstützt. Es würde z. B. auch gegen den Zweck der §§ 1569 BGB. und 606 CPO. verstoßen, wenn bezüglich eines in Deutschland domicilierenden englischen Ehepaares die Ehescheidung wegen Geisteskrankheit mit Rücksicht auf das abweichende englische Recht abgelehnt würde. Ein ähnliches Ergebniß wird sich vielfach herausstellen.

Nicht aber wird man das deutsche Recht ohne Rücksicht auf das Heimatrecht in den Fällen anwenden dürfen, wenn das Heimatrecht des Ehemannes seinerseits nur einseitig für die eigenen Gerichte die absolute Anwendbarkeit der lex fori vorschreibt, wie dies z. B. in

---

[1]) S. Journal XV 691 und Niemeyer, Vorschläge und Materialien II Nr. 289 (Delaware), 299 (Maine), 300 (Massachusets).

[2]) Nelson a. a. O. S. 131.

Argentinien, Chile, Ecuador, Honduras, Salvador, Uruguay der Fall ist. Diesen Staaten gegenüber würde eine Retorsion am Platze sein. Sie ist aber durch Art. 17 und 31 EG. dem Reichskanzler und dem Bundesrath vorbehalten. Art. 27 und 30 EG. versagen hier.

Die große Mehrzahl der Staaten, insbesondere Frankreich, Italien, Oesterreich-Ungarn, die Schweiz und die vielen kleineren dem französischen Recht folgenden Staaten, steht übrigens bezüglich des Ehescheidungsrechtes im Wesentlichen auf dem Standpunkt des Art. 17 EG., so daß die Rückverweisung nicht in Betracht kommt.

Eine Hauptfrage, die sich an Art. 17 anschließt, ist die, ob die Anwendbarkeit des ausländischen Personalstatutes so weit geht, daß deutsche Gerichte auf (dauernde oder zeitweilige) Trennung von Tisch und Bett erkennen können und demgemäß gegebenen Falls müssen.

Die Frage muß verneint werden.

Das BGB. und Art. 17 EG. kennen als Inhalt des Urtheils nur Scheidung (§§ 1564ff. BGB.) und Aufhebung der ehelichen Gemeinschaft (§ 1575 BGB.). Die Berücksichtigung eines „Trennungsgrundes" (Art. 17 Abs. 2), die, wie Riedner (S. 47) zutreffend gegen Fischer und Henle ausführt, keineswegs auf Redaktionsversehen zurückzuführen ist, soll gleichfalls nur in Gestalt des Scheidungsurtheils oder der Aufhebung der ehelichen Gemeinschaft geschehen.

Die Aufhebung der ehelichen Gemeinschaft darf nun keineswegs etwa[1]) als eine Ehescheidungsform betrachtet und benützt werden, mittels deren der Inhalt der völlig davon verschiedenen separatio quoad mensam et thorum des Auslandsrechtes bewirkt werden könnte. Die Aufhebung der ehelichen Gemeinschaft ist ihren Voraussetzungen und Wirkungen nach (§§ 1576, 1586 BGB.) potestativ bedingte Scheidung. Das nach Art. 17 maßgebende Auslandsrecht, welches Trennung von Tisch und Bett vorschreibt, würde durch die Aufhebung der ehelichen Gemeinschaft gar nicht angewendet, sondern mißwendet werden. Wenn Fischer und Henle zu Art. 17 EG. bemerken: „Ausländische Eheleute, deren Ehe nach dem maßgebenden ausländischen Rechte nur dauernd getrennt, nicht geschieden werden kann,

[1]) Dies scheint Keidel, Ztschr. VII 243, zu thun.

können daher in Deutschland (nur) die Klage auf Aufhebung der ehelichen Gemeinschaft stellen", so ist das ein Versehen, das schon durch den Wortlaut von Art. 17 Abs. 4 hätte ausgeschlossen sein sollen, wonach deutlichst und mit bestem Grunde die Aufhebung der ehelichen Gemeinschaft für eine Ausländerehe nur statthaft ist, wenn nach dem maßgebenden Auslandsrecht ein Scheidungsgrund vorliegt. Wenn das nach Art. 17 maßgebende Recht nur separatio quoad mensam et thorum kennt, ist die Klage schlechtweg abzuweisen, möge sie auf Trennung, Scheidung oder Aufhebung der ehelichen Gemeinschaft gerichtet sein.

Die Klage auf zeitweilige Trennung von Tisch und Bett steht auf derselben Linie. Von ihr muß man sagen, daß sie durch Art. 17 überhaupt nicht betroffen wird. Sie ist eine Maßnahme, welche mit der Auflösung der Ehe kaum noch etwas gemein hat, sondern in derselben Richtung liegt, wie etwa § 1361 BGB. Sie betrifft die persönlichen und vermögensrechtlichen Beziehungen der Ehegatten in einer bestehenden Ehe, fällt also eher in den Bereich der Kollisionsnormen der Artikel 14 und 15. Aber auch diese Vorschriften sind nicht anwendbar. Es handelt sich um eine gerichtliche Anordnung, für welche das deutsche Recht keine Kompetenzbestimmungen und keine Verfahrensnormen hat, welche aber außerdem geradezu durch den Zweck der gesammten deutschen Vorschriften und Einrichtungen des Eherechts ausgeschlossen wird. Die Anordnung im Wege der einstweiligen Verfügung, die Riedner (S. 46) für zulässig hält, würde m. E. durch §§ 935, 940 CPO. nicht gedeckt werden, und § 627 CPO. paßt nicht, weil hier ja ein Scheidungsprozeß vorausgesetzt wird [1]).

Eine besonders bemerkenswerte Vordrängung der deutschen lex fori liegt darin, daß nach Art. 17 auch dem Ausländer, dessen Heimatrecht nur Scheidung kennt, die Aufhebung der ehelichen Gemeinschaft zugänglich gemacht wird.

Ueber die Wirkungen der Ehescheidung in vermögensrechtlicher Hinsicht ist bereits gesprochen (s. oben S. 149). Daß die persönlichen

---

[1]) Jacobi, „Das persönliche Eherecht des BGB.", 1899, S. 105 meint, wenn die Klage auf zeitweilige Trennung erhoben sei, so werde der Vorsitzende den Kläger gemäß § 139 CPO. veranlassen, den Antrag auf Aufhebung der ehelichen Gemeinschaft zu richten. Das bedarf nach dem oben Gesagten keiner Widerlegung.

Wirkungen (Namensführung, Widerruf von Schenkungen, persönliches Verhältniß zu den Kindern) unter der Maßgabe des Art. 17 stehen, bedarf hier noch der Erwähnung. Die vermögensrechtlichen Beziehungen zu den Kindern dagegen gehören in den Bereich des Art. 19 EG.

Die Fähigkeit zur Wiederverheirathung endlich ist grundsätzlich nicht nach dem Art. 17, sondern nach dem Art. 13 zu beurtheilen (s. oben S. 135ff.), natürlich mit der Maßgabe, daß die Tragweite einer richterlichen Entscheidung durch ihren Inhalt bedingt ist und der Inhalt abhängig ist von der lex fori.

§ 12.

Eltern- und Kindesverhältniß. Vormundschaft.

Hinsichtlich des ehelichen Eltern- und Kindesverhältnisses bestimmt das EG.:

Art. 18. „Die eheliche Abstammung eines Kindes wird nach den deutschen Gesetzen beurtheilt, wenn der Ehemann der Mutter zur Zeit der Geburt des Kindes Deutscher ist oder, falls er vor der Geburt des Kindes gestorben ist, zuletzt Deutscher war."

Art. 19: „Das Rechtsverhältniß zwischen den Eltern und einem ehelichen Kinde wird nach den deutschen Gesetzen beurtheilt, wenn der Vater und, falls der Vater gestorben ist, die Mutter die Reichsangehörigkeit besitzt. Das Gleiche gilt, wenn die Reichsangehörigkeit des Vaters oder der Mutter erloschen, die Reichsangehörigkeit des Kindes aber bestehen geblieben ist."

Aus den — einseitig formulierten — Kollisionsnormen des Art. 18 und Art. 19 Satz 1 ergeben sich gemäß den früheren Ausführungen (s. oben S. 34ff.) die allgemeinen Regeln:

1. Die Ehelichkeit eines Kindes wird durch das Recht des Staates bestimmt, dem der Ehemann zur Zeit der Geburt des Kindes oder — im Falle früheren Versterbens — zur Zeit seines Todes angehört.

2. Das Rechtsverhältniß zwischen Eltern und ehelichen Kindern wird nach dem Recht bestimmt, welchem jeweilig der Vater oder, wenn dieser gestorben ist, die Mutter angehört.

Der Rückverweisung des nach Art. 18, 19 maßgebenden Auslandsrechtes auf das deutsche Recht ist stattzugeben (s. oben S. 76ff.). — Hinsichtlich fehlender und mehrfacher Staatsangehörigkeit s. oben S. 61ff.

Die Vorfrage der Gültigkeit der Ehe ist zunächst gemäß Art. 13, eventuell auch nach Art. 17 und Art. 30 zu entscheiden. Ist aber hiernach die Ehe gültig, so ist gemäß Art. 18 das Heimatrecht des Ehemannes für die Frage der Präsumtion der Vaterschaft, für die Dauer der Konzeptionsfrist, Anfechtung der Ehelichkeit, Anerkennung u. s. w. (§§ 1591—1600 BGB.) entscheidend. Ist die Ehe ungültig, so entscheidet das Personalstatut des Ehemannes gemäß Art. 19 für die Frage, inwiefern die in diesem Verhältniß erzeugten Kinder unter dem Gesichtspunkt der Putativehe oder schlechthin oder gar nicht die Rechte der ehelichen genießen.

Für das Verfahren in Filiationssachen vor deutschen Gerichten treffen §§ 640—44 CPO. Bestimmungen. Die Zuständigkeitsbestimmungen des § 642 CPO. in Verbindung mit § 12 CPO. und § 1597 BGB., sowie § 72 des Reichsgesetzes über die freiw. Gerichtsbarkeit decken allerdings, wie Riedner S. 51 richtig bemerkt, nicht alle Fälle, in welchen nach Art. 18 das deutsche Recht nach dem EG. maßgebend sein soll. Dieses Ziel ist aber auch in den meisten anderen Kollisionsfragen keineswegs weder erreicht noch erstrebt.

Ausländische Entscheidungen über Filiationsfragen, positive wie negative, sind anzuerkennen, wenn sie dem nach Art. 18 EG. maßgeblichen Personalstatut des Vaters oder der Mutter entsprechen, vorbehaltlich des Gesichtspunktes des Art. 30 EG. und des § 328 CPO.

Was den Art. 19 betrifft, so bestimmt er sowohl die rein persönlichen, wie die vermögensrechtlichen Rechtsbeziehungen zwischen Eltern und Kindern. Auch Minderjährigkeit und Großjährigkeit richten sich theilweise nach Art. 19. Es kann vorkommen, daß bezüglich der Elternrechte jemand gemäß Art. 19 als minderjährig, bezüglich der Geschäftsfähigkeit gemäß Art. 7 Abs. 1 als großjährig zu behandeln ist. So z. B. wenn ein 22jähriger Schweizer, dessen Vater lebt, die Reichsangehörigkeit erworben hat (etwa durch Anstellung im Dienst eines deutschen Bundesstaates). Das Nießbrauchsrecht des Vaters am Vermögen des Sohnes, wie es nach den meisten Schweizerrechten (s. z. B. Zivilgesetzbuch von Neuenburg § 194) bis zur Volljährigkeit (23 Jahre nach schweizerischem Recht) besteht, dauert fort, da nach dem Prinzip des Art. 19 hierfür das Personalstatut des Vaters maßgebend ist, und zwar einschließlich der Frage des den Nießbrauch beendenden Volljährigkeitstermins. In Bezug auf die Geschäftsfähigkeit und das Vormundschaftsrecht ist aber der Sohn gemäß Art. 7 Abs. 1 als volljährig zu behandeln. Ueber den zweiten Satz des Art. 19 s. oben S. 105ff., über das Eingreifen des Art. 28 S. 86ff.

Der Art. 134 EG., welcher die religiöse Erziehung der Kinder der Landesgesetzgebung überläßt, bedingt, daß auch die Kollisionsfrage in dieser Hinsicht nach Landesrecht zu behandeln ist. Insbesondere kommt dabei in Frage, inwiefern den betreffenden landesgesetzlichen Bestimmungen der Charakter von Exklusivsätzen beiwohnt.

Die Frage nach dem Verhältniß des Art. 19 zu Art. 17 wegen der Kinder aus geschiedenen oder (quoad mensam et thorum) getrennten Ehen ist, wie bereits erwähnt, im Sinn der Präponderanz des Art. 17 zu beantworten. Art. 19 macht keine Ausnahme betreffs der Kinder aus geschiedenen oder getrennten Ehen. Eine Ausnahme zu Gunsten des Art. 17 begründet aber ein in Ehesachen ergangenes Urtheil, soweit nach dem in diesem Urtheil zur Anwendung kommenden Recht die Erziehungs- und Vermögensfragen hinsichtlich der Kinder als Bestandtheile der Ehescheidungsangelegenheit behandelt werden. Wenn wir ein solches Urtheil überhaupt anerkennen, so müssen wir es auch in jener Beziehung anerkennen. Das gilt z. B. hinsichtlich französischer Ehescheidungsurtheile zufolge Artt. 302ff. des Code Civil, wo die Vertheilung der Elternrechte als „effet du divorce“ behandelt ist. Daß auch gegenüber solchen Urtheilen deutsche Vormundschaftsgerichte im Sinn des § 1635 BGB. einschreiten können, ergibt sich aus Art. 23 EG., würde aber auch ohne diesen Artikel aus dem Zweck des § 1635 BGB. in Verbindung mit Art. 30 EG. folgen.

Auch zwischen Artt. 14 und 15 einerseits, Art. 19 andererseits kann die Grenzlinie zweifelhaft werden, nämlich hinsichtlich einer Frau, deren Ehemann ein anderes Personalstatut hat, als ihr Vater. Das Personalstatut der Artt. 14, 15 und des Art. 19 können hier in Gegensatz treten, indem nach dem Heimatrecht des Ehemannes die väterliche Gewalt durch die Heirat erlischt, nach demjenigen des Vaters nicht, oder umgekehrt. Mit Bar (Theorie I 551, Lehrbuch S. 89) halte ich es für richtig, die Beendigung der väterlichen Gewalt anzuerkennen, wenn sie auch nur nach einem der betheiligten Personalstatute eintritt. Wenn das Personalstatut des Vaters die Tochter gewaltfrei werden läßt, so liegt keine Veranlassung vor, dem Vater Rechte zuzusprechen kraft des Personalstatuts des Schwiegersohnes. Im umgekehrten Fall sind die durch die neue Staatsangehörigkeit und das eheliche Band geknüpften Beziehungen für stärker zu erachten, als das auf der früheren Staatsangehörigkeit und dem Kindesverhältniß beruhende Rechtsband. Die schwächere Beziehung muß dem unlöslichen Konflikt erliegen[1]).

In Bezug auf Legitimation und Adoption bestimmt das EG.:

Art. 22: „Die Legitimation eines unehelichen Kindes sowie die Annahme an Kindesstatt bestimmt sich, wenn der Vater zur Zeit der Legitimation oder der Annehmende zur Zeit der Annahme die Reichsangehörigkeit besitzt, nach den deutschen Gesetzen.

Gehört der Vater oder der Annehmende einem fremden Staat an, während das Kind die Reichsangehörigkeit besitzt, so ist die Legitimation oder die Annahme unwirksam, wenn die nach den deutschen Gesetzen erforderliche Einwilligung des Kindes oder eines Dritten, zu dem das Kind in einem familienrechtlichen Verhältnisse steht, nicht erfolgt ist."

Daraus ergeben sich gemäß den früher entwickelten Gesichtspunkten (S. 34ff.) die allgemeinen Regeln:

Für die Legitimation oder Adoption ist das Recht des Staates maßgebend, dem der Vater oder der Annehmende zur Zeit der Legitimation oder der Annahme angehört. Das Erforderniß der Einwilligung des Kindes oder eines Dritten, zu dem das Kind in einem familienrechtlichen Verhältnisse steht, bestimmt sich nach dem Recht des Staates, welchem das Kind zur Zeit der Legitimation oder der Annahme angehört.

Der Rückverweisung auf das deutsche Recht ist nach Analogie des Art. 27 (s. oben S. 74ff.) zu entsprechen.

Bei der Legitimation durch nachfolgende Ehe kommen als Vorfragen in Betracht: einerseits die Frage der Gültigkeit der Ehe, andererseits die Frage der Zeugung durch den nunmehrigen Ehemann. Die erstere ist gemäß Art. 13 EG. zu beantworten, die

---

[1]) Niemeyer, Vorschläge und Materialien I S. 213.

letztere lediglich gemäß Art. 22, so daß also insbesondere die Regeln über die Empfängnißzeit (1717, 1720 BGB.) dem zur Zeit der Eheschließung bestehenden Personalstatut des Ehemannes zu entnehmen sind.

Was die Legitimation durch Ehelichkeitserklärung betrifft, so ist hier für deutsche Väter gemäß § 1723 BGB. („die Ehelichkeitserklärung steht dem Bundesstaate zu, dem der Vater angehört; ist der Vater ein Deutscher, der keinem Bundesstaat angehört, so steht sie dem Reichskanzler zu") mit der ausschließlichen Kompetenz der deutschen Behörden insoweit auch die ausschließliche Maßgeblichkeit der deutschen Formvorschriften und somit die Nichtanwendbarkeit des Art. 11 Satz 2 EG. gegeben. Das bezieht sich auch auf die Formvorschrift des § 1730 (gerichtliche oder notarielle Beurkundung des Antrages und der Einwilligungserklärung)[1]. Die deutschen Behörden haben auf diese Form nicht zu verzichten, wenn Antrags- und Einwilligungserklärung im Auslande erfolgen sollten. Nur die Modalitäten der gerichtlichen oder notariellen Beurkundung müssen sich natürlich nach der lex loci actus richten. Da sich ausländische Gerichte nicht mit der Aufnahme derartiger Erklärungen befassen werden und die Notariatseinrichtungen des Auslandes theils so unvollkommen, theils den unsrigen so unähnlich sind, daß es oft zweifelhaft sein wird, ob ein Notariatsakt im Sinn des § 1730 BGB. vorliegt, so empfiehlt es sich, jene Erklärungen im Auslande vor einem deutschen Konsulat abzugeben.

Für die Annahme an Kindesstatt durch einen Deutschen folgt ein ähnliches Ergebniß aus den §§ 1741, 1750 BGB. und § 66 Abs. II[2]) des Reichs-Gesetzes über die freiwillige Gerichtsbarkeit. Der Annahmevertrag muß (§ 1750 BGB.) gerichtlich oder notariell geschlossen werden. Es gilt von diesem Erforderniß das vorher für Antrag und Einwilligungserklärung bei der Ehelichkeitserklärung Gesagte. Die Bestätigung (§ 1741 BGB.) kann nur Seitens eines deutschen Gerichtes erfolgen. In Konsular-

[1]) A. M. Riedner S. 57.

[2]) „Ist der Annehmende ein Deutscher und hat er im Inlande weder Wohnsitz noch Aufenthalt, so ist das Gericht zuständig, in dessen Bezirke der Annehmende seinen letzten inländischen Wohnsitz hatte. In Ermangelung eines solchen Wohnsitzes wird das zuständige Gericht, falls der Annehmende einem Bundesstaat angehört, von der Landesjustizverwaltung, andernfalls vom Reichskanzler bestimmt."

gerichtsbezirken ist nach § 7 des Gesetzes über die Konsulargerichtsbarkeit vom 7. April 1900 (RGBl. S. 213) der Konsul zuständig.

Es versteht sich, daß Art. 22 nicht nur die Voraussetzungen, sondern grundsätzlich auch die Wirkungen der Legitimation und der Adoption bestimmt. Aber das ist nur mit Beschränkungen durchzuführen. Für den Inhalt des dadurch hergestellten ehelichen Eltern- und Kindesverhältnisses muß nach dem Wortlaut und Sinn des Art. 19 das Statut des Art. 19 maßgebend sein; für das Erbrecht treten Artt. 24ff ein, wofern nicht das nach Art. 22 maßgebende Recht Bestimmungen über das Erbrecht enthält, welche, wie § 1759 BGB. („durch die Annahme an Kindesstatt wird ein Erbrecht für den Annehmenden nicht begründet") positiv und speziell als Bestandtheile des Adoptions- bezw. Legitimationsrechtes zu gelten haben.

Das EG. gibt keine Bestimmung für den Fall, daß die Legitimation oder Adoption nach dem Tode des Vaters erfolgt bzw. erfolgen soll, ein Fall, der praktische Bedeutung hat und im BGB. (§§ 1733, 1753) vorgesehen ist. Hier muß die letzte Staatsangehörigkeit des Verstorbenen maßgebend sein, nach Analogie des Art. 18 und nach den aus §§ 1733, 1753 BGB. sich ergebenden Gesichtspunkten.

In Bezug auf die Anerkennung der Legitimation und Adoption Seitens ausländischer Eltern wird nach Analogie der deutschen Bestimmungen möglichst streng dem Heimatrecht zu folgen sein. Die weitgehende Anwendung des Art. 30 EG., welcher Keidel (Journal XXVI 251ff.) das Wort redet, entspricht m. E. keineswegs den Zwecken der deutschen Gesetzgebung. Obwohl das BGB. eine Legitimation im Ehebruch erzeugter Kinder anerkennt, sind incestuose Kinder, die von französischen Ehegatten vorehelich gezeugt und formgerecht anerkannt sind, dennoch nicht als legitimiert anzusehen, weil Art. 335 des französischen Gesetzbuchs die Legitimation der Kinder „nés d'un commerce adultérin" ausschließt. Die Bedeutung der Legitimation und der Adoption für das Indigenat verbietet das Hineintragen moralisierender und humanisierender Gesichtspunkte der von Keidel befürworteten Art.

Hinsichtlich der unehelichen Kinder bestimmt das EG.:

Art. 20. „Das Rechtsverhältniß zwischen einem unehelichen Kinde und dessen Mutter wird nach den deutschen Gesetzen beurtheilt, wenn die Mutter eine Deutsche ist. Das Gleiche gilt, wenn die Reichsangehörigkeit der Mutter erloschen, die Reichsangehörigkeit des Kindes aber bestehen geblieben ist."

Art. 21. „Die Unterhaltspflicht des Vaters gegenüber dem unehelichen Kinde und seine Verpflichtung, der Mutter die Kosten der Schwangerschaft, der Entbindung und des Unterhalts zu ersetzen, wird nach den Gesetzen des Staates beurtheilt, dem die Mutter zur Zeit der Geburt des Kindes angehört; es können jedoch nicht weitergehende Ansprüche geltend gemacht werden, als nach den deutschen Gesetzen begründet sind."

Aus Art. 20 ergibt sich gemäß den früher (S. 34ff.) entwickelten Gesichtspunkten die allgemeine Regel, daß das Rechtsverhältniß des unehelichen Kindes zu seiner Mutter sich nach dem jeweiligen Heimatrecht der Mutter richtet. Der Rückverweisung des hiernach principaliter maßgeblichen Auslandsrechtes auf das deutsche Recht ist nach Analogie des Art. 27 stattgegeben. Die Wirkungen der Mutterverhältnisse erstrecken sich naturgemäß auch auf die Verwandten der Mutter (§ 1705 BGB.).

Die Vorschrift des zweiten Satzes ist (s. oben S. 105ff.) strikt zu verstehen und nicht auf analoge Vorgänge hinsichtlich ausländischer Staatsangehörigkeit auszudehnen.

Der Art. 21 gibt für die vielverhandelte Frage der Verpflichtungen des unehelichen Schwängerers eine Lösung, welche ohne kongruentes Vorbild in der bisherigen Gesetzgebung und Rechtspflege ist. Er schließt sich aber insofern an die in unserer Theorie und Praxis schon bisher überwiegend vertreten gewesene Auffassung an, als er das Personalstatut der Mutter zur Zeit der Geburt des Kindes zu Grunde legt. Während bisher die lex domicilii als Personalstatut galt, macht Art. 21 das Heimatrecht dazu. Die Kollisionsnorm des Art. 21 ist eine vollkommene. Die Beachtung einer etwaigen Rückverweisung des Heimatsrechts der Mutter auf das deutsche Recht ist ausgeschlossen[1]), da Art. 27 den Art. 21 nicht nennt. Der zweite Satz des Art. 21 engt indessen die Maßgeblichkeit eines ausländischen Heimatrechtes zu Gunsten des deutschen Rechtes generell ein, indem er als Maximum der zugelassenen Ansprüche dasjenige festsetzt, was das deutsche Recht gewährt, und zwar muß

[1]) A. M. seltsamer Weise Barazetti S. 91. S. dagegen Niedner S. 54 Nr. 2.

dies m. E. nicht nur auf das Quantum des Gegenstandes, sondern auch auf die Voraussetzungen der Ansprüche bezogen werden, so daß nicht nur die Vorschriften der §§ 1708, 1710, 1711, 1712, 1713, 1715, 1716 BGB., sondern auch diejenigen der §§ 1709, 1712, 1717, 1718 BGB. die Grenze bestimmt. Die exceptio plurium concumbentium (§ 1717) wird dadurch zur zwingenden lex fori. Sie ist zulässig, auch wenn das Heimatrecht der Mutter sie nicht anerkennt. Denn wenn der Alimentationsanspruch trotz mehrfacher Konkumbenz zugebilligt wird, so ist dies ein weitergehender Anspruch, als er nach den deutschen Rechten begründet ist. Das Entsprechende gilt von der Bestimmung der Konzeptionsfrist; eine dem Beklagten günstigere Bestimmung der Frist von Seiten des Heimatsrechts der Mutter kommt entgegen der Bestimmung der lex fori zur maßgeblichen Anwendung. Auch bezüglich der Verpflichtungen der Erben des Vaters (§ 1712 BGB.) muß das Gleiche gelten. Sind nach dem Heimatrecht der Mutter die Erben des Vaters nicht verpflichtet, so kann auch vor deutschen Gerichten kein Anspruch gegen sie geltend gemacht werden. Sind sie dagegen nach jenem Recht unbeschränkt verpflichtet, so können sie doch vor deutschen Gerichten das beneficium des § 1712 Abs. 2 (Abfindung mit dem Pflichttheilsbetrage ehelicher Kinder) geltend machen[1]). Diese Begünstigung ist nicht auf *deutsche* Beklagte beschränkt wie die Begünstigung des Art. 12.

Von besonderem Interesse ist die Behandlung des § 1716 BGB.[2]) Meines Erachtens handelt es sich in § 1716 lediglich um eine die Art der Rechtsverwirklichung betreffende Norm. Es ist klar, daß die Frage, wie weit die in § 1716 genannten Ansprüche begründet sind, ganz unabhängig von § 1716 zu entscheiden ist. Wenn ein den Schutz des § 1716 anrufender Antrag bei einem deutschen Gericht

[1]) A. M. *Enneccerus-Lehmann*, Bürgerl. Recht I S. 35.

[2]) „Schon vor der Geburt des Kindes kann auf Antrag der Mutter durch einstweilige Verfügung angeordnet werden, daß der Vater den für die ersten drei Monate dem Kinde zu gewährenden Unterhalt alsbald nach der Geburt an die Mutter oder an den Vormund zu zahlen und den erforderlichen Betrag angemessene Zeit vor der Geburt zu hinterlegen hat. In gleicher Weise kann auf Antrag der Mutter die Zahlung des gewöhnlichen Betrags der nach § 1715 Abs. 1 zu ersetzenden Kosten an die Mutter und die Hinterlegung des erforderlichen Betrags angeordnet werden.

Zur Erlassung der einstweiligen Verfügung ist nicht erforderlich, daß eine Gefährdung des Anspruchs glaubhaft gemacht wird."

gestellt wird, so bildet die Prüfung des Anspruches selbst die erste Frage. Diese Frage kann nicht entschieden werden, ohne daß — ausdrücklich oder implicite — festgestellt wird, ob der mit der Geburt des Kindes existent werdende Anspruch nach deutschem oder nach ausländischem Recht zu beurtheilen ist. Diese Frage läßt sich vor der Geburt nicht endgültig entscheiden, weil sie gemäß Art. 21 EG. davon abhängt, welche Staatsangehörigkeit die Schwangere zur Zeit ihrer Entbindung haben wird; und zwar gilt dies ebensosehr von dem Fall, wenn die Geschwängerte Deutsche ist, wie wenn sie Ausländerin ist. In jedem Fall ergeht die Entscheidung nicht nur unter der Bedingung, daß die Geburt eines lebenden Kindes erfolgen und das Kind mindestens 3 Monate leben wird, sondern auch unter der Bedingung, daß die übrigen Voraussetzungen des Anspruchs demnächst zutreffen werden. Zu diesen Voraussetzungen gehört auch, daß die Mutter zur Zeit der Geburt ein Personalstatut haben wird, welches den Anspruch in Gemäßheit des Art. 21 EG. rechtfertigt. Da nach allgemeiner Regel Veränderungen nicht vermuthet werden, so wird das Gericht bei seiner Entscheidung das im Augenblick der Entscheidung vorhandene Personalstatut zu Grunde legen. Ist die Schwangere Ausländerin, so ist daher der in Art. 21 vorgeschriebene doppelte Maßstab dieses Personalstatuts und des deutschen Rechts anzulegen. Aendert sich das Personalstatut vor der Entbindung, so kann danach eine neue einstweilige Verfügung gemäß § 1716 geboten sein, sei es zu Gunsten des Schwängerers, sei es zu seinen Lasten. Die Bestimmung des § 1716 BGB. ist als lex fori absolut anzuwenden. Nur hat die auf Anrufung des § 1716 BGB. ergehende Entscheidung in ihrem Inhalt sich auf Art. 21 EG. zu stützen, hierbei aber das zur Zeit der Entscheidung jeweils gegebene Personalstatut zu Grunde zu legen. — Verfehlt erscheint es hiernach insbesondere auch, wenn Barazetti (S. 90, — anscheinend auch Niedner S. 55) an das Personalstatut zur Zeit der Konzeption anknüpfen will, was, nebenbei gesagt, nicht etwa darum verworfen werden dürfte, weil dieser Zeitpunkt juristisch erst nach erfolgter Entbindung feststellbar ist. Denn auch die Vaterschaft ist ja dann erst endgültig feststellbar. Es handelt sich in § 1716 um eine summarische Vorentscheidung, welche sich auf Glaubhaftmachung evtl. durch ärztliches Gutachten zu stützen hat.

Unberührt durch Art. 21 bleiben Ansprüche und Rechte anderer als der hier speziell bezeichneten Art, sowohl der Mutter wie des

Kindes. Unberührt bleiben insbesondere der Deflorationsanspruch und Ansprüche der in den §§ 825, 1300 BGB. bezeichneten Art (Beiwohnung mittels Hinterlist, Drohung, Mißbrauchs eines Abhängigkeitsverhältnisses, Brautstand), sowie aller Fälle, in denen die Beiwohnung sich als Delikt (§ 823 BGB.) darstellt. Bezüglich dieser Ansprüche bleibt entsprechend der von der herrschenden Ansicht in Theorie und Praxis vertretenen Regel das Recht des Orts des Beischlafs maßgebend, mit der in Art. 12 EG. vorgeschriebenen Beschränkung, daß gegen einen Deutschen nicht weitergehende Ansprüche geltend gemacht werden können, als nach den Deutschen Gesetzen begründet sind[1]).

Die Frage, wo und wann der Beischlaf stattgefunden hat, ist bei den auf das Stuprum als solches gestützten Ansprüchen (Art. 12 EG.) natürlich lediglich quaestio facti. Soweit es aber bezüglich der Höhe der Entschädigung oder Buße darauf ankommt, ob die in Rede stehende Kohabitation nur als solche oder auch als Schwängerung in Betracht kommt, konkurrieren Rechtsfragen. Insbesondere kommt die Berücksichtigung mehrfacher Konkumbenz und die Bemessung der Konzeptionsfrist in Betracht. Diese Gesichtspunkte werden hier mutatis mutandi geradeso behandelt werden müssen wie hinsichtlich der Ansprüche des Art. 21 EG. Es tritt principaliter die lex loci actus als maßgebend ein, und die Begünstigung pro reo gemäß dem deutschen Recht tritt nur ein, wenn der Beklagte Deutscher ist.

Unberührt bleiben von Art. 21 ferner etwaige erbrechtliche Ansprüche unehelicher Kinder. Diese fallen in den Bereich der Artt. 24, 25 EG.

Hinsichtlich des Vormundschaftsrechtes bestimmt das EG.:

Art. 23: „Eine Vormundschaft oder eine Pflegschaft kann im Inland auch über einen Ausländer, sofern der Staat, dem er angehört, die Fürsorge nicht übernimmt, angeordnet werden, wenn der Ausländer nach den Gesetzen dieses Staates der Fürsorge bedarf oder im Inland entmündigt ist.

Das deutsche Vormundschaftsgericht kann vorläufige Maß-

[1]) Bar, Theorie I 556, II 126, Gierke, Deutsches Privatrecht I 234 Anm. 80, 82, Regelsberger, Pandekten I 175.

regeln treffen, solange eine Vormundschaft oder Pflegschaft nicht angeordnet ist."

Der Artikel bestimmt, daß unter gewissen Voraussetzungen im Inland eine Vormundschaft oder Pflegschaft auch über einen Ausländer angeordnet werden kann. Dem Wortlaut nach ist somit hier der Anwendungsbereich des materiellen Vormundschaftsrechts gar nicht bestimmt. Es wäre an und für sich denkbar und ist durch den Wortlaut des Artikels nicht ausgeschlossen, daß für die Führung einer über Ausländer eingeleiteten Vormundschaft das Heimatrecht des Bevormundeten als maßgebend behandelt würde. Indessen kommt diese Möglichkeit praktisch nicht ernstlich in Betracht. Solche Behandlung würde unausführbar sein. Der Artikel 23 selbst giebt übrigens wenigstens Anhaltspunkte für die allein rationelle Annahme, daß die im Inland eingeleitete Vormundschaft auch gemäß dem inländischen materiellen Vormundschaftsrecht zu führen ist. Einmal spricht dafür die Wendung „auch über einen Ausländer". Hier tritt der Gedanke zu Tage, daß wie regelmäßig für Inländer gerade so ausnahmsweise auch für Ausländer die Vormundschaft oder Pflegschaft eingeleitet und geführt werden könne. Ferner spricht kraft argumentum e contrario für die Maßgeblichkeit des deutschen Rechts hinsichtlich der Führung der Vormundschaft die Voraussetzung, daß der Ausländer nach den Gesetzen seines Staates der Fürsorge bedarf. Sollte auch für die Führung selbst das Auslandsrecht maßgebend sein, so hätte das gegensätzlich hervorgehoben werden müssen.

Hiernach bestimmt der Artikel zwar nicht wörtlich, aber doch sachlich den Anwendungsbereich des deutschen Vormundschaftsrechts, und zwar dahin, daß die deutschen Vorschriften für die Führung aller im Inland geführten Vormundschaften maßgebend sein sollen. In diesem Sinn bestimmt der Artikel, daß die deutschen Gesetze Anwendung finden sollen:

a) auf alle Deutsche (arg. „auch über einen Ausländer"),

b) auf Ausländer:

I. wenn sie nach ihrem Heimatrecht der vormundschaftlichen Fürsorge bedürfen und der Heimatstaat diese Fürsorge nicht übernimmt,

II. wenn sie im Inland entmündigt sind.

Es ist hiernach klar, daß die deutschen Gesetze nicht Anwendung finden sollen auf die im Ausland über Ausländer geführten Vormundschaften, ferner auch nicht für die Frage, inwieweit ohne Einleitung einer Vormundschaft gesetzliche Vormundschaften über Ausländer anzuerkennen sind, sei es, daß diese im Ausland oder im Inland leben. Welches Recht hier maßgebend sein soll, spricht der Artikel nicht aus; es ergibt sich aber aus dem Zusammenhang auch hier der Grundsatz des Heimatrechtes. Dieser Grundsatz hat sich in der internationalen Rechtspraxis überwiegende Geltung verschafft[1]), und zwar theilweise, z. B. in Preußen und England, auch dort, wo sonst die lex domicilii als Personalstatus gilt. Das deutsche Reich hat (s. unten § 16) das Prinzip in mehreren Staatsverträgen zu Grunde gelegt.[2])

Der Grundsatz der Rückverweisung ist in den Worten „sofern der Staat, dem er angehört, die Fürsorge nicht übernimmt", nur hinsichtlich der Vormundschaftseinleitung ausgesprochen. Aus dem bereits Gesagten und außerdem aus der Analogie des Art. 27 (s. oben S. 84ff.) folgt aber, daß jener Grundsatz auch materiell gilt. Seine Bedeutung ist praktisch gering, weil das Prinzip des Heimatrechtes im Gebiet des Vormundschaftsrechtes fast allgemeine Anerkennung genießt.

Auch der Art. 28 muß m. E. sinngemäße Anwendung auf das Vormundschaftsrecht finden. Die z. B. nach österreichischem, englischem und nordamerikanischem Recht geltenden Grundsätze, wonach für Grundstücke, die im dortigen Rechtsgebiet liegen, die lex rei sitae auch das Vormundschaftsrecht beherrscht, müssen wir aus denselben Gründen und mit derselben praktischen Nothwendigkeit gelten lassen, wie in den Materien des ehelichen Güterrechtes, des Elternrechtes und des Erbrechtes, welche Art. 28 nennt. Den Art. 23 konnte der Art. 28 nicht nennen, weil Art. 23 das Auslandsrecht nicht direkt für maßgeblich erklärt, hier vielmehr erst durch Schlußfolgerung aus Art. 23 das allgemeine Prinzip des Personalstatutes für das Vormundschaftsrecht eruiert werden muß.

Aus dem Prinzip des Personalstatutes ergibt sich als praktisch wichtigste Folge, daß wir einen im Auslande bestellten Vormund eines Ausländers nach Maßgabe des Heimatsrechtes dieses letzteren anerkennen müssen. Das Gleiche gilt auch von gesetzlichen Vormündern. Beispielsweise: Art. 330 des italienischen Zivilgesetzbuchs schreibt vor, daß der Ehegatte (Mann oder Frau) einer wegen Geisteskrankheit entmündigten Person deren gesetzlicher Vormund ist. Wir

---

[1]) S. Niemeyer, Vorschläge und Materialien § 21.

[2]) S. Niemeyer, Das in Deutschland geltende Privatrecht I §§ 51, 53, 57, 59, 60, 71, 75, 77, 78.

müssen demgemäß die Ehefrau eines entmündigten Italieners als gesetzlichen Vormund anerkennen. Wir können in diesem Fall bei uns keine Vormundschaft einleiten, weil ja der italienische Staat die Fürsorge durch Art. 330 in Gestalt der Berufung eines gesetzlichen Vormundes übernimmt und realisiert.

Daß die Pflicht der Vormundschaftsübernahme nur Reichsangehörige trifft, ergibt § 1785 BGB. unmittelbar.

Pflegschaften, soweit sie Personen betreffen, sind denselben Grundsätzen unterworfen, wie Vormundschaften, nicht aber Realkuratelen. Letztere sind als Bestandtheile derjenigen Materien zu behandeln, in deren Zusammenhang das Bedürfniß der Güterpflege entsteht. Die Verlassenschaftspflegschaft untersteht danach dem Erbstatut. Die Pflegschaft des § 1914 BGB. (Sammelgelder) ist eine Sondereinrichtung, welche stets und nur anzuwenden ist, wenn im Inland das Bedürfniß dazu hervortritt.

Ueber Staatsverträge s. unten § 16.

§ 13.

Erbrecht.

Das Einführungsgesetz bestimmt:

Art. 24: „Ein Deutscher wird, auch wenn er seinen Wohnsitz im Auslande hatte, nach den deutschen Gesetzen beerbt.

Hat ein Deutscher zur Zeit seines Todes seinen Wohnsitz im Auslande gehabt, so können die Erben sich in Ansehung der Haftung für die Nachlaßverbindlichkeiten auch auf die an dem Wohnsitze des Erblassers geltenden Gesetze berufen.

Erwirbt ein Ausländer, der eine Verfügung von Todeswegen errichtet oder aufgehoben hat, die Reichsangehörigkeit, so wird die Gültigkeit der Errichtung oder der Aufhebung nach den Gesetzen des Staates beurtheilt, dem er zur Zeit der Errichtung oder der Aufhebung angehörte, auch behält er die Fähigkeit zur Errichtung einer Verfügung von Todeswegen, selbst wenn er das nach den deutschen Gesetzen erforderliche Alter noch nicht erreicht hat. Die Vorschrift des Artikel 11 Abs. 1 Satz 2 bleibt unberührt."

---

[1]) S. Riedner S. 58 Nr. 1, Böhm, Handbuch der Nachlaßpflege. —

Art. 25: „Ein Ausländer, der zur Zeit seines Todes seinen Wohnsitz im Inlande hatte, wird nach den Gesetzen des Staates beerbt, dem er zur Zeit seines Todes angehörte. Ein Deutscher kann jedoch erbrechtliche Ansprüche auch dann geltend machen, wenn sie nur nach den deutschen Gesetzen begründet sind, es sei denn, daß nach dem Rechte des Staates, dem der Erblasser angehörte, für die Beerbung eines Deutschen, welcher seinen Wohnsitz in diesem Staate hatte, die deutschen Gesetze ausschließlich maßgebend sind."

Art. 26: „Gelangt aus einem im Ausland eröffneten Nachlasse für die nach den dortigen Gesetzen berechtigten Erben oder Vermächtnißnehmer durch Vermittelung deutscher Behörden Vermögen ins Inland, so kann ein Anderer der Herausgabe nicht aus dem Grunde widersprechen, daß er als Erbe oder Vermächtnißnehmer einen Anspruch auf das Vermögen habe."

Aus dem ersten Absatz des Art. 24 und dem ersten Satz des Art. 25 ergiebt sich (s. oben S. 34ff.) der Grundsatz, daß für sämmtliche erbrechtliche Verhältnisse das Recht des Staates maßgebend ist, dem der Erblasser zur Zeit seines Todes angehört.

Nach Art. 27 (s. oben S. 74ff.) ist aber deutsches Recht anzuwenden, wenn das nach jenem Grundsatz maßgebliche Recht auf das deutsche zurückverweist, und nach Art. 28 ist die lex rei sitae maßgebend, soweit sie selbst eine ausschließliche Berücksichtigung fordert (s. oben S. 86ff.).

Aus den Artikeln 27, 28 folgt im Einzelnen:

1. Die Nachlässe der mit deutschem Domizil sterbenden Angehörigen von Auslandsstaaten, welche als maßgebendes Personalstatut die lex domicilii behandeln, sind nach deutschem Recht zu beurtheilen. Dies trifft zu für die Nachlässe in Deutschland domizilierender Dänen, Norweger, Schweizer, Argentinier, Chilenen, Ecuadorener, Salvadorener[1]).

2. Anstatt des nach jenem Grundsatz maßgebenden Auslandsrechtes ist ferner deutsches Recht maßgebend für diejenigen im Inland belegenen Vermögensstücke, für welche das Heimatrecht des Erblassers — gleichviel, mit welchem Domizil er gestorben ist — die lex rei sitae als maßgebend erklärt. Dies geschieht bezüglich der deutschen Immobilien, welche zum Nachlaß von Oesterreichern,

---

[1]) Niemeyer, Vorschläge und Materialien I S. 264.

Franzosen[1]), Engländern, Russen, Nordamerikanern gehören[2]).

Wie weit unter dem Gesichtspunkt des Art. 30 EG. die Grundregel Ausnahmen zu erfahren hat, läßt sich nur in einer auf die positiven Einzelheiten der ausländischen und der inländischen Gesetzgebung eingehenden Untersuchung feststellen, die hier nicht beabsichtigt wird. Man könnte insbesondere an absolute Anwendbarkeit der deutschen Vorschriften über Pflichttheilsrecht und über Indignität denken[3]). Indessen dieser Gedanke muß m. E. zurückgewiesen werden, wie überhaupt in der Anwendung des Art. 30 in erbrechtlichen Fragen größte Zurückhaltung angebracht ist. Die Artikel 24—26 EG. haben den Gesichtspunkten des Art. 30 durch die sogleich zu erörternden Spezialsätze bereits in erheblichem Maße Rechnung getragen. Weiter zu gehen, wird man sich auch deswegen sehr besinnen müssen, weil die verschiedenen Sätze des erbrechtlichen Systems unter einander in einem so engen Zusammenhang und in einer derartigen

---

[1]) Die Angaben Böhms, Handbuch der internationalen Nachlaßbehandlung, 2. Aufl. (1895) S. 265 (s. auch Riebner S. 61), daß nach französischem Recht der Mobiliarnachlaß nach dem Gesetz des Domizils des Verstorbenen beurtheilt werde, ist nicht ganz zutreffend. Die ältere französische Judikatur legte auch für den Mobiliarnachlaß lex rei sitae zu Grunde, so jedoch, daß das Domizil des Erblassers als locus rei sitae betrachtet wurde. (Vincent und Pénaud, Dictionnaire de droit international privé 824 Nr. 7.) Als Domizil wird aber in der neueren Judikatur nicht der bloße Wohnort (domicile de fait), sondern „domicile légal", d. h. das durch Autorisation der Regierung gemäß Art. 13 Code civil erworbene Wohnrecht behandelt. S. Dictionnaire 824 Nr. 8 und Journal de droit intern. privé XXII 390, XXIII 400, XXIII 644, Zeitschr. V 586. — Hat nun ein ausländischer Erblasser in Frankreich nicht domicile légal, sondern nur domicile de fait, so legt die Judikatur die loi nationale des Erblassers zu Grunde. S. Journal I 123, II 358, VIII 433, IX 134, XI 405, XVI 676, XVIII 210, XXI 562, XXII 1082, XXIII 402. Zeitschr. I 70, II 617, VI 453. — Wenn hingegen ein Franzose sein domicile de fait im Auslande hat, so ist — inkonsequenter Weise — in der Judikatur wiederholt das Recht dieses Wohnortes hinsichtlich des Mobiliarnachlasses als maßgebend erklärt worden. S. Dictionnaire 831 Nr. 69 und ferner Journal VIII 163, VIV 479, 611. — Aber die Judikate genügen m. E. nicht, um die Rückverweisung des französischen Rechtes hinsichtlich der Mobiliarnachlässe auf die lex domicilii als geltendes französisches Recht ansehen zu dürfen.

[2]) Niemeyer, Vorschläge und Materialien S. I 266, 267. — Neueste französische Judikatur: Journal XXI 562.

[3]) Vgl. Keidel, Journal XXVI S. 265 ff.

Abhängigkeit stehen, daß eine Zerreißung leicht zu widersinnigen Ergebnissen führt.

Nach dem Heimatrecht des Erblassers zur Zeit seines Todes würde sich gemäß Art. 11 Satz 1 grundsätzlich auch die Formgültigkeit einer letztwilligen Verfügung richten. Indessen Art. 24 Abs. 3 Satz 1 macht hier von dem Grundsatz des Art. 11 Abs. 1 Satz 1 eine Ausnahme. Diese Ausnahme ist zwar unmittelbar nur für den Fall ausgesprochen, daß ein Ausländer nach Errichtung und bezw. nach Aufhebung einer letztwilligen Verfügung die Reichsangehörigkeit erwirbt. Hier soll die zur Zeit der Errichtung bezw. Aufhebung bestehende Staatsangehörigkeit für die Gültigkeit entscheidend sein. Daß die Bestimmung auch für die Form gilt, ergibt sich, wenn man nach dem Wortlaut selbst noch zweifeln könnte, aus dem Schlußsatz: „Die Vorschrift des Art. 11 Abs. 1 Satz 2 bleibt unberührt." Dieser Satz knüpft offenbar an den im vorhergehenden Satz enthaltenen Gedanken an: Art. 11 Abs. 1 Satz 1 wird dahin modifiziert, daß hier nicht die lex causae d. h. das Personalstatut zur Zeit des Todes entscheidend ist. — Die Bestimmung ist mißlich.[1] Die Nichtberücksichtigung des letzten Heimatrechtes schließt Uebelstände in sich. Aber es ist nicht möglich, die — fakultative — Berücksichtigung des letzten Heimatrechts oder — was m. E. der Natur der Sache am besten ensprechen würde — die prinzipale Maßgeblichkeit dieses und die fakultative Berücksichtigung des Errichtungsstatutes mit dem Gesetzestexte zu vereinigen. Die Bestimmung muß nun aber, obwol ihre Mißlichkeit nicht zu leugnen ist, zu einer vollkommenen Kollisionsnorm (s. oben S. 34ff.) ausgeweitet werden und bekommt danach den allgemeinen Inhalt, welcher in den Gebhard'schen Entwürfen (§ 29 Abs. 2) in dem I. Entwurf (§ 21 Abs. 2) und in dem II. Kommissions-Entwurf (§ 2261) in der Hauptsache übereinstimmend dahin ausgedrückt war: „Die Errichtung und Aufhebung einer Verfügung von Todeswegen werden nach den Gesetzen des Staates beurtheilt, welchem der Erblasser zur Zeit der Errichtung oder Aufhebung angehört[2]).

---

[1]) Vgl. Niemeyer, Vorschläge u. Materialien S. 265, 266. S. auch Wächter, Arch. f. civ. Praxis Bd. 25 S. 382, Unger, Oesterr. Privatrecht I § 23 bei Note 188, Bar, Theorie II 324, Lehrbuch 161—162.

[2]) So auch Niedner S. 64 und Barazetti S. 102.

Daß die lex loci actus daneben fakultative Maßgeblichkeit hat, ist bereits erwähnt.

Es fragt sich, inwieweit das vorstehend für die Formgültigkeit auf Grund des Art. 24 Abs. 2 Bemerkte auch hinsichtlich der materiellen Erfordernisse für die Gültigkeit der Errichtung oder Aufhebung einer letztwilligen Verfügung gilt[1]). Ich habe früher eine gelegentliche Bemerkung gemacht (Vortrag S 32) welche auf der damals nicht ex professo zur Erörterung stehenden Auffassung beruhte, daß in der That auch materielle Fragen in weiterem Umfange durch jene Vorschrift betroffen wurden. Ich habe mich aber überzeugt, daß die Darlegungen, welche neuerdings[2]) Barazetti hinsichtlich der Vorschrift gegeben hat, zutreffend sind. Hiernach gehört neben der Formgültigkeit lediglich die Frage der Testierfähigkeit in den Bereich des Art. 24 Abs. 3. Die Frage der Testierfähigkeit wird durch Art. 24 Abs. 3 in derselben Weise geregelt, wie Art. 7 allgemein die Geschäftsfähigkeit regelt. Art. 24 Abs. 3 sagt also insofern nichts, was nicht schon in Art. 7 enthalten ist. Nur der Satz „auch behält er die Fähigkeit zur Errichtung einer Verfügung von Todeswegen, selbst wenn er das nach den deutschen Gesetzen erforderliche Alter noch nicht erreicht hat" enthält eine selbständige Bestimmung. Dieselbe entspricht der in Art. 7 Abs. 2 hinsichtlich der Großjährigkeit gegebenen Vorschrift und muß m. E. wie diese analog erweitert werden (s. oben S. 126). — Dem Wortlaut nach bezieht sich die Bestimmung nur auf den Fall, wenn bereits vor dem Wechsel der Staatsangehörigkeit eine letztwillige Verfügung errichtet war. Ich glaube nicht, daß man dabei stehen bleiben darf[3]). Wenn, wie man gesagt hat, der Sinn des Gesetzes nur der wäre, daß der aus Art. 24 Abs. 3 Satz 1 drohenden Gefährdung der freien Widerruflichkeit einer einmal errichteten Verfügung begegnet werden sollte, so hätte man die Bestimmung auf die Fähigkeit zum Widerruf beschränken können und müssen. Daraus, daß man dies nicht gethan hat, folgt umgekehrt, daß nicht jener Gedanke die ratio des Gesetzes ist,

---

[1]) Vgl. auch Gierke, Deutsches Privatrecht I 245 Anm. 141.

[2]) Zeitschr. VII S. 1—8, s. auch Schnell ebendort S. 113—16, Niedner S. 63.

[3]) So auch Barazetti, Ztschr. VII S. 3, A. M. Zitelmann II 76, Schnell, Zeitschr. VI 114, Niedner S. 64.

sondern daß dieselbe allgemeine ratio zu Grunde liegt, wie in Art. 7 Abs. 2. Die gegentheilige Auffassung würde wunderliche Komplikationen in Bezug auf die Vorfrage ergeben, ob eine letztwillige Verfügung errichtet ist. Muß diese gültig gewesen sein? Nach welchem Recht ist ihre Gültigkeit zu beurtheilen? Die Analogie des Art. 215 EG. beweist nichts. Dort kommen andere Gesichtspunkte in Betracht. Die Fassung des § 2261 Abs. 3 des II. Kommissionsentwurfes spricht e contrario eher für die hier vertretene Ansicht.

Die Fassung des vom Bundesrath eingestellten Abs. 2 des Art. 24 ist auffallend und dunkel. Was bedeutet die Wendung „können sich berufen". Ob in- oder ausländisches Recht maßgebend sein soll, wird anscheinend von der einseitigen Willenserklärung des Erben abhängig gemacht. Die gewollte Wirkung ist offenbar die, daß das ausländische Recht zur Anwendung kommt, soweit dessen Anwendung im Interesse des Erben liegt. Der Effekt soll aber nicht ohne Weiteres und stets eintreten, sondern nur, wenn der Erbe im einzelnen Fall es verlangt. Das hier eingeschlagene Verfahren erhält eine schärfere Beleuchtung durch Vergleichung mit Art. 21, wo es heißt: „es können jedoch (— gegen den unehelichen Vater —) nicht weitergehende Ansprüche geltend gemacht werden, als nach den deutschen Gesetzen begründet sind." Analog dieser Fassung hätte Artikel 24 sagen können: „In Ansehung der Haftung für die Nachlaßverbindlichkeiten können gegen die Erben keine weitergehenden Ansprüche geltend gemacht werden, als nach den am Wohnsitz des Erblassers geltenden Gesetzen begründet sind." Aber das Gesetz hat diese Fassung offenbar aus besonderen Gründen nicht gewählt. Die Abweichung ist nicht etwa durch den Gesichtspunkt genügend erklärt, daß die dem Erben zugedachte Erleichterung ihm nicht gegen seinen Willen oktroyirt werden solle. Denn auch dem unehelichen Erzeuger ist es nach Artikel 21 unbenommen, weitergehende Ansprüche, als nach deutschem Recht begründet sind, gerichtlich oder außergerichtlich anzuerkennen und zu befriedigen. — Der Grund für die besondere Fassung des Artikels 24 Absatz 2 muß vielmehr ein anderer sein, und zwar liegt er, soweit ich sehe, darin, daß nicht nur einzelne quantitative Begünstigungen des Erben ins Auge gefaßt sind (wie z. B. wenn nach lex domicilii der Erbe nicht für Deliktsschulden haftet), sondern die ganze Prozedur der Abwicklung der Nachlaßverbindlichkeiten in Frage steht. Es wird der Intention des Gesetzes entsprechen, daß z. B. der Erbe, dessen Erblasser sein letztes Domizil in England hatte, wenn er in Deutschland von Nachlaßgläubigern verklagt wird, sich darauf berufen kann, daß in England ein „administrator“ bestellt sei, an den die Gläubiger sich zu wenden haben. Die Tragweite der Bestimmung ist aber durch die Fassung selbst nicht ganz deutlich gemacht. „In Ansehung der Haftung für die Nachlaßverbindlichkeiten“ ist einigermaßen unbestimmt. Zu den Nachlaßverbindlichkeiten gehören nach § 1967 BGB. „außer den vom Erblasser herrührenden Schulden die den Erben als solchen treffenden Verbindlichkeiten, insbesondere die Verbindlichkeiten aus Pflichttheilsrechten, Vermächtnissen und Auflagen.“ Daß das ganze Pflichttheilsrecht dem Belieben des Erben gemäß bald nach dem Heimatrecht, bald nach der lex domicilii des Erblassers beurtheilt werden soll, liegt aber gewiß nicht im Sinn des Artikels 24. „Haftung für die Nachlaßverbindlichkeiten“ muß in dem engeren Sinn gedeutet werden, daß nicht die Voraussetzungen der Existenz der Nachlaßverbindlichkeiten an sich gemeint sind, sondern die Voraussetzungen und Modalitäten, unter denen der Erbe für die an sich gemäß dem Heimatrecht des Erblassers existierenden Nachlaßverbindlichkeiten aufzukommen hat[1]).

Nach Art. 25 Satz 2 kann ein Deutscher bezüglich des Nachlasses eines mit deutschem Domizil gestorbenen Ausländers nicht nur diejenigen Ansprüche geltend machen, welche nach dem Heimatrecht des Erblassers begründet sind, sondern auch solche, die nur nach den deutschen Gesetzen begründet sind, es sei denn, daß der Heimatstaat des Erblassers für die Beerbung eines Deutschen, der sein letztes Domizil dort hat, das deutsche Recht als ausschließlich maßgebend gelten läßt. Die letztere Voraussetzung trifft nicht für viele Staaten zu. Nach schweizerischem, dänischem, norwegischem, argentinischem, chilenischem, ecuadorianischem Recht[2]) ist für die Erbfolge das am letzten Domizil des Erblassers geltende Recht maßgebend. Nach österreichischem, russischem, französischem, englischem, nordamerikanischem Recht werden die Beerbungsverhältnisse hinsichtlich der Immobilien nach der lex rei sitae ge-

[1]) So jetzt auch Barazetti S. 106ff., Niedner S. 63 (der mich mit Unrecht bezüglich der Haftung für Deliktsschulden als Vertreter einer anderen als der von ihm selbst vertretenen Ansicht aufführt).

[2]) S. Niemeyer, Vorschläge u. Materialien I S. 262ff.

richtet. Viele andere Staaten haben Spezialbestimmungen für Erbfälle, an denen Ausländer betheiligt sind. Stirbt ein Angehöriger der eben genannten Staaten, während er in Deutschland Domizil hat, so tritt eine eigenthümliche Doppelbehandlung ein, die darauf hinausläuft, daß die deutschen Prätendenten vorwegnehmen, was das deutsche Recht ihnen gewährt. Stirbt z. B. ein in Deutschland domizilierender Engländer oder Bürger der Vereinigten Staaten, so können deutsche Staatsangehörige Pflichttheilsansprüche gemäß dem deutschen Recht geltend machen, obgleich das englische und nordamerikanische Recht kein Pflichttheilsrecht kennt. Die Bestimmung ist offenbar lediglich als Kampfmittel gedacht. Das Kampfmittel kehrt seine Wirkungen indessen auch gegen Deutsche, da die Anwendung von Reziprozitäts- und Retorsionsvorschriften gegen die Deutschen dadurch provoziert wird. Man vergegenwärtige sich auch folgenden Fall: Ein früherer Deutscher, der das amerikanische Bürgerrecht erworben hat, beschließt sein Leben in Deutschland mit Hinterlassung eines Testaments, in dem seine deutsche Vaterstadt zur Universalerbin eingesetzt ist. Seinen einzigen Sohn, der in vaterlandsloser Gesinnung, aber unter Beibehaltung des Reichsindigenats im Auslande lebt, hat er stillschweigend zu enterben beabsichtigt. Der Sohn stellt die Pflichtheilsklage an. Ohne die in Rede stehende Klausel des Art. 25 würde der Sohn abzuweisen sein. Zufolge der Klausel entführt er die Hälfte des Vermögens (§§ 2309, 2276 BGB.) ins Ausland.

Der Artikel 26 bestimmt Besonderes für den Fall, daß ein Nachlaß — sei es eines Deutschen oder eines Ausländers — im Auslande eröffnet ist und daß es den deutschen Behörden gelingt, Nachlaßvermögen für Erben und Vermächtnißnehmer ins Inland zu requirieren. Das demzufolge ins Inland gelangte Vermögen soll hier einem Spezialrecht unterstehen. Es erhält „sicheres Geleit“, indem gesetzlich gewährleistet wird, daß nach Herüberbringung ins Inland damit nicht anders verfahren werde, als es das am Ort der Nachlaßeröffnung geltende Recht will. Gegenüber Nachlaß*gläubigern* wird den Destinatären kein Schutz gewährt.

Die Civilprozeßordnung hat sich den Bestimmungen des EG. durch folgende Zuständigkeitsvorschriften angepaßt:

§ 27. „Klagen, welche die *Feststellung des Erbrechts*, Ansprüche des Erben gegen einen Erbschaftsbesitzer, Ansprüche aus Vermächtnissen oder sonstigen Verfügungen von Todeswegen, Pflichttheilsansprüche oder die Theilung der Erbschaft zum Gegenstande haben, können vor dem Gericht erhoben werden, bei welchem der Erblasser zur Zeit seines Todes den allgemeinen Gerichtsstand gehabt hat.

Ist der Erblasser ein Deutscher und hatte er zur Zeit seines Todes im Inlande keinen allgemeinen Gerichtsstand, so können die im Abs. 1 bezeichneten Klagen vor dem Gericht erhoben werden, in dessen Bezirke der Erblasser seinen letzten inländischen Wohnsitz hatte; in Ermangelung eines solchen Wohnsitzes finden die Vorschriften des § 15 Abs. 1 Satz 2, 3 entsprechende Anwendung."

§ 28. „In dem Gerichtsstande der Erbschaft können auch Klagen wegen anderer Nachlaßverbindlichkeiten erhoben werden, solange sich der Nachlaß noch ganz oder theilweise im Bezirke des Gerichts befindet oder die vorhandenen mehreren Erben noch als Gesammtschuldner haften."

Das Reichsgesetz über die Angelegenheiten der freiwilligen Gerichtsbarkeit bestimmt über die Zuständigkeit in Nachlaßsachen:

§ 73: „Die örtliche Zuständigkeit bestimmt sich nach dem Wohnsitz, den der Erblasser zur Zeit des Erbfalls hatte; in Ermangelung eines inländischen Wohnsitzes ist das Gericht zuständig, in dessen Bezirke der Erblasser zur Zeit des Erbfalls seinen Aufenthalt hatte.

Ist der Erblasser ein Deutscher und hatte er zur Zeit des Erbfalls im Inlande weder Wohnsitz noch Aufenthalt, so ist das Gericht zuständig, in dessen Bezirke der Erblasser seinen letzten inländischen Wohnsitz hatte. In Ermangelung eines solchen Wohnsitzes wird das zuständige Amtsgericht, falls der Erblasser zur Zeit des Erbfalls einem Bundesstaat angehörte, von der Landesjustizverwaltung, andernfalls von dem Reichskanzler bestimmt.

Ist der Erblasser ein Ausländer und hatte er zur Zeit des Erbfalls im Inlande weder Wohnsitz noch Aufenthalt, so ist jedes Gericht, in dessen Bezirk sich Nachlaßgegenstände befinden, in Ansehung aller im Inlande befindlichen Nachlaßgegenstände zuständig. Die Vorschriften des § 2369 Abs. 2 des Bürgerlichen Gesetzbuchs finden Anwendung."

Anhang.

Ueber die Kollisionsnormen außerhalb des Einführungsgesetzes zum BGB.

§ 14.

Fortwirkung des alten Rechts für früher begründete Rechtsverhältnisse.

Auch im Gebiete des internationalen Privatrechts behält das alte Recht neben dem neuen in doppelter Beziehung praktische Bedeutung:

Einerseits behalten ältere Vorschriften (Reichsrecht, Partikularrecht, Staatsverträge) ihre Geltung. Davon soll in § 15 die Rede sein. Andererseits bleiben die bisherigen Kollisionsnormen für die vor dem 1. Januar 1900 vollzogenen Thatbestände grundsätzlich maßgebend. Diese Art der Fortwirkung soll in Kürze hier erörtert werden.

Das Maß der angegebenen Fortwirkung bestimmt sich durch das einfache Prinzip, daß das alte internationale Privatrecht für diejenigen Rechtsfragen maßgebend bleibt, welche auch im Uebrigen auf Grund der Artt. 153 ff. EG. und der sonst anzuwendenden Grundsätze nach bisherigem Recht zu beurtheilen sind[1]). Die Sätze des internationalen Privatrechts sind als Ingredienzien der durch sie in ihrer örtlichen und persönlichen Tragweite bestimmten Privatrechtssätze zu betrachten[2]). In richtiger Erkenntniß und Voraussetzung dieses Verhältnisses hat das EG. davon Abstand genommen, besondere Grundsätze über das zeitliche Wirkungsverhältniß des alten und des neuen internationalen Privatrechts aufzustellen.

Beispielsweise: Wenn Art. 200 EG. bestimmt, daß für den

---

[1]) Vgl. auch Habicht, Die Einwirkungen des BGB. auf zuvor entstandene Rechtsverhältnisse, 2. Aufl. S. 39.

[2]) Ich verweise für die Begründung auf meine Vorschläge u. Materialien I S. 26 ff., besonders S. 32.

Güterstand einer zur Zeit des Inkrafttretens des BGB. bestehenden Ehe die bisherigen Gesetze maßgebend sind, so folgt daraus, daß für diese Ehen auch die Vorfrage, welches örtliche Recht den Güterstand bestimmt, nach bisherigem Recht zu beantworten ist. In der „Statutenkollision" hinsichtlich der Grundlage für die Beantwortung jener Vorfrage kann naturgemäß allein die lex fori entscheidend sein, so daß, soweit nicht Art. 200 EG. auf Grund des Art. 218 EG. durch die Ausführungsgesetze der Bundesstaaten außer Anwendung gesetzt ist, die bisherigen Rechtsdifferenzen und die Widersprüche bestehen bleiben, welche der bisherige Rechtszustand Deutschlands hinsichtlich des internationalen Privatrechts aufweist. Während die badischen Gerichte auf die vor 1900 geschlossenen Ehen das Recht desjenigen Staates anzuwenden haben, dem der Ehemann zur Zeit der Eheschließung als Staatsangehöriger zugehörte[1]), haben die Gerichte der gemeinrechtlichen Gebiete sowie diejenigen im Gebiet des preußischen Landrechts und des sächsischen Gesetzbuches auf Grund des bisher geltenden Rechtes das Güterrecht des Wohnsitzes des Ehemannes zur Zeit der Eheschließung anzuwenden.

In den Ausführungsgesetzen der Bundesstaaten ist diese Differenz zum Theil durch Spezialbestimmungen beseitigt. Aber auch z. B. das preußische Ausführungsgesetz hat trotz seiner auf durchgreifende Beseitigung der bisherigen ehelichen Güterrechte gerichteten Tendenz doch nur für einen Theil der vor 1900 geschlossenen Ehen das Güterrecht des BGB. eingeführt, und nicht einmal für alle Ehen, deren Domizil am 1. Januar 1900 in Preußen lag. Insbesondere wird der Güterstand aller Ehen, für welche bisher ein — territorial — lediglich im Auslande geltendes Recht maßgebend war, auch nach preußischem Recht von dem neuen Recht grundsätzlich nicht berührt. (Artt. 44ff.)[2])

Andere Ausführungsgesetze, wie z. B. das badische, enthalten überhaupt keine das Güterrecht der vor 1900 geschlossenen Ehen berührende Bestimmung. Daher bleibt der im alten Recht wurzelnde Widerspruch bestehen,

---

[1]) S. Niemeyer, Positives intern. PR. I § 135.

[2]) Nach dem Wortlaut des Art. 56 scheint auch für Ehen, in denen bisher der Güterstand des französischen Civilgesetzbuchs auf Grund der Lage des ersten Ehedomizils in Frankreich galt, das Recht des BGB. an dessen Stelle treten zu sollen. Nach dem Zusammenhang und nach den Motiven ist dies nicht der Fall.

daß unter Umständen für ein und denselben Thatbestand z. B. badische Gerichte das Heimatrecht, preußische Gerichte das Wohnsitzrecht zu Grunde zu legen haben. Auf den Güterstand einer Ehe, welche ein in Italien wohnender Engländer vor 1900 geschlossen hat, haben preußische Gerichte das italienische Recht, badische Gerichte das englische Recht anzuwenden. Wohnte der Engländer zur Zeit der Eheschließung in Baden, so spitzt sich der Widerspruch dahin zu, daß die preußischen Gerichte badisches Recht, die badischen englisches Recht zu Grunde legen müssen.

Es liegt auf der Hand, daß die Durchführung des oben formulierten Prinzipes im Einzelnen zu Schwierigkeiten und Zweifeln Anlaß geben kann. Es ist aber Angesichts einerseits der Zweifellosigkeit des Prinzipes als solchen, andererseits wegen der hundertfältigen Verzweigtheit der einschlägigen Fragen hier nicht am Platz, eine Kasuistik der Ueberleitungsfragen zu unternehmen. Ebensowenig liegt es im Rahmen der hier verfolgten Aufgabe, eine Darlegung des bis zum 1. Januar 1900 in Deutschland in Geltung gewesenen positiven internationalen Privatrechts[1]) zu geben.

Folgende mehrfach erörterte[2]) und prinzipiell interessante Frage sei aber hier beispielsweise erwähnt: Wie ist es mit dem Maßstab der Exklusivität der lex fori zu halten, sofern nach dem EG. das bisherige Privatrecht, also — nach dem Vorstehenden — auch das bisherige internationale Privatrecht anzuwenden ist? Beispiele geben die Bestimmungen der Artt. 201, 208 EG. in Bezug auf die Rechtsgebiete, in denen bisher die lex fori für die Ehescheidung als absolut maßgebend galt (s. z. B. Entsch. RG. IX S. 192) und in Bezug auf Art. 340 des französischen Gesetzbuchs: „La recherche de la paternité est interdite." Man hat mehrfach behauptet, da das Prinzip der lex fori auf den Gesichtspunkten „der Sittlichkeit und der öffentlichen Ordnung" beruhe, und „eine Zwiespältigkeit des Moralbegriffes unmöglich sei", so erfahre hier die durch Artt. 201, 208 EG. vorgeschriebene Maßgeblichkeit des alten Rechtes sinngemäß eine Einschränkung. Nicht der „Moralbegriff" der bisherigen lex fori, sondern der jetzigen lex fori sei maßgebend. Danach sei aber in jenen Fällen

[1]) Ich beziehe mich dieserhalb auf mein „Positives internationales Privatrecht: Erster Theil (Leipzig 1894): Das in Deutschland geltende internationale Privatrecht."

[2]) S. Deutsche Juristenzeitung 1900 S. 114, 182, 250. Vgl. auch Habicht a. a. O. S. 33ff., S. 573.

für Ehescheidungssachen die frühere lex fori nicht mehr maßgebend, und ebensowenig sei Art. 340 Cc. absolut anzuwenden, vielmehr seien die sonst geltenden Grundsätze des internationalen Privatrechts anzuwenden. Ich lasse dahingestellt, in wieweit die Interpretation der bisher geltenden Kollisionsnormen dazu führt, daß die jeweilige lex fori entscheidet. Das ist sehr wohl möglich und es würde dann dasselbe Ergebniß erwachsen, wie das von den Vertretern jener moralisierenden Begründung befürwortete. Die Begründung aus dem „Moralprinzip" aber greift zu kurz. In dieser Hinsicht ist auf die vortrefflichen Kahn'schen Ausführungen (s. oben S. 100) zu verweisen. An und für sich schließt die im EG. enthaltene Verweisung auf das bisherige internationale Privatrecht auch die Verweisung auf dessen Exklusivsätze in sich.

§ 15.
Die neben dem EG. in Betracht kommenden Quellen des deutschen internationalen Privatrechts.

Neben dem fortan die sedes materiae des intern. PR. bildenden Artikeln des EG. z. BGB. kommen als Quellen des in Deutschland geltenden internationalen Privatrechts in Betracht:

1. Sonstiges Reichsrecht,
2. Landesrecht,
3. Staatsverträge.

Das Verhältniß und die Tragweite dieser Rechtsquellen soll hier einer Erörterung unterzogen werden, welche sich zu 1 und 2 in summarischer Weise auf einige prinzipielle Fragen beschränkt, während zu 3 aus besonderen Gründen auch auf Einzelheiten eingegangen werden soll.

Was das neben den Artikeln 7 bis 13 des EG. in Betracht zu ziehende Reichsrecht betrifft, so ergibt die Anwendung des Art. 32 EG. („Die Vorschriften der Reichsgesetze bleiben in Kraft. Sie treten jedoch insoweit außer Kraft, als sich aus dem bürgerlichen Gesetzbuch oder aus diesem Gesetze die Aufhebung ergibt") auf unsere Materie, daß aus bisherigen Reichsgesetzen z. B. in Kraft bleiben die international-privatrechtlichen Bestimmmungen der Reichsgesetze über das Urheberrecht, die internationalprivatrechtlichen Vorschriften der Wechselordnung über Wechselfähigkeit, Erfordernisse des Wechsels,

Form der Wechselproteste (Art. 84, 85, 86), die Vorschriften des Konsulatsgesetzes vom 8. November 1867 über die Vornahme von Rechtsgeschäften vor den Konsuln (§§ 14, 15, 16, 17, modifiziert durch Art. 38 EG. z. BGB.), die Vorschriften des Reichsgesetzes vom 4. Mai 1870 (BGBl. 1870 S. 599) über die Eheschließung von Reichsangehörigen im Auslande (modifiziert durch Art. 40 EG. z. BGB.), § 68 des Börsengesetzes vom 22. Juni 1896.

Eine Beleuchtung der einzelnen Bestimmungen und eine erschöpfende Aufzählung liegt nicht im Sinn der hier verfolgten Aufgabe.

Eine hierher gehörige Frage von prinzipieller Bedeutung ist die, inwiefern auf Grund der Art. 32 und Art. 2 EG. („Gesetz im Sinne des Bürgerlichen Gesetzbuchs und dieses Gesetzes ist jede Rechtsnorm") Reichsgewohnheitsrecht in Betracht kommt. Grundsätzlich ist nicht im mindesten zu bezweifeln, daß wie Art. 55 so auch Art. 32 EG. das Gewohnheitsrecht mitumfaßt und es steht nur dies in Frage, inwiefern sich bislang thatsächlich Reichsgewohnheitsrecht gebildet hat. Die Auffassung, daß die Normen des internationalen Privatrechts Glieder, oder wenn man will Attribute der durch sie in ihrer Tragweite bestimmten Privatrechtssätze sind, schließt nicht aus, daß die Rechtsquelle, aus der sie kommen, eine andere ist, als diejenige, aus welcher die durch sie bestimmten Privatrechtssätze stammen. So gut der Anwendungsbereich gesetzlicher Privatrechtsvorschriften durch gewohnheitsrechtliche Kollisionsnormen bestimmt werden kann, kann auch der Anwendungsbereich landesrechtlicher Privatrechtsvorschriften durch reichsrechtliche Kollisionsnormen bestimmt sein. Durch die in den Staatsverträgen des Reiches enthaltenen Kollisionsnormen (s. unten § 16) ist mannigfach die Tragweite landesrechtlicher Vorschriften beschränkt und erweitert worden. Was durch gesetzliches Reichsrecht geschehen kann, kann auch durch Reichsgewohnheitsrecht geschehen. Selbst wenn es an und für sich begründet wäre, die verfassungsmäßige Kompetenz des Reiches auf gesetzliche Normgebung beschränkt zu denken, würde, da verfassungsmäßige Fesseln die Bildung von Gewohnheitsrecht zwar erschweren, aber nicht ausschließen können, demgemäß die prinzipielle Möglichkeit reichsgewohnheitsrechtlicher Kollisionsnormen anzuerkennen sein, und zwar nicht nur als Bestimmung für die Tragweite der Privatrechtsnormen des Reiches, sondern auch für diejenigen des Landesrechts. Dieser Gesichtspunkt ist darum hervorzuheben, weil er im Einzelnen dazu dienen kann, den oben (S. 52ff.) hervorgehobenen Gesichtspunkt der Kontinuität des deutschen internationalen Privatrechts zu unterstützen.

Die Frage, inwieweit neben dem Reichsrecht landesrechtliches internationales Privatrecht Geltung hat, beantwortet sich grundsätzlich aus Art. 55 EG.: „Die privatrechtlichen Vorschriften der Landesgesetze treten außer Kraft, soweit nicht in dem Bürgerlichen Gesetzbuch oder in diesem Gesetz ein Anderes bestimmt ist." Speziell auf das internationale Privatrecht bezügliche Vorbehalte zu Gunsten des Landesrechts sind nun nicht vorhanden. Es fragt sich nur, inwiefern die für besondere Materien gemachten Vorbehalte sich auch auf die landesrechtlichen Regeln über den internationalprivatrechtlichen Anwendungsbereich der betreffenden landesgesetzlichen Vorschriften beziehen.

Soviel ist in dieser Beziehung völlig sicher, daß die Landesgesetzgebungen für die ihnen vorbehaltenen Materien eigene Kollisionsnormen aufstellen können (Art. 3 EG. Schlußworte). Davon macht beispielsweise das preußische Ausführungsgesetz in Artt. 6 u. 7 Gebrauch in Bezug auf die durch Art. 86 EG. vorbehaltenen Vorschriften über Erwerbungen der todten Hand (Artikel 6 § 1 „Schenkungen oder Zuwendungen von Todeswegen an inländische oder ausländische juristische Personen", Art. 7 § 1: „Juristische Personen, die in Preußen ihren Sitz haben u. s. w.") In dem badischen Ausführungsgesetz Art. 2 ist generell bestimmt: „Die Artikel 7 bis 30 des Einführungsgesetzes zum Bürgerlichen Gesetzbuch finden auf Badische Landesgesetze privatrechtlichen Inhaltes entsprechende Anwendung." Aber dasselbe Gesetz enthält daneben auch noch besondere und inhaltlich selbständige Kollisionsnormen.

Die Grenze der landesgesetzlichen Kompetenz kann natürlich im Einzelnen zweifelhaft werden. So z. B. könnte die Frage aufgeworfen werden, ob die Landesgesetzgebung innerhalb der ihr vorbehaltenen Materien Retorsionsbestimmungen gegenüber ausländischen Staaten erlassen kann, oder ob das etwa durch Art. 31 EG. ausgeschlossen wird. Die Retorsionskompetenz darf m. E. nicht bestritten werden. Bei den Vorbehaltsbestimmungen, die hier praktisch in Betracht kommen, z. B. Art. 88 „Unberührt bleiben die landesgesetzlichen Vorschriften, welche den Erwerb von Grundstücken durch Ausländer von staatlicher Genehmigung abhängig machen") liegt die Beziehung zu dem Retorsionsgedanken so nahe, daß aus dem Fehlen einer die Retorsion ausschließenden positiven Bestimmung auf die Zulässigkeit geschlossen werden muß. Retorsion ist ja zudem das Mindere gegenüber der zweifellos zulässigen, einseitigen und spontanen Zurücksetzung der Ausländer.

Nicht minder zweifellos im Prinzip wie die Befugniß der Landesgesetzgebung zur Neuaufstellung von Kollisionsnormen, ist es (Art. 3 EG.), daß die für die vorbehaltenen Materien bisher geltenden Kollisionsnormen des Landesrechts ihre Geltung behalten, soweit sie nicht etwa (wie dies für Baden durch die mitgetheilte Bestimmung geschehen ist) durch das Landesrecht selbst aufgehoben sind. Die der Reichstagsvorlage beigegebenen „Materialien" zu dem Art. 53 der Vorlage Art. 55 EG. enthalten in Bezug auf diese Fortgeltung die Bemerkung: „In Kraft bleiben diejenigen bestehenden Vorschriften, welche zwar inhaltlich von dem bisherigen gemeinen Privatrechte nicht abweichen, nach der Absicht des betreffenden Gesetzes aber nicht lediglich die Bedeutung einer erläuternden Wiederholung des gemeinen Rechtes haben, sondern einen Bestandtheil des Spezialrechts bilden sollen." Diese Bemerkung ist nicht speziell auf das internationale Privatrecht gemünzt, trifft aber auch für dieses zu. Sie entspricht dem Sinn der zu Gunsten der Landesgesetzgebung gemachten Vorbehalte, für die nur in dem bezeichneten Maße Art. 4 EG. eine Einschränkung erfährt. Die Anwendung des Prinzipes kann im Einzelnen auch hier zweifelhaft werden. Die *textliche* Zugehörigkeit einer Kollisionsnorm zu *dem betreffenden* Spezialgesetz ist sicher nicht entscheidend. Sie ist nicht Bedingung der Fortgeltung ihres Inhaltes für den Bereich des Spezialgesetzes, so wenig umgekehrt — was die mitgetheilte Bemerkung der Materialien einseitig hervorhebt — aus dieser textlichen Zugehörigkeit die Fortgeltung nothwendig folgt. Wo z. B. wie in Baden, Bayern, Preußen, Württemberg, Sachsen[1]) vor 1900 allgemeine Retorsionsbestimmungen in Geltung waren, liegt kein Grund vor, deren Fortfall in Bezug auf Vorbehaltsmaterien anzunehmen, soweit nicht die Landesgesetzgebung selbst die Aufhebung verfügt hat (was z. B. für Preußen durch das Ausführungsgesetz, § 87, geschehen ist.) — Beispielsweise würden die landesgesetzlichen Retorsionsbestimmungen praktisch werden können in Bezug auf die in Art. 88 EG. der Landes-

[1]) Vgl. Niemeyer, Vorschläge und Materialien S. 40.

gesetzgebung vorbehaltene staatliche Genehmigung zum Erwerb von Grundstücken durch Ausländer. Diese Genehmigung kann auch in der Form der landesgesetzlichen Retorsionsbestimmungen ertheilt und versagt werden[1]).

Ausdrückliche Kollisionsnormen der hier fraglichen Art kommen immerhin nur ganz vereinzelt in Betracht. Größere praktische Bedeutung haben die aus den betreffenden Landesgesetzen sich ergebenden konkludenten Kollisionsnormen. Mit anderen Worten: In den vorbehaltenen Materien ist Sinn und Zweck der landesrechtlichen Bestimmungen für deren internationalprivatrechtlichen Anwendungsbereich maßgebend, ein selbstverständlich erscheinendes Ergebniß, das aber erst durch den soeben dargelegten Zusammenhang die zutreffende Beleuchtung gewinnt.

Landesgesetzliches internationales Privatrecht kommt nach alledem nach wie vor in Betracht.

§ 16.

Staatsverträge.

Als wichtige Rechtsquelle neben dem EG. z. BGB. sind endlich die Staatsverträge zu nennen, und zwar diejenigen der Einzelstaaten und diejenigen des Reiches.

Was die Verträge der Einzelstaaten betrifft, so bleiben nach Art. 56 EG. die sämmtlichen mit ausländischen Staaten vor dem 1. Januar 1900 geschlossenen Verträge in Kraft, und zwar derart, daß die darin enthaltenen Kollisionsnormen im Falle eines Widerstreites mit Bestimmungen des BGB. und des EG. diesen vorgehen.

Für die Verträge, welche die Einzelstaaten mit anderen deutschen Staaten geschlossen haben oder schließen werden, sowie für Verträge der Einzelstaaten, welche mit Auslandsstaaten nach dem 1. Januar 1900 geschlossen werden, gilt dieselbe Beschränkung wie für die Landesgesetzgebung. Nur in Bezug auf Materien, welche dieser vorbehalten sind, haben Kollisionsnormen solcher Verträge Geltung. Daraus ergiebt sich, daß die Bestimmungen der Militärkonventionen[2]), wonach „die persönlichen Verhältnisse, das eheliche Güterrecht, Erbrecht, Vormundschaftsrecht“ der außerhalb ihres Heimatsstaates

[1]) Für Bayern scheidet Art. 88 EG. in Folge des Art. 1 des Ausführungsgesetzes aus.

[2]) S. Niemeyer, Positives internationales Privatrecht I S. 70ff.

garnisonierenden Militärpersonen sich nach dem Heimatrecht richten, aufgehoben sind, weil jene Materien nicht zu den vorbehaltenen gehören. Das Gleiche gilt von den Bestimmungen der Rechtshülfeverträge[1]).

Den Staatsverträgen des Reiches über Gegenstände des internationalen Privatrechts gebührt nach Inkrafttreten des BGB. eine größere Aufmerksamkeit, als ihnen bisher geschenkt wurde. In zweierlei Beziehung kommt ihnen künftig eine besondere Bedeutung zu. Einerseits gewinnen die Kollisionsnormen der vom Reiche geschlossenen Verträge durch die im EG. zum BGB. von Reichswegen erfolgte Regelung der Kollisionsfragen theilweise die Bedeutung eines Interpretationsmittels für jene Kodifikation, wovon sogleich genauer die Rede sein wird. Andererseits erwachsen aus dem Vorhandensein der reichsgesetzlichen Kodifikation für den Abschluß künftiger Staatsverträge neue Aufgaben, zu deren Lösung nicht nur die diplomatische Instanz, sondern mittelbar die gesammte deutsche Jurisprudenz in theoretischer und in rechtsprechender Bethätigung berufen sein wird. Dazu kommt, daß überhaupt der Weg der internationalen Vereinbarung in stets steigendem Maße das Mittel bildet, um die Probleme der Statutenkollision zu lösen. Diese Entwickelungstendenz hat in den Haager Konferenzen[2]) von 1893, 1894, 1899 einen Ausdruck gewonnen, welcher zwar lediglich fragwürdig erscheinen mag, wenn man nur den Maßstab erzielter positiver Konventionen anlegt, der aber im Sinn der Vorbereitung künftiger Verträge unbezweifelbares Gewicht und eine bereits jetzt mehrfach zu spürende Wirkung hat. Jene Tendenz hat auch auf die Gestaltung des internationalen Privatrechts im Ausführungsgesetz zum BGB. einen unverkennbaren Einfluß geübt.

An dieser Stelle handelt es sich indessen zunächst nicht um künftig abzuschließende, sondern um die bereits abgeschlossenen Staatsverträge.

Staats- und völkerrechtliche Präjudizialfragen muß ich hier ausscheiden. So die Frage, unter welchen Voraussetzungen der Inhalt der Staatsverträge die Rechtspflegeorgane der Vertragsstaaten bindet, eine Kontroverse, bezüglich deren ich mich zu der Ansicht bekenne, daß der Inhalt völkerrechtlich bindender Verträge des Reiches nicht

---

1) S. Niemeyer a. a. O. S. 73.

2) Näheres: Zeitschr. f. Handelsrecht Bd. 45 S. 157 ff.

nur die Staaten, sondern auch deren innere Organe bindet, sofern nicht verfassungsmäßig etlassene Vorschriften positiv etwas Anderes bestimmen. Ebenso muß ich die Frage bei Seite lassen, welche Wirkung es hat, wenn die Reichsregierung die Publikation des Inkrafttretens oder des Außerkrafttretens der Staatsverträge unterläßt, wie es z. B. bezüglich der Kündigung des brasilianischen Konsularvertrages von 1882 und des Konsularvertrages mit Serbien von 1883 geschehen ist, welche beide Kollisionsnormen enthielten[1]). Die Unterlassung der amtlichen Publikation hat gewiß thatsächlich sehr mißliche Folgen, läßt aber m. E. die innerstaatliche Verbindungskraft der Verträge unberührt. Daß endlich Vereinbarungen über Fragen des internationalen Privatrechts, welche die Reichsbehörden ohne Genehmigung des Reichstages abgeschlossen haben, wie z. B. die russisch-deutsche Konvention über die Handelsgesellschaften (30./18. Juli 1885. Centralblatt f. d. deutsche Reich 1885 S. 404) für die Judikatur unverbindlich sind[2]), glaube ich gleichfalls keiner näheren Ausführung unterziehen zu sollen. Diese und andere publizistische Fragen können als Vorfragen für die Anwendung staatsvertraglicher Kollisionsnormen große praktische Bedeutung haben und die Rechtsanwendungsorgane müssen mit der Behandlung jener publizistischen Fragen vertraut sein, um internationalprivatrechtlichen Fragen in jeder Beziehung gewachsen zu sein. Das Einzelne jener Kontroversen würde aber über den Rahmen der hier verfolgten Aufgaben hinaus führen.

Was den Inhalt der in Reichsverträgen enthaltenen Kollisionsnormen betrifft, so drängt sich die Betrachtung auf, daß sich zwar in einzelnen Beziehungen die Verfolgung fester rechtspolitischer Gesichtspunkte erkennen läßt, daß aber eine strenge Methode in ihrer Behandlung nach Form und Inhalt vielfach zu vermissen ist. Die Kollisionsnormen tauchen in Handels- und Konsularverträgen vielfach nebenher und zufällig, gleichsam improvisiert, auf. Der Maßstab strenger juristischer Technik darf an sie nicht überall angelegt werden, und der Jurist ist bei ihrer Auslegung öfters in schwieriger Lage.

Die allgemeinste Klausel bezüglich des internationalen Privatrechts findet sich in dem deutsch-mexikanischen Handelsvertrag vom

[1]) S. Niemeyer, Positives internationales Privatrecht I §§ 51, 75.

[2]) Materiell war in jenem Fall nichts verfehlt, weil für Rußland das Abkommen rechtsgültig war und sein Inhalt in Deutschland gewohnheitsrechtliche Geltung hatte. S. Niemeyer a. a. O. §§ 105, 106.

5. Dez. 1882 (Reichsgesetzblatt 1883 S. 247) Art. 18 und in dem Handelsvertrag mit Columbien vom 23. Juli 1892 (Reichsgesetzblatt 1894 S. 471 ff.) Art. 20: „Die vertragschließenden Theile .. sind übereingekommen .., daß ihre diplomatischen Vertreter aus Anlaß der Rechtsansprüche ... von Privatpersonen nicht in Angelegenheiten eingreifen sollen, welche dem Bereich der bürgerlichen oder Strafrechtspflege angehören, es sei denn, ... daß nach Erschöpfung der gesetzlichen Rechtsmittel eine klare Verletzung der .. von den gesitteten Nationen allgemein anerkannten Bestimmungen des Völkerrechts oder des internationalen Privatrechts vorliegen sollte[1]." Die hier kundgegebene prinzipielle Annahme der Geltung eines völkerrechtlichen internationalen Privatrechtes ist theoretisch von hohem Interesse. Praktische Konsequenzen lassen sich daraus deswegen nicht ableiten, weil es allgemein anerkannte Regeln des internationalen Privatrechts, wie sie jene Klausel voraussetzt, nicht gibt.

In Bezug auf das Vormundschaftsrecht ist in den Konsularverträgen mit Griechenland vom 26. November 1881 (RGBl. 1882 S. 101) Art. 22 Abs. 4, Italien vom 21. Dezember 1868, 7. Februar 1872 (Bundesgesetzblatt 1869 S. 113, Reichsgesetzblatt 1872 S. 134) Art. 11 Nr. 7, Spanien vom 22. Februar 1870, 12. Januar 1872 (Bundesgesetzblatt 1870 S. 99, Reichsgesetzblatt 1872 S. 211) Art. 11 Nr. 8 gleichlautend bestimmt: (Die Konsuln ..) „können eintretendenfalls eine Vormundschaft und Kuratel, den Gesetzen ihres Landes entsprechend, einleiten". Im Konsularvertrag mit Japan vom 4. April 1896 (Reichsgesetzblatt 1896 S. 732) Art. 13 heißt es weitergehend: „Die Generalkonsuln, Konsuln oder Vicekonsuln sollen Vormünder für ihre Landesangehörigen bestellen können, auch befugt sein, nach Maßgabe der Gesetze ihres eigenen Landes die Führung der Vormundschaft oder Pflegschaft zu beaufsichtigen." In den Verträgen mit Serbien (s. unten S. 193 Anm. 1) vom 6. Januar 1883 (RGBl. 1883 S. 62) Art. 18 Abs. 4 und mit der Südafrikanischen Republik vom 22. Januar 1885 (RGBl. 1886 S. 209) Art. 24 Abs. 3 heißt es: „Sie (— die Kon-

---

[1]) Im spanischen Texte heißt der letzte Passus: „ó de las reglas del derecho internacional, tanto público como privado, reconocidas generalmente por las naciones civilizadas."

suln —) sollen die Vormundschaft oder Pflegschaft über die Angehörigen des Staates, der sie ernannt hat, für alles auf die Nachlaßregelung Bezügliche in Gemäßheit der Gesetze dieses Staates einleiten können. In den Verträgen mit Kostarika vom 18. Mai 1875 (Reichsgesetzblatt 1877 S. 13, 1897 außer Kraft getreten, RGB. 1897 S. 785) Art. 30, mit Salvador vom 13. Juni 1870 (Reichsgesetzblatt 1872 S. 377) Art. 27, Guatemala vom 20. Sept. 1887 (Reichsgesetzblatt 1888 S. 238) Art. 25, Honduras vom 12. Dez. 1887 (RGB. 1888 S. 262) Art. 25, Nicaragua vom 4. Febr. 1896 (Reichsgesetzblatt 1897 S. 171) Art. 25 ist den beiderseitigen Konsuln die Rechtsstellung eines Vormundes der Minderjährigen ihres Landes „unter der Verantwortlichkeit" übertragen, „welche die Gesetze ihres Landes bestimmen". Es sei erwähnt, daß in Spanien (Art. 192 des Codigo Civil) und in Salvador (Art. 270 des Codigo Civil) die Großjährigkeit mit dem vollendeten 25. Lebensjahr, in Japan (Bürgerl. Gesetzbuch § 3) mit dem vollendeten 20. Lebensjahr eintritt, so daß hier bereits bisher ähnliche Abweichungen in der Behandlung der Ausländer gegenüber der Behandlung der Inländer reichsrechtlich vorgeschrieben waren und praktisch vorkamen, wie sie nach Art. 23 EG. nunmehr allgemein bestimmt sind. Daß in Zukunft die Reichsregierung beim Abschluß von Handels- und Konsularverträgen die Aufnahme ähnlicher Bestimmungen wie diejenigen der griechischen, italienischen, spanischen, japanischen Konsularkonvention in Erwägung ziehen muß, ist durch Art. 23 EG. in Aller Augen gerückt. Zu dem bereits früher in jenen Verträgen mit Recht verfolgten nationalen Gedanken, daß es wünschenswerth ist, die Einleitung und Beaufsichtigung deutscher Mündel im Ausland in der Hand der deutschen Konsuln zu sehen, tritt nunmehr ein gewisses Interesse des Reiches daran, daß umgekehrt auch die fremden Konsuln in Deutschland jene vormundschaftliche Kompetenz haben. Denn die Durchführung des Art. 23 EG. wird durch die vormundschaftliche Kompetenz der fremden Konsulate in gewisser Hinsicht erleichtert und gewährleistet. Eine vormundschaftliche Fürsorge für Ausländer Seitens der in dem Heimatstaate selbst fungierenden Behörden ist praktisch kaum möglich. Die durch Art. 23 gebotene Feststellung, ob der Heimatsstaat die Fürsorge übernimmt oder nicht, würde ohne die konsularische Kompetenz auf umständliche Weise, durch Vermittelung des Auswärtigen Amtes, geschehen müssen. In der Praxis wird man diesen umständlichen Weg einzuschlagen wenig geneigt sein und vielleicht lieber (gegen den Geist des Art. 23) jene Feststellung nicht als suspensive Bedingung diesseitiger Vormundschaftseinleitung behandeln, sondern die Uebernahme der Fürsorge Seitens des Heimatstaates als allenfallsiges Resolutivmoment betrachten, welches der sofortigen Einleitung der Vormundschaft über einen Ausländer — ohne vorherige Korrespondenz mit dessen Heimatbehörden — nicht entgegen steht. Günstigeren Falls wird sich eine häufige und unliebsam in die Länge gezogene Anwendung des zweiten Absatzes des Art. 23 ergeben, d. h. die Bestellung von Pflegern, deren Funktionen bis zur Erledigung jener Vorfrage reichen. Die Durchführung des Art. 23 wird gewiß bequemer und prompter sein, wenn die Vorfrage durch unmittelbare Korrespondenz der Vormundschaftsbehörden mit den fremden Konsulaten erledigt werden kann. Ob freilich nicht das Auswärtige Amt aus dem Gesichtspunkt der diplomatischen Konzentrierung dieser Angelegenheiten es vorzieht, diese in der Hand zu behalten, und ob die Nachtheile, die ein System fremdkonsularischer Vormundschaftsbehörden im Gebiet des deutschen Reiches mit sich bringen kann, aufgewogen werden durch den Vortheil, den die entsprechende Kompetenz der deutschen Konsulate im Auslande gewährt[1]), muß dahingestellt bleiben. Erst die praktischen Erfahrungen, welche man mit der Anwendung des Art. 23 machen wird, werden jene Frage entscheiden. Der Art. 23 gewährt dem Reiche in zweckmäßiger Weise die Politik der freien Hand. Je nach den gemachten Erfahrungen kann die von den Instruktionen der Justizverwaltungen geleitete Praxis der Vormundschaftsbehörden und die Vertragspolitik des Reiches sich mehr internationalistisch oder mehr zurückhaltend und exklusiv entwickeln.

Eine andere Gruppe staatsvertraglicher Kollisionsnormen bringt das Heimatsrecht für das Erbrecht zur Anwendung. Zuerst ist dies, allerdings nur beschränkt und unvollkommen, in Art. 10 der russischen Konvention vom 12. November/31. Oktober 1874 (Reichsgesetzblatt 1875 S. 136) geschehen, in welchem hinsichtlich der Erbfolge in Immobilien die lex rei sitae für maßgeblich erklärt, im Uebrigen aber

[1]) Bis jetzt hat die deutsche Gesetzgebung die vertragsmäßig eingeräumte Kompetenz der Konsulate zur Einleitung von Vormundschaften ihrerseits den deutschen Konsuln nur dort ertheilt, wo diese Jurisdiktion haben. S. König, Konsularwesen, 1896, S. 34.

bestimmt ist: „Ansprüche, welche sich auf Theilung des beweglichen Nachlasses, sowie auf das Recht der Erbfolge in das bewegliche Vermögen beziehen, welches in einem der beiden Länder von Angehörigen des anderen Landes hinterlassen worden ist, werden von den Gerichten oder sonst zuständigen Behörden des Staates, dem der Verstorbene angehörte und nach den Gesetzen dieses Staates entschieden, es müßte denn ein Unterthan des Landes, in welchem der Nachlaß eröffnet ist, auf die gedachte Hinterlassenschaft Anspruch zu erheben haben. In diesem Fall soll, wenn der Anspruch vor Ablauf der in Artikel 5 festgesetzten Frist (— 6 Monate nach konsularischer Bekanntmachung der Nachlaßeröffnung, in Ermangelung solcher Bekanntmachung 8 Monate vom Todestage an gerechnet —) geltend gemacht worden ist, die Prüfung dieses Anspruches den Gerichten oder sonst zuständigen Behörden des Landes anheimfallen, in welchem der Nachlaß eröffnet worden ist, und diese haben nach den Gesetzen dieses Landes über die Rechtmäßigkeit der Ansprüche des Reklamanten und eintretendenfalls über diejenige Rate zu entscheiden, welche ihm zugetheilt werden soll. — Sobald derselbe wegen dieser Rate befriedigt ist, wird der Ueberrest des Nachlasses an die Konsularbehörde ausgehändigt, welche damit hinsichtlich der übrigen Erben nach den Bestimmungen des Artikels 8 zu verfahren hat" d. h. „nachdem alle dem Nachlasse zur Last fallenden Kosten und Rechnungen nach den im Lande gültigen Tarifen berichtigt worden sind", liquidiert die Konsularbehörde den Nachlaß „und führt ihn an den Berechtigten ab, ohne daß sie anderweit als ihrer eigenen Regierung, Rechnung abzulegen hat". — Diese Bestimmungen enthalten eine bemerkenswerthe Erläuterung und Ergänzung zu Artikel 25 des Einführungsgesetzes zum BGB. zu dem sie in einem engen inneren Zusammenhang stehen. Der zweite Satz des Artikel 25 ist durch die Bestimmungen der deutsch-russischen Erbrechtskonvention notwendig gemacht. Angesichts dieser Konvention wäre es ein selbstmörderisches Verfahren gewesen, wenn die deutsche Gesetzgebung das Staatsangehörigkeitsprinzip im Erbrecht vorbehaltlos zur Geltung gebracht hätte. Es würde sich daraus nicht nur für die Gegenwart eine krasse Bevortheilung russischer Interessenten gegenüber deutschen Erbschaften ergeben haben, sondern es würde auch für die Zukunft eine Abänderung jener auf vertragsmäßigen Grundlagen beruhenden Abweichung vom Staatsangehörigkeitsprinzip außerordentlich erschwert worden sein, eine Sachlage, welche gegenüber dem vielfach einseitigen und übertriebenen Tadel[1]) hervorgehoben werden muß, der namentlich im Auslande gegen jene Bestimmung des Art. 25 erhoben worden ist. Umgekehrt enthält nun jene Bestimmung ein zweckentsprechendes Mittel, um auf den Abschluß von Staatsverträgen hinzuwirken, welche das Staatsangehörigkeitsprinzip konsequent zur Geltung bringen.

Letzteres ist bereits geschehen in dem deutsch-griechischen Konsularvertrag vom 26. November 1881 (RGBl. 1882 S. 101) Art. 23, dem deutsch-serbischen[2]) Konsularvertrag vom 6. Januar 1883 (RGBl. 1883 S. 62) Art. 19 und in dem Handelsvertrag mit der südafrikanischen Republik vom 22. Januar 1885 (RGBl. 1886 S. 209) Art. 25 in denen gleichlautend bestimmt ist: „Das Erbrecht, sowie Theilung des Nachlasses des Verstorbenen richten sich nach den Gesetzen seines Landes. Alle Ansprüche, welche sich auf Erbrecht und Nachlaßtheilung beziehen, sollen durch die Gerichtshöfe oder zuständigen Behörden desselben Landes entschieden werden und in Gemäßheit der Gesetze dieses Landes." Dieselbe Bestimmung enthält auch Art. XIV des deutsch-japanischen Konsularvertrages vom 4. April 1896 (RGB. 1896 S. 732[3]). Diese Bestimmungen begründen im Verhältniß der Vertragsstaaten den Rechtszustand, dessen Verallgemeinerung augenscheinlich dem Ziel des Art. 25 entspricht. Diese Verallgemeinerung braucht an und für sich nicht nothwendig im Wege der Verträge stattzufinden. Die Durchführung des Staatsangehörigkeitsprinzips durch blos innerstaatliche Rechtsbildung würde praktisch dasselbe Resultat ergeben können. Aber damit wäre doch nicht die wünschenswerthe internationale Bindung hergestellt. Auch ist ein spontanes Vorgehen der ausländischen Staaten in jener Richtung in absehbarer Zeit kaum zu erwarten. Weitere Vereinbarungen über die erbrechtliche Frage werden daher grundsätzlich anzustreben sein und sind selbst solchen Staaten gegenüber wünschenswerth, die ihrerseits bereits innerstaatlich das Staatsangehörigkeitsprinzip konsequent und vorbehaltlos zur Anwendung bringen. Dies ist z. B. von seiten

---

[1]) Vgl. z. B. Revue de droit international XXX S. 213.

[2]) Ueber die hinsichtlich dieses Vertrages erfolgte Kündigung s. Niemeyer, Positives internationales Privatrecht I S. 53.

[3]) Art. XX des Handelsvertrages mit Zanzibar v. 20. Dez. 1885 (RGB. 1886 S. 278) gewährleistet einseitig den Nachlässen Deutscher die Behandlung nach Heimatrecht.

Italiens [1]) der Fall. Vereinbarungen mit solchen Staaten werden offenbar unschwer zu erreichen sein und es würden damit weitere Etappen in der völkerrechtlichen Entwickelung des internationalen Privatrechts gewonnen sein, deren Werth nicht unterschätzt werden darf. Die damit gegebenen Vorbilder würden als Anregung zu weiterer Internationalisierung der Kollisionsnormen eine Bedeutung für die Durchführung des Staatsangehörigkeitsprinzipes haben, die derjenige nicht verkennen wird, der weiß, welche Rolle das Gesetz der Nachahmung bei dem Abschluß von Staatsverträgen spielt. Nicht aber etwa nur vom internationalistischen Gesichtspunkt, sondern auch von dem Standpunkt des spezifisch deutschen Interesses aus ist der Abschluß weiterer Vereinbarungen wünschenswerth. Dies liegt auf der Hand im Verhältniß zu denjenigen Staaten, die in ähnlicher Weise wie Art. 25 es thut, ihrerseits Reziprozitätsbestimmungen haben, wie z. B. Frankreich in Art. 2 des Gesetzes vom 14. Juli 1819: „Dans le cas de partage d'une même succession entre des cohéritiers étrangers et français, ceux-ci préléveront sur les biens situés en France une portion égale à la valeur des biens situés en pays étranger dont ils seraient exclus, à quelque titre que ce soit, en vertu des lois et coutumes locales“, eine Bestimmung, die von Belgien (Ges. v. 27. April 1865) Holland, (Gesetz v. 7. April 1869) und Argentinien (codigo civil Art. 3470) übernommen ist. Der Art. 25 EG. im Verein mit diesen Bestimmungen schafft eine juristische Zwickmühle zu Ungunsten sowol der Franzosen, Belgier, Holländer, Argentinier in Deutschland, als andererseits der Deutschen in jenen Auslandsstaaten. Die Gestaltung und Tragweite dieses Verhältnisses im Einzelnen zu prüfen, ist hier nicht der Ort; es liegen darin recht zweifelhafte Fragen beschlossen. Im Allgemeinen wird man sagen müssen, daß in diesem Verhältniß die genannten Ausländerklassen in Deutschland stärker zurückgesetzt sind, als umgekehrt durch die fremdländischen Bestimmungen die Deutschen im Ausland, zumal die Anwendung der bezeichneten Auslandsvorschriften technisch schwierig und von so verwickelten Nachweisungen abhängig ist, daß schon aus diesem Grunde ihre praktische Anwendung

---

[1]) Codice civile Art. 8: „Die gesetzlichen und testamentarischen Successionen . . . werden durch das Nationalrecht der Person bestimmt, um deren Erbschaft es sich handelt, welcher Art auch die Vermögensstücke sind und wo immer sie sich befinden.“ Meines Wissens sind Italien und Japan die einzigen Staaten, welche das Staatsangehörigkeitsprinzip im Erbrecht vorbehaltlos zur Anwendung bringen.

auf seltene Fälle beschränkt ist. Dennoch besteht auf deutscher Seite ein genügend starkes Interesse, um für uns die vorbehaltlose Durchführung des Staatsangehörigkeitsprinzipes mittelst Vereinbarungen mit jenen Staaten wünschenswerth zu machen. Besonders fällt aber ins Gewicht, daß ohne solche Vereinbarungen auf die Dauer das Ausland durch die Bestimmung des zweiten Satzes des Art. 25 leicht veranlaßt werden kann, zu stärkeren und wirksameren Gegenmaßregeln zu greifen. Aehnlich wie zu den genannten Staaten liegt auch das Verhältniß gegenüber den Vergeltungsbestimmungen von Chile (codigo civil Art. 998), Ecuador (codigo civil Art. 988), Monaco (code civil Art. 609), Peru (codigo civil Art. 635), Salvador (codigo civil Art. 1031). Das Mißverhältniß, welches aus dem Vorhandensein dieser Reziprozitätsbestimmungen auf beiden Seiten erwächst, wird um so leichter durch Staatsvertrag zu beseitigen sein, als das Ergebniß jener Waffenkreuzung materiell der eigentlichen Intention der beiden sich gegenüber stehenden Gesetzgebungen nicht entspricht. Die vertragsmäßige Außerkraftsetzung der beiderseits gesetzlich aufgestellten Vorbehalte würde im Allgemeinen nur die Hinwegräumung eines im Ergebniß von keiner Seite beabsichtigten Hindernisses bedeuten. Wenn man etwa sogar so weit gehen wollte zu sagen, daß es der staatsvertraglichen Beseitigung jenes Hindernisses gar nicht bedürfe, daß vielmehr die Rechtspflegeorgane der betheiligten Staaten das Recht und die Pflicht hätten, die beiderseitigen gesetzlichen Vorbehalte als sich gegenseitig aufhebend und somit als nicht geschrieben zu behandeln, so dürfte das sich bei näherer Untersuchung als unhaltbar erweisen. Aber sollte es theoretisch auch zutreffen, so wird in der Praxis wol nicht darnach verfahren werden und die vertragsmäßige Beseitigung bleibt wünschenswerth. Praktisch ist nun aber die Sachlage weiterhin die, daß die vorstehend berührte Frage gegenüber keinem der genannten Staaten die einzige Rechtsdifferenz darstellt, die zur Anwendung des im zweiten Satz Art. 25 aufgestellten Vorzugsrechtes führt. Außer Anderem kommen insbesondere die zwei folgenden Momente in Betracht:

Erstens gilt einem Teil jener Staaten überhaupt nicht das Heimatrecht sondern das Recht des letzten Wohnsitzes des Erblassers für das Erbrecht. So in Argentinien und Holland[1]).

---

[1]) So ferner auch in Dänemark, Norwegen, Chile, Salvador. S. Niemeyer, Vorschläge und Materialien S. 264.

Zweitens wird in den meisten Ländern die erbrechtliche Behandlung der Immobilien von der Maßgeblichkeit des Personalstatuts ausgeschlossen und der lex rei sitae unterstellt. So in Frankreich, Belgien, Holland[1])[2]).

Was den ersten Gesichtspunkt anlangt, so bleibt in seiner Hinsicht praktisch wol nichts anderes übrig, als darauf hinzuwirken, daß die Staaten mit Wohnsitzprinzip sich entschließen, das Staatsangehörigkeitsprinzip zu acceptieren, was angesichts der fortschreitenden Herrschaft und inneren Kraft dieses Prinzipes sich auf die Dauer doch wol als unumgänglich herausstellen wird.

Was den zweiten Punkt betrifft, so ergibt die Betrachtung des großen örtlichen Geltungsbereiches jenes dualistischen Erbrechts-Prinzipes seine dominierende Bedeutung. Es mag daher auf den ersten Blick scheinen, daß in seiner Hinsicht internationale Vereinbarungen für das deutsche Reich besonders erstrebenswerth seien. Letzteres würde der Fall sein, wenn in Deutschland gemäß Art. 25 die erbrechtliche Behandlung der deutschen Immobilien eines Franzosen dem französischen Rechte unterworfen würde, während ja in Frankreich französische Immobilien eines deutschen Erblassers nach französischem Recht behandelt werden u. s. w. Dieses Mißverhältniß ist aber vermieden durch die Rückverweisungsvorschrift des Art. 27 EG. Sinn- und sachgemäß muß diese Vorschrift nicht nur dann angewendet werden, wenn das ausländische Heimatrecht des Erblassers überhaupt nicht auf den Erbfall angewendet sein will und hinsichtlich des ganzen Nachlasses auf das deutsche Recht zurückverweist, sondern auch dann, wenn und soweit dies nur hinsichtlich gewisser Bestandtheile des Nachlasses, insbesondere hinsichtlich der Immobilien der Fall ist. Das Ergebniß hiervon ist, daß deutsche Immobilien, die zu dem Nachlasse von Engländern, Nordamerikanern, Franzosen, Belgiern, Holländern u. s. w. gehören, dem Erbrecht der deutschen lex rei sitae unterworfen sind. Der Art. 27 hat die Wirkung der Retorsion. Deutschland hat indessen immerhin insofern ein Interesse daran, auf staatsvertragliche Regelung hinzuwirken, als es wünschenswerth erscheint, daß gemäß dem Prinzip des Art. 25 auch die ausländischen Grundstücke deutscher Erblasser bei der Nachlaßregulierung nach

---

[1]) Desgleichen in den meisten anderen Ländern des französischen Rechtes, in Oesterreich, in England und den Vereinigten Staaten von Amerika.

[2]) Vgl. oben S. 90ff., 174.

deutschem Recht behandelt werden, wie dies in Griechenland, Japan, Transvaal, Serbien vertragsmäßig gewährleistet ist, und in Italien zufolge der dortigen Gesetzgebung und Praxis innerstaatlich gilt. Der Wunsch nach Verallgemeinerung dieser Sachlage im Wege der Staatsverträge hat am wenigsten Aussicht im Verhältniß zu England und Nordamerika. Abgesehen von der grundsätzlichen Abneigung dieser Staaten gegen staatsvertragliche Bindungen fällt in's Gewicht, daß im Gebiet des englisch-amerikanischen Rechtes nicht nur die Frage der Statutenkollision, sondern auch das Erbrecht selbst für real estate anders behandelt wird als für personal estate. Bezüglich Frankreichs ist zu bemerken, daß dieses in mehreren Verträgen das Prinzip der lex rei sitae für Immobilarnachlässe zur Geltung gebracht hat. In der deutsch-russischen Konvention von 1874 hat Deutschland mittelbar dem Bestreben Frankreichs nach dieser Richtung hin nachgegeben. Jene Konvention ist derjenigen nachgebildet, welche Rußland mit Frankreich unter dem 1. April 1874 abgeschlossen hat und sie entspricht den Verträgen Frankreichs mit Oesterreich (1866), Serbien (1883) und Mexiko (1886). Indessen ist die herrschende Richtung der französischen Jurisprudenz dem deutschen Prinzip entschieden zugeneigt und nachdem sowol das Institut de droit international als die Haager Konferenz von 1893/94 sich in demselben Sinn ausgesprochen hat, wird mit der Zeit wol eine Verständigung und Vereinbarung zu erzielen sein. Für Frankreich ist es nicht schwerer, die einheitliche Behandlung der Nachlässe nach dem Heimatrecht zu acceptieren, als es zufolge der russischen Konvention für Deutschland ist und dasselbe gilt für Oesterreich, sowie in noch höherem Grade für die übrigen Staaten. Der durchschlagende Grund für den Wunsch nach Vereinbarungen gemäß dem Prinzip des Art. 25 EG. liegt in den praktischen Schwierigkeiten, welche die Durchführung der Unterscheidung von Mobiliar- und Immobiliarvermögen verursacht. Man denke nur an Fragen des Hypothekenrechtes wie das Auseinanderfallen der persönlichen Forderung und des Pfandrechtes.

Es sei hier noch einmal betont, daß alle Auslandsstaaten, welche im Erbrecht das Domizilprinzip oder für Immobilien das Prinzip der lex rei sitae befolgen, durch den zweiten Satz des Art. 25 EG. in die Lage gesetzt sind, gerade Deutschland gegenüber den Abschluß einer Nachlaßkonvention wünschen zu müssen.

Neben den bisher besprochenen Vereinbarungen über Gegenstände des Vormundschaftsrechts und des Erbrechtes sind hier anzuführen die Vereinbarungen des deutschen Reiches über Fragen der Eheschließung. Auch diese Verträge bringen das Prinzip des Heimatrechtes zur Geltung.

Sehr weit geht in Bezug auf die Eheschließung das Uebereinkommen mit Salvador vom 13. Juni 1870, das in Art. 8 Nr. 2 (RGB. 1872 S. 377ff.) bestimmt: „Die Ehe eines Salvadoreners soll in Deutschland und die Ehe eines Deutschen soll in Salvador für gültig angesehen werden, wenn diese Ehe geschlossen ist gemäß den Gesetzen seines Heimatlandes." Eine ähnliche Bestimmung enthielt der Handelsvertrag mit Kostarika vom 18. Mai 1875/12. Jan. 1888 (RGBl. 1877 S. 13ff., 1889 S. 191ff.). Derselbe ist indessen im Jahre 1897 durch Kündigung außer Kraft getreten[1]).

Bezüglich des salvadorenischen Abkommens ist, was zunächst die Eheschließungsform betrifft, der Sinn unzweifelhaft der, daß das Heimatrecht nicht etwa zwingend, sondern in favorem matrimonii wahlweise neben der lex loci actus zur Geltung kommen soll, so daß also auch die in der Form des deutschen Rechtes in Deutschland geschlossene Ehe eines Salvadoreners und die in Salvador gemäß dortigem Rechte geschlossene Ehe eines Deutschen gültig ist. Die Regel locus regit actum gilt im fakultativen Sinn neben dem im Vertrag zum Ausdruck gebrachten Prinzip des Heimatrechtes. So wie die positive Rechtslage augenblicklich ist, kommt sogar dieses letztere Prinzip praktisch für die in Salvador von Deutschen und für die in Deutschland von Salvadorenern geschlossenen Ehen überhaupt nicht zur Anwendung, und zwar deswegen nicht, weil wie in Deutschland so auch in Salvador (Codigo Civil Art. 122ff.) das System der obligatorischen Civilehe gilt und weder von Deutschland in Salvador noch von Salvador in Deutschland konsularische oder diplomatische Dienststellen mit der Eheschließungsfunktion betraut sind. Nur theoretisch begründet daher zur Zeit der Vertrag eine Ausnahme zu dem letzten Satz des Art. 13 EG., indem diese Norm im Verhältniß zu Salvador ihres zwingenden Charakters entkleidet ist. Praktisch würde nach der bezeichneten Seite hin die Vertragsbestimmung erst in dem Augenblick werden, wo Salvador etwa zur kirchlichen Eheschließungsform zurückkehrte. In diesem Falle würden

---

[1]) RGB. 1897 S. 785.

in Deutschland vorgenommene kirchliche Eheschließungen von Salvadorenern gültig sein, andererseits würde eine Ermächtigung der deutschen Dienststellen in Salvador zur Vornahme von Eheschließungen in Gemäßheit des Gesetzes vom 4. Mai 1870 zum gebieterischen Bedürfniß werden, während augenblicklich solches Bedürfniß jedenfalls nicht durch die Rechtslage, sondern höchstens etwa durch unbefriedigende Handhabung der salvadorenischen Behörden gegeben sein könnte.

Nach Wortlaut und Sinn der Vertragsbestimmung genügt für die Formgültigkeit der Eheschließung unter allen Umständen, wenn eine irgendwo von Deutschen oder Salvadorenern geschlossene Ehe dem Heimatrecht des dabei betheiligten Salvadoreners oder Deutschen entspricht, insbesondere also auch dann, wenn die Eheschließung in einem dritten Staate stattfindet, auch der andere Nupturient einem dritten Staate angehört und wenn die Form weder dem Rechte dieses Staates noch der lex loci actus genügt. Diese an sich befremdlich erscheinende Tragweite der Bestimmung ist bei der gegenwärtigen Rechtslage, nämlich zufolge des beiderseits geltenden Prinzips der obligatorischen Civilehe und bei verständiger Beschränkung im Gebrauch des Institutes der konsularischen Eheschließungen praktisch unbedenklich. Sie ist kaum bedenklicher als die Bestimmung in § 10 des deutschen Reichsgesetzes vom 4. Mai 1870, wonach die Eheschließung von den deutschen Vertretern nur dadurch bedingt ist, daß einer der beiden Nupturienten die deutsche Staatsangehörigkeit besitzt. Würde Salvador zur kirchlichen Eheschließung zurückkehren, so könnten die Folgen der Bestimmung mißlich werden. Dabei sei hier abgesehen von der dann sich aus dem Vertrag ergebenden Möglichkeit rein kirchlicher Eheschließungen in Deutschland. Wenn aber eine in Frankreich von einem Salvadorener mit einer Französin blos kirchlich geschlossene Ehe entgegen dem französischen Recht von uns als gültig behandelt würde, so stände das augenscheinlich nicht nur im Widerspruch mit theoretischen und in den Artt. 11, 13 EG. positiv anerkannten Prinzipien des internationalen Privatrechts, sondern auch mit unmittelbaren praktischen Interessen. Die Revision des Art. 8 Abs. 2 des salvadorenischen Vertrages würde aber nicht nur dann in Erwägung kommen müssen, wenn Salvador zur kirchlichen Eheschließung zurückkehren würde, sondern auch dann, wenn Salvador in hochkultivierten Staaten Eheschließungskonsulate einrichten würde.

Wie schon gesagt, ergibt sich aus dem Vertrage die Anerkennung der vor deutschen Beamten nach dem Reichsgesetz vom 4. Mai 1870 in anderen Ländern geschlossenen Ehen von Seiten Salvadors. Dies hat praktisches Interesse insbesondere für Ehen, welche gemäß diesem Gesetz in Ländern geschlossen sind, die solche Ehen nicht anerkennen wie dies z. B. für Peru[1]) zutrifft, aber auch für Griechenland, Portugal, Spanien, wo ebenfalls deutsche Konsuln standesamtliche Funktionen haben, ohne daß die vor ihnen geschlossenen Ehen in jenen Ländern gesetzlich anerkannt wären.

Noch ist auf einen Gesichtspunkt hinzuweisen, aus welchem sich eine von dem Vertrag selbst zweifellos nicht beabsichtigte, dennoch aber möglicherweise einmal eintretende Reflexwirkung für das Verhältniß zu dritten Staaten ergibt, sofern diese nämlich — sei es de lege contracta, sei es de lege contrahenda — das Recht der Meistbegünstigung für sich in Anspruch nehmen möchten. Die Meistbegünstigungsklausel ist in einzelnen Verträgen so gefaßt, daß wenigstens der Versuch nicht ausgeschlossen ist, sie auch auf Fragen der vorliegenden Art anzuwenden. Wenn etwa in dieser Weise gegenüber Rußland allgemein die Meistbegünstigung zugesagt wäre, so könnte Rußland auf Grund des salvadorenischen Abkommens den Anspruch erheben, daß nicht nur konsularische, sondern auch rein kirchlich außerhalb Rußlands, also auch in Deutschland geschlossene Ehen russischer Unterthanen als gültig anerkannt würden. Und nahe liegt es, daß jedenfalls der Wunsch solcher Meistbegünstigung beim Abschluß von Staatsverträgen gelegentlich eine Rolle spielt. Die künftigen Wirkungen klerikaler Aspirationen lassen sich nicht im Voraus übersehen und die Wiedereinführung der kirchlichen Eheschließung in Ländern, die gegenwärtig der bürgerlichen Eheschließung gewonnen sind, ist nicht ausgeschlossen.

Fraglich kann nun erscheinen, ob die mitgetheilte Vertragsbestimmung auch auf die materiellen Voraussetzungen der Ehe zu beziehen ist, eine Frage, die z. B. in Bezug auf die mit der Pubertät eintretende Ehemündigkeit des salvadorenischen Rechtes praktische Bedeutung gewinnen kann. Der Wortlaut gestattet an sich sowol die Bejahung als die Verneinung der Frage. Genauere Erwägung führt aber zur Verneinung. Der Wortlaut muß sicherlich restriktiv behandelt werden. Strikt verstanden würde er dazu führen, daß jede Eheschließung, bei welcher einer der Nupturienten Salvadorener

---

[1]) Codigo civil Artt. 156ff. Vgl. Entsch. des RG. in Civilsachen Bd. IX S. 401ff.

ist, auch in den materiellen Voraussetzungen lediglich nach salvadorenischem Recht und jede Ehe, bei der ein Deutscher betheiligt wäre, lediglich nach deutschem Recht beurtheilt würde, daß heißt, daß die Anforderungen, die das Personalstatut des bei der Eheschließung betheiligten Nupturienten einer dritten Nation stellt, gar nicht beachtet würde. Ein Salvadorener könnte eine zwölfjährige Oesterreicherin oder Französin heiraten, und auch deutsche Standesbeamte würden, wenn das dem Sinn des Vertrages entspräche, derartige Eheschließungen nicht weigern dürfen. Die Berufung auf den zwingenden Charakter der deutschen Ehehindernisse würde dem Staatsvertrage gegenüber nicht durchschlagen. Daß vollends im Verhältniß zwischen deutschen und salvadorenischen Nupturienten jenes Prinzip ad absurdum führt, ist einleuchtend. Daß aber etwa der Sinn der Vertragsbestimmung der wäre, das Heimatrecht solle als „Personalstatut" nur für die Ehevoraussetzungen in der Person der Salvadorener und der Deutschen maßgebend sein, ist durch den Wortlaut völlig ausgeschlossen. So wird man zu der Auffassung gedrängt, daß die Bestimmung lediglich die Eheschließungsform im Auge hat.

Beschränkter als in dem salvadorenischen Vertrag wird für Eheschließungen im Ausland das Staatsangehörigkeitsprinzip in den Verträgen mit Serbien vom 6. Januar 1883 (RGBl. 1883 S. 66) Art 10, Transvaal vom 22. Januar 1885 (RGBl. 1886 S. 220) Art. 16, Paraguay vom 21. Juli 1887 (RGBl. 1888 S. 178) Art. 3, Italien vom 4. Mai 1891 (RGBl. 1891 S. 113) Art. 1, Japan vom 4 April 1896 (RGBl. 1896 S. 715) Art. 11, zur Anwendung gebracht. Alle diese Vertragsbestimmungen beziehen sich lediglich auf das konsularische Eheschließungsrecht und lehnen sich an das Reichsgesetz vom 4. Mai 1870 an, dessen Bestimmungen mit den Zusätzen und Abänderungen, die sie durch das Reichsgesetz über den Personenstand vom 6. Februar 1875 und das EG. zum BGB. erfahren haben, Bestandtheile jener Verträge sind, indem diese auf die bestehende Gesetzgebung im Ganzen Bezug nehmen. Nach den Verträgen mit Serbien und Transvaal haben nun einseitig die „Generalkonsuln, Konsuln und Vizekonsuln des deutschen Reiches in Serbien" („in Transvaal"), „soweit sie von ihrer Regierung dazu ermächtigt sind", das Recht, „daselbst bürgerlich gültige Eheschließungen von Angehörigen des deutschen Reiches nach Maßgabe der Gesetze des letzteren vorzunehmen." Dagegen ist in den Verträgen mit Paraguay, Italien, Japan den beiderseitigen „Generalkonsuln, Konsuln, Vizekonsuln" (in dem Vertrag mit Japan auch „den diplomatischen Vertretern") das Recht beigelegt, „soweit sie nach den Gesetzen des vertragschließenden Theiles, der sie ernannt hat, dazu befugt sind, Eheschließungen von Angehörigen dieses Theiles nach Maßgabe der Gesetze desselben vorzunehmen." Der Vertrag mit Paraguay enthält den Zusatz: „Diese Bestimmung findet nicht auf solche Eheschließungen Anwendung, bei welchen einer der Verlobten Angehöriger des Staates ist, in welchem der Konsul seinen Sitz hat" und dieselbe Bestimmung findet sich mit unbedeutenden sprachlichen Abweichungen in dem japanischen Vertrag. Das Abkommen mit Italien enthält diesen Zusatz nicht, dafür aber die Formulierung: „zwischen Angehörigen dieses Theiles" (anstatt der in den übrigen Verträgen stehenden Formel „von Angehörigen"). Es ergibt sich hiernach zu dem dritten Satz des Art. 13 EG. die staatsvertragliche Ausnahme, daß im Gebiet des deutschen Reiches gültige Eheschließungen von Angehörigen der Staaten Paraguay, Italien, Japan vor den konsularischen bezw. diplomatischen Vertretern dieser Staaten in der durch die Gesetzgebung dieser Staaten vorgeschriebenen Form stattfinden können. Aus den mitgetheilten Zusatzbestimmungen der Verträge mit Paraguay und Japan ergibt sich mit argumentum e contrario, daß dabei nicht nur Angehörige dieser Staaten, sondern auch Angehörige irgend eines anderen Staates als Nupturienten betheiligt sein können, während vor den italienischen Konsuln die Eheschließung nur zulässig ist, wenn beide Verlobte Italiener sind.

Der Fall doppelter Staatsangehörigkeit ist in den Verträgen nicht vorgesehen. Doch ergibt sich wie aus der mitgetheilten Zusatzbestimmung des paraguayanischen und des japanischen, so auch aus dem Zusammenhang des italienischen Vertrages, daß, wenn ein deutscher Nupturient betheiligt ist, die Eheschließung vor den fremden Konsuln nicht stattfinden kann, auch wenn etwa der deutsche Nupturient gleichzeitig die Staatsangehörigkeit des Absendestaates besitzen sollte. Dagegen würde die Gültigkeit der Ehe nicht dadurch berührt, daß die Nupturienten neben dem Indigenat des Absendestaates noch die Staatsangehörigkeit eines dritten Staates besäßen, wenn z. B. ein Italiener die in England geborene Tochter eines Italieners heiraten würde, oder eine Italienerin einen in England geborenen Italiener. Die zufolge der englischen „naturalisation acte 1870“ in diesen Fällen eingetretene englische Staatszugehörigkeit bleibt außer Betracht.

Was die vor deutschen Vertretern in Paraguay, Japan, Italien geschlossenen Ehen betrifft, so gelten für diese dieselben Grundsätze. In Serbien und Transvaal können vor den deutschen Vertretern Ehen auch zwischen Deutschen und Angehörigen des Landes geschlossen werden. Die Bestimmung in § 10 des Reichsgesetzes vom 4. Mai 1870: „Die vorstehenden Bestimmungen über die Eheschließung finden auch Anwendung, wenn nicht beide Verlobte sondern einer derselben ein Bundesangehöriger ist“, bildet einen vorbehaltlos aufgenommenen Bestandtheil der mit den genannten Staaten geschlossenen Verträge. In dem Reichsgesetz ist dafür gesorgt, daß das Recht des Empfangsstaates, abgesehen von der konsularischen Form, in jeder anderen Beziehung zu gebührender Berücksichtigung kommt, indem § 3 vorschreibt: „Der Schließung der Ehe muß ein Aufgebot vorangehen. Vor Beginn desselben sind dem Beamten die zur Eingehung einer Ehe nach den Gesetzen der Heimat der Verlobten nothwendigen Erfordernisse als vorhanden nachzuweisen. Insbesondere haben die Verlobten in beglaubigter Form beizubringen . . . die zustimmende Erklärung derjenigen Personen, deren Einwilligung nach den Gesetzen der Heimat der Verlobten erforderlich ist.“

Mit einzelnen Staaten sind von der Reichsregierung Uebereinkommen über die sog. Trauerlaubnißscheine geschlossen. So mit Italien am 3. Dezember 1874 (Centralblatt f. d. deutsche Reich 1875 S. 155), Belgien am 8. Oktober 1875 (Centralbl. f. d. d. R. 1875 S. 719), der Schweiz am 4. Juni 1886 (Centralbl. f. d. d. R. 1886 S. 232). Der Artikel 1 dieser Uebereinkommen lautet: „Deutsche, welche mit Italienerinnen in Italien (Belgierinnen in Belgien, Schweizerinnen in der Schweiz) und Italiener (Belgier, Schweizer), welche mit Deutschen in Deutschland eine Ehe abschließen wollen, sollen, wenn sie ihre Staatsangehörigkeit nachgewiesen haben, nicht mehr verpflichtet sein, durch Vorlegung von Attesten ihrer bezüglichen Heimatsbehörde dazuthun, daß sie ihre Staatsangehörigkeit durch die Eheschließung auf ihre zukünftige Ehefrau und ihre in der Ehe geborenen Kinder übertragen und daß sie demgemäß nach eingegangener Ehe sammt ihrer vorgedachten Familie von ihrem Heimatsstaate auf Erfordern wieder werden übernommen werden.“

Dadurch ist die Anwendung der in Gemäßheit des § 1315

BGB. Abs. 2 (s. oben S. 137) zugelassenen und bestehenden landesgesetzlichen Vorschriften[1]) begrenzt.

Die genannten Konventionen enthalten ferner im Wesentlichen übereinstimmend in Art. 2 die Formel: „Die beiderseitigen Angehörigen sind jedoch nach wie vor verpflichtet, falls dies in ihrer Heimat oder an dem Orte der Eheschließung gesetzlich vorgeschrieben ist, eine Bescheinigung der zuständigen Landesbehörde darüber vorzulegen, daß der Abschließung der Ehe nach dem bürgerlichen Rechte ihrer Heimat kein bekanntes Hinderniß entgegensteht.“ (Die Worte „nach wie vor“ fehlen in dem Uebereinkommen mit Belgien und der Schweiz, das Wort „bekanntes“ fehlt in dem Vertrag mit Italien.)

Die Bestimmung soll offenbar (— die Fassung des ältesten — italienischen — Vertrages läßt dies am deutlichsten erkennen —) zunächst nur die Tragweite der Hauptbestimmung klarstellen und begrenzen, indem festgestellt wird, welche Arten von Attesten durch die Abmachung nicht berührt werden. Insofern ist diese Bestimmung ein logisch überflüssiger und nur der praktischen Verhütung von Mißverständnissen dienender Zusatz. Nicht bloß verdeutlichend, sondern disponierend ist nun aber die Bestimmung, daß die beiderseitigen Angehörigen verpflichtet sein sollen, „falls dies in ihrer Heimat gesetzlich vorgeschrieben ist“, eine Bescheinigung ihrer zuständigen Landesbehörde darüber vorzulegen, daß der Abschließung der Ehe nach dem bürgerlichen Recht ihrer Heimat kein Hinderniß entgegensteht“. Hiernach würde ein italienisches Gesetz, welches für die im Auslande stattfindende Eheschließung von Italienern ein Attest der fraglichen Art von Seiten italienischer Behörden vorschriebe, vertragsmäßigen Anspruch auf Anwendung Seitens der deutschen Rechtspflegeorgane haben. Derartige Gesetze existieren indessen, soviel zu ermitteln war, in keinem der betheiligten Auslandsstaaten.

Das Eherecht betreffend ist endlich mit Hawaii am 19. September 1879 (RGBl. 1880 S. 121) vertragsmäßig festgesetzt (Art. 2 Abs. 3):

„Bei Ehen, welche von deutschen Reichsangehörigen auf den Hawaiischen Inseln und von Angehörigen der Hawaiischen Inseln in Deutschland geschlossen werden, richtet sich die Form der Ehe-

---

[1]) Z. B. Ausführungsgesetz für Preußen §§ 2, 4, Anhalt Art. 56 § 2, Baden Art. 32, Braunschweig § 68, Sachsen-Weimar-Eisenach § 176.

schließung nach den Gesetzen des Landes, in welchem die Ehe geschlossen wird."

Durch Deklaration vom 10. Februar 1880 (RGBl. 1880 S. 143) ist dazu bestimmt: „Der dritte Absatz des Artikels 2 . . . ist so zu verstehen, daß die von den Angehörigen des einen Landes in dem anderen in den durch die Gesetze des letzteren vorgeschriebenen Formen abgeschlossenen Ehen auch in dem erstern Lande als zu Recht bestehend erachtet werden und gelten sollen, vorausgesetzt, daß, in Ansehung der materiellen Erfordernisse der Eheschließung, durch eine solche Ehe kein nach dem Recht des Heimatlandes auf den speziellen Fall anwendbares Gesetz verletzt oder umgangen ist."

Internationalprivatrechtlichen Charakters sind ferner auch die in Handels- und Konsularverträgen des Reiches enthaltenen Bestimmungen, wonach die Konsulate zuständig zur Aufnahme von rechtsgeschäftlichen Urkunden verschiedener Art sind. Solche Bestimmungen finden sich in folgenden Verträgen:

Konsularvertrag mit den Vereinigten Staaten von Amerika v. 11. Dez. 1871 (RGBl. 1872 S. 95) Art. IX;

Konsularvertrag mit Spanien v. 12. Jan. 1872 (RGBl. 1872 S. 211) Art. 10;

Konsularvertrag mit Italien v. 7. Febr. 1872 (RGBl. 1872 S. 134) Art. 10;

Konsularvertrag mit Rußland v. 8. Dez. 1874 (RGBl. 1875 S. 145) Art. 9;

Konsularvertrag mit Hawaii v. $\frac{\text{25. März}}{\text{19. Sept.}}$ 1879 (RGBl. 1880 S. 121) Art. XVIII;

Konsularvertrag mit Griechenland v. 26. Nov. 1881 (RGBl. 1882 S. 108) Art. IX;

Konsularvertrag mit Serbien v. 6. Jan. 1883 (RGBl. 1883 S. 65) Art. IX;

Freundschafts- und Handelsvertrag mit der Südafrikanischen Republik v. 22. Jan. 1885 (RGBl. 1886 S. 218) Art. 15.

Konsularvertrag mit Japan v. 4. April 1896 (RGBl. 1896 S. 732) Art. X.

In diesen Verträgen — mit Ausnahme allein des griechischen — ist die Gültigkeit der vor den Konsuln stattgefundenen Rechtsakte ausdrücklich in Abhängigkeit von der Gesetzgebung des

Staates gestellt, welcher den Konsul entsendet hat[1]). Für den griechischen Vertrag muß nach dem Zusammenhang der Dinge diese Abhängigkeit als selbstverständlich vorausgesetzt werden. Die effektive Tragweite der Verträge ergibt sich also erst aus der Gesetzgebung der betheiligten Staaten.

Hinsichtlich der deutschen Konsuln ist § 16 Abs. 1 des Gesetzes über die Organisation der Bundeskonsulate maßgebend: „Den Bundeskonsuln steht innerhalb ihres Amtsbezirkes in Ansehung der Rechtsgeschäfte, welche Bundesangehörige errichten, insbesondere auch derjenigen, welche dieselben mit Fremden schließen, das Recht der Notare zu, dergestalt, daß die von ihnen aufgenommenen und mit ihrer Unterschrift und ihrem Siegel versehenen Urkunden den innerhalb der Bundesstaaten aufgenommenen Notariats-Urkunden gleich zu achten sind."

Durch Art. 38 EG. z. BGB. ist hinzugefügt: „Einem Wahlkonsul steht in Ansehung der Errichtung einer Verfügung von Todeswegen das im Abs. 1 bezeichnete Recht der Notare nur dann zu, wenn das Recht ihm von dem Reichskanzler besonders beigelegt ist."

Die Bestimmung des § 16 Abs. 1 ist mindestens unglücklich gefaßt, da nicht allen innerhalb der Bundesstaaten aufgenommenen Notariatsurkunden die gleiche Bedeutung zukommt, vielmehr örtliche Rechtsunterschiede bestehen. Der bis zum 1. Januar 1900 in Deutschland bestehende Rechtszustand war von solcher Gleichheit weit entfernt, und zufolge des Art. 141 EG. z. BGB. bestimmt sich auch gegenwärtig die Bedeutung der in Deutschland errichteten Notariatsurkunden insbesondere insofern nach Landesrecht, als die Gesetzgebung der Einzelstaaten bestimmen kann, daß für Rechtsgeschäfte, für welche das BGB. wahlweise notarielle oder gerichtliche Abfassung vorschreibt, gerichtliche Errichtung erforderlich ist. Praktisch wichtiger ist es, daß in allen Materien, welche durch Art. 55ff. EG. und sonst der Landesgesetzgebung vorbehalten sind, diese letztere natürlich auch für die Form der Rechtsgeschäfte maßgebend bleibt. Aus § 16 des Konsulargesetzes folgt nun zweifellos, daß die vor deutschen Konsuln geschlossenen Geschäfte als notarielle im Sinne jeder einzelnen Landesgesetzgebung zu gelten haben. Ob aber notarielle Beurkundung für ein bestimmtes Geschäft genügt, ist nach § 16 davon abhängig,

[1]) Die entscheidenden Worte sind: „soweit sie nach den Gesetzen ihres Landes dazu befugt sind", „nach den Gesetzen ihres Landes".

ob das Geschäft in dieser Form gültig sein würde, wenn es „innerhalb der Bundesstaaten" aufgenommen wäre. Das auswärtige Amt[1]) hat die Konsulate auf die Gefahr hingewiesen, daß die vor ihnen errichteten Rechtsgeschäfte auf Grund der in Deutschland bestehenden Rechtsverschiedenheit in Deutschland verschiedene Beurtheilung erfahren und von den Gerichten einzelner Gebiete für ungültig erklärt werden könnten. Solche Ungültigkeitserklärung wäre in der That denkbar auf Grund der Auffassung, daß § 16 des Konsulargesetzes darum als perplex zu betrachten sei, weil die rechtliche Qualität der konsularisch geschlossenen Rechtsgeschäfte durch die Formel „den innerhalb der Bundesstaaten aufgenommenen Notariatsurkunden gleich zu achten" nicht genügend bestimmt sei, sondern in Folge der Rechtsverschiedenheiten in Deutschland in der Luft schwebe. Aber diese Auffassung und Behandlung würde den Aufgaben des Konsularwesens und der Intention des Konsulatsgesetzes zuwider ohne Not dem § 16 eine Sinnlosigkeit imputieren, während sich durchaus natürlich die Deutung darbietet, daß die konsularischen Notariatsurkunden eine formgültige Geschäftserrichtung darstellen sollen, wenn nur nach irgend einem der in Deutschland geltenden Rechte die notarielle Form für den gegebenen Fall genügt.

Fehlgängig würde jedenfalls der Gedanke sein[2]), daß die Verschiedenheit der in Deutschland bestehenden Formvorschriften zu einer verschiedenen Beurtheilung der konsularischen Notariatsurkunden in den verschiedenen Rechtsgebieten insofern führe, als jedes mit der Frage der Formgültigkeit befaßte deutsche Gericht den Thatbestand so zu beurtheilen hätte, als wenn das betr. Geschäft in seinem speziellen Rechtsgebiet — notariell — abgeschlossen worden wäre, so daß also z. B. die Gerichte im Gebiet des preußischen Landrechts den vor 1900 konsularisch errichteten Testamenten keine Gültigkeit zuzuerkennen hätten, während es Seitens der Hamburger Gerichte zu geschehen hätte. Ein deutsches Gericht, vor die Frage gestellt, ob ein im Ausland vor einem deutschen Konsul

---

[1]) S. König, Handbuch des deutschen Konsularwesens, 5. Aufl., S. 168—69.

[2]) König a. a. O. S. 168 scheint diesem Gedanken zu folgen, wenn er sagt: „Da der Konsul nicht in der Lage ist, alle in Deutschland geltenden Rechtsnormen zu kennen, so kann er den Parteien darüber keine Auskunft ertheilen, ob diejenigen Rechtsgeschäfte, deren Beurkundung von ihm verlangt wird, im Bundesgebiete die von den Parteien erwartete rechtliche Gültigkeit haben würden."

errichtetes Testament gültig ist oder nicht, hat nur die Wahl zwischen zwei Wegen: Entweder es muß den § 16, so wie vorstehend geschehen, interpretieren, oder aber ihn für sinn- und wirkungslos halten. Im letzteren Fall müßte nach den durch die lex fori gegebenen Regeln des internationalen Privatrechts entschieden werden, welches Recht für die Formgültigkeit des Geschäftes maßgebend ist. Danach dürften die deutschen Gerichte die vor deutschen Konsuln im Ausland errichteten Rechtsgeschäfte nur dann für gültig halten, wenn die Form entweder der lex loci actus genügt (Art. 11 Abs. 1 Satz 2 EG.) oder denjenigen Gesetzen entspricht, „welche für das den Gegenstand des Rechtsgeschäfts bildende Rechtsverhältniß maßgebend sind" (Art. 11 Satz 1), immer mit der Maßgabe, daß die konsularische Form unbedingt als notarielle im Sinn aller deutschen Gesetzgebungen zu gelten hat. Ein vor einem deutschen Konsul in Italien geschlossener Ehevertrag würde auf Grund des ersteren Gesichtspunktes gültig sein, auch wenn die lex fori oder das sonst in Betracht kommende Recht gerichtlichen Abschluß fordern sollte, weil Art. 1382 des italienischen Civilgesetzbuches für Ehepakte lediglich notariellen Abschluß fordert. Das Gleiche gilt für Spanien nach Art. 1321 des Civilgesetzbuchs, da hier nur „escritura publica" gefordert wird, und für das Gebiet der russischen Ostseeprovinzen, da nach Art. 36 des liv-, esth- und kurländischen Privatrechts hier die einfache Schriftform (nur die Städte Livlands sind ausgeschlossen) genügt. In Transvaal dagegen z. B. scheinen Ehepakten überhaupt nicht anerkannt zu sein, so daß hier die lex loci contractus keine Bestimmung böte, für welche man sich in favorem negotii stützen könnte. Hier würde also nach Art. 11 Satz 1 EG. allein Art. 15 EG. für das anzuwendende Recht maßgebend sein, das heißt, es würde darauf ankommen, welchem Staate der Ehemann angehört. Fordert der deutsche Heimatstaat gerichtlichen Abschluß, so wäre die Errichtung vor dem Konsul unwirksam. Besitzt der Ehemann die Staatsangehörigkeit in zwei deutschen Staaten, von denen der eine gerichtlichen, der andere nur notariellen Abschluß verlangt, so versagt jede Regel (s. oben S. 64 ff.).

Es ist hiernach, wie mir scheint, klar, daß das letztbezeichnete Verfahren zu unbefriedigenden Konsequenzen führt und daß § 16 des Konsulargesetzes, so wie vorstehend angenommen, verstanden und angewendet werden muß. Die ganze Frage ist besonders auch unter dem Gesichtspunkt von Interesse, daß die Tragweite der in Rede stehenden Vertragsbestimmungen abhängig ist von dem Inhalt der deutschen Bestimmungen. Das Ergebniß nach dieser Seite ist, daß Amerika, Spanien, Italien, Rußland, Griechenland, Serbien, Transvaal, Japan zufolge der Staatsverträge die in ihrem Gebiet gemäß den Verträgen vor deutschen Konsuln geschlossenen Rechtsgeschäfte als formgültig anzuerkennen haben, wenn nach dem irgendwo im Gebiet des Deutschen Reiches geltenden Recht für das Geschäft notarieller Abschluß genügt.

Umgekehrt sind in Gemäßheit jener Verträge die in Deutschland vor den Konsuln Amerikas, Spaniens, Italiens, Rußlands, Griechenlands, Serbiens, Transvaals, Japans geschlossenen Rechtsgeschäfte unsererseits als formgültig anzuerkennen, wenn und soweit sie nach dem Rechte des Absendestaates formgültig sind. Diese Ausnahmen von der Bestimmung des Art. 11 EG. werden als solche praktisch, wenn die konsularische Form an sich weder dem deutschen Recht (hier in seiner Eigenschaft als lex loci actus) noch demjenigen Recht genügt, welches das deutsche Recht „für das den Gegenstand des Rechtsgeschäfts bildende Rechtsverhältniß" als maßgebend erklärt (Art. 11 Satz 1 EG.). Die praktische Bedeutung dieser Ausnahmen besteht hauptsächlich darin, daß die fremden Konsuln als Notare (sowol im Sinn ihres Heimatrechtes als im Sinn des deutschen Rechtes) anerkannt sind, andererseits darin, daß dort, wo das deutsche Partikularrecht im Uebrigen gerichtlichen Abschluß fordert, die konsularische Form genügt, falls dies nach dem Recht des Absendestaates der Fall ist.

Dies alles gilt beiderseits nur unter den Voraussetzungen, durch welche in den genannten Verträgen die Kompetenz der Konsuln näher bestimmt ist, was keineswegs in allen Verträgen gleichmäßig geschehen ist, vielmehr in folgender Weise:

1. Ausnahmslos wird in den Verträgen die Zuständigkeit der Konsuln für Rechtsgeschäfte ausgesprochen, welche sich auf im Absendestaate belegene Immobilien beziehen. Die Staatsangehörigkeit der Kontrahenten ist dabei von keinem Belang. Vor einem griechischen Konsul z. B. können in Deutschland Verträge über griechische Grundstücke auch zwischen zwei Franzosen geschlossen werden.

2. In derselben Unbeschränktheit ist auch bezüglich der Rechtsgeschäfte über im Absendestaat befindliche Mobilien die konsularische Kompetenz ausgesprochen in den Verträgen mit Spanien, Ruß-

land, Serbien, Griechenland. Die Staatsangehörigkeit der Vertragschließenden ist auch hier ohne Belang.

In beiden Anwendungen — zu 1. und 2. — sprechen die Verträge allgemein von Rechtsgeschäften, welche sich auf die in Rede stehenden Immobilien und bezw. Mobilien „beziehen", diese „zum Gegenstand haben", sie „betreffen". Danach sind nicht nur dingliche, sondern auch obligatorische und nicht minder familienrechtliche und erbrechtliche Rechtsgeschäfte einzubeziehen. Aber aus dem Wortlaut wie aus dem sachlichen Zusammenhang ergibt sich (was nur in dem russischen und in dem griechischen Vertrage ausdrücklich gesagt ist), daß nur solche Geschäfte gemeint sind, welche sich speziell und ausschließlich auf Gegenstände im Heimatlande beziehen, und daß diese örtliche Beziehung im Augenblick der Geschäftserrichtung vorhanden sein muß.

3. Noch weiter geht die Klausel in den Verträgen mit Spanien, Rußland, Griechenland, wonach die Zuständigkeit der Konsulate ohne Rücksicht auf die Staatsangehörigkeit der Betheiligten begründet ist für alle „Verträge", die sich beziehen auf „Geschäfte", welche im Absendestaat „zu verhandeln sind" oder, wie es deutlicher und treffender in dem serbischen Vertrage heißt, „die Angelegenheiten betreffen, welche dort zur Erledigung kommen sollen". Keinen anderen Sinn darf man hinter den Worten der Verträge mit den Vereinigten Staaten, Hawaii, Transvaal, Japan suchen: „Verträge, welche sich auf ein daselbst abzuschließendes Geschäft beziehen". Wie in der Beziehung zu 1 und 2, so muß auch hier als sinngemäßes Erforderniß betrachtet werden, daß die Verträge sich speziell und ausschließlich auf Geschäfte beziehen müssen, welche im Heimatstaate „Erledigung" finden sollen. — Im Vertrag mit Italien fehlt jede Klausel dieser Art.

4. Nach allen genannten Verträgen sind die Konsuln ohne Einschränkung zuständig für die Aufnahme von letztwilligen Verfügungen der Angehörigen des von ihnen vertretenen Staates. Eine scheinbare Beschränkung in dieser Beziehung findet sich insofern in dem griechischen Vertrag, als es dort zunächst heißt: „Die Konsuln u. s. w. haben das Recht, in ihrer Kanzlei sowohl als auch in der Wohnung der Betheiligten und an Bord der Schiffe ihrer Nation Erklärungen aufzunehmen", und dann: „Sie sind in gleicher Weise befugt, als Notare die letztwilligen Verfügungen ihrer Landesangehörigen aufzunehmen. „Eine Beschränkung der Zu-

ständigkeit auf die genannten Oertlichkeiten kann aber nicht beabsichtigt sein. Das in dem französischen Text dem deutschen „in gleicher Weise" entsprechende „également" bedeutet nichts anderes als „ebenso" und es handelt sich daher um eine einfache schwache Konjunktion.

5. Für alle Rechtsgeschäfte, bei denen lediglich Staatsangehörige des Absendestaates betheiligt sind, werden die Konsuln ohne jede weitere Einschränkung für zuständig erklärt durch die Verträge mit Spanien (— hier ist aber Abschluß „in den Kanzleien" vorgeschrieben —) den Vereinigten Staaten, Hawaii, Transvaal, Japan. Die gleiche Bestimmung steht in dem russischen, serbischen, griechischen Vertrage, jedoch mit Einschränkungen. — Der russische Vertrag fügt hinzu: „Wenn diese Verträge aber die Bestellung einer Hypothek oder ein anderes Rechtsgeschäft über Grundstücke zum Gegenstand haben, welche in dem Lande belegen sind, wo der Konsul seinen Amtssitz hat, so müssen sie in der Form und nach Maßgabe der besonderen Bestimmungen, welche die Gesetze dieses Landes vorschreiben, abgefaßt sein." Im griechischen Vertrag heißt es: „Wenn die . . . erwähnten Rechtsgeschäfte sich auf Grundeigenthum beziehen, so sollen sie nicht eher rechtsgültig sein, als bis ein Notar oder anderer öffentlicher Beamter des Landes dabei mitgewirkt und sie mit seiner Unterschrift versehen haben wird." Der serbische Vertrag bestimmt: „Bezieht sich jedoch die Rechtshandlung auf eine Angelegenheit, welche in dem Staate ihres Amtssitzes zur Erledigung kommen soll, so sind die Konsularbeamten zur Aufnahme und Beurkundung nnr berechtigt, wenn die fragliche Handlung nach den Gesetzen dieses Staates zu dem Geschäftskreise der daselbst zur Aufnahme und Beurkundung von Rechtshandlungen berufenen Beamten (in Deutschland der Notare) gehört. Auch muß die Handlung, falls sie die Bestellung einer Hypothek oder ein anderes Rechtsgeschäft hinsichtlich eines unbeweglichen Gegenstandes betrifft, welcher in dem Staate des Amtssitzes des Konsularbeamten belegen ist, in den durch die Gesetze dieses Staates vorgeschriebenen Formen und unter Beobachtung der sonstigen Bestimmungen dieser Gesetze abgefaßt werden."

6. Hinsichtlich der Rechtsgeschäfte, bei deren Abschluß außer Angehörigen des Absendestaates Angehörige des Empfangsstaates betheiligt sind — abgesehen von den zu 1 bis 3 bezeichneten Thatbeständen — wird die Zuständigkeit der

Konsuln ohne Einschränkung in den Verträgen mit Spanien und Italien bestimmt, während nach den Verträgen mit Rußland, Griechenland, Serbien die Zuständigkeit nur mit den Einschränkungen besteht, welche unter Nr. 5 mitgetheilt sind.

7. Nach den Verträgen mit Italien, Griechenland, Serbien, den Vereinigten Staaten, Hawaii, Transvaal, Japan (nicht nach denjenigen mit Spanien und Rußland) sind bezüglich der zu 6 bezeichneten Grundsätze den Angehörigen des Empfangsstaates alle anderen Einwohner dieses Staates gleichzustellen, also auch Angehörige dritter Staaten, was aus dem Vertrag mit Serbien (mittels Argumentes aus Art. 9 Absatz 4 „oder eines dritten Staates") besonders deutlich erhellt.

Mit einer Reihe von Auslandsstaaten sind über die Stellung der Handelsgesellschaften und insbesondere der Aktiengesellschaften Vereinbarungen getroffen werden, deren Inhalt verschieden ist. Einzelne Staaten haben ihrerseits einseitig den deutschen „Aktiengesellschaften und sonstigen kommerziellen, industriellen und finanziellen Gesellschaften", „wenn sie nach den am Orte ihres Domizils geltenden Gesetzen errichtet und als zu Recht bestehend zugelassen sind", das Recht des Auftretens vor Gericht gewährt. So England (RCBl. 1874 S. 143) und Belgien (RCBl. 1874 S. 380). Weitergehend hat Italien (RCBl. 1873 S. 280) unter gleichen Voraussetzungen den deutschen Gesellschaften die Befugniß eingeräumt, „die ihnen zustehenden Rechte, insbesondere das Recht des Auftretens vor Gericht, auszuüben." Das in Deutschland geltende internationale Privatrecht wird durch diese Abmachungen offenbar nicht berührt. Die Bestimmung des österreichisch-ungarischen Handelsvertrages vom 6. Dezember 1891 (RGBl. 1892 S. 9) Art. 19 Abs. 5 kommt für das Privatrecht nicht in Betracht. Die Aktien-, Aktienkommandit- sowie Versicherungsgesellschaften jeder Art sollen beiderseits „in dem Gebiete des anderen Theiles nach Maßgabe der daselbst geltenden gesetzlichen und reglementarischen Bestimmungen zum Geschäftsbetriebe und zur Verfolgung ihrer Rechte vor Gericht" zugelassen werden. Das ist verwaltungsrechtlich und prozeßrechtlich, nicht privatrechtlich zu verstehen. Dagegen hat materiell privatrechtliche Bedeutung die Meistbegünstigungsklausel der Handelsverträge mit Griechenland vom 9. Juli 1884 (RGBl. 1885 S. 25) Art. 4, mit der Südafrikanischen Republik vom 22. Januar 1885 (RGBl. 1886 S. 209) Art. 4, mit Serbien vom 21. August 1892 (RGBl. 1893 S. 269) Art. 2, Oranjefreistaat vom 28. April 1897 (RGBl. 1898 S. 93) Art. 5, welche lautet: „Aktiengesellschaften und sonstige kommerzielle, industrielle oder finanzielle Gesellschaften, welche in dem Gebiete des einen der vertragschließenden Theile nach Maßgabe der dort geltenden Gesetze errichtet sind, sollen in dem Gebiete des anderen Theiles alle Rechte auszuüben befugt sein, welche den gleichartigen Gesellschaften der meistbegünstigten Nation zustehen[1]." Daß zu den hier hypothetisch eingeräumten Rechten insbesondere auch das Recht der juristischen Persönlichkeit mit seinen Konsequenzen gehört, ist nicht zu bezweifeln. Die Anerkennung der juristischen Persönlichkeit der griechischen, südafrikanischen, serbischen Gesellschaften in Deutschland ist hiernach bedingt und auch im Einzelnen näher bestimmt durch die den gleichartigen Gesellschaften anderer Staaten eingeräumte Meistbegünstigung. Der meistbegünstigte und darum maßgebende Staat ist gegenwärtig Rußland, zufolge des Art. 4 des Handelsvertrages vom 10. Februar 1894 (RGBl. 1894 S. 156): „Aktiengesellschaften und andere kommerzielle, industrielle und finanzielle Gesellschaften, welche in einem der beiden Länder nach den bestehenden Gesetzen errichtet worden sind und dort ihren Sitz haben, sollen in dem anderen Lande als gesetzlich bestehend anerkannt werden und dort namentlich das Recht haben, vor Gericht als Kläger oder als Verklagte Prozesse zu führen."

Kollisionsnormen für privatrechtliche Materien enthält auch das internationale Uebereinkommen über den Eisenbahnfrachtverkehr vom 14. Oktober 1890 (RGBl. 1892 S. 793)[2]. Die wichtigste findet sich in Art. 22: „Die Wirkungen des Pfandrechtes (— d. h. des gesetzlichen Pfandrechtes der Eisenbahnen am Frachtgut —) bestimmen sich nach dem Rechte des Landes, wo die Ablieferung erfolgt."

Weit wichtiger und der Betonung bedürftig ist aber der Gesichtspunkt, daß das Uebereinkommen außerdem internationales Privatrecht in einem anderen als dem üblichen Sinn enthält, nämlich

---

[1]) Vgl. auch den Notenwechsel mit Rumänien, RGBl. 1894 S. 105.

[2]) Kontrahenten: Deutschland, Belgien, Frankreich, Italien, Holland, Luxemburg, Oesterreich-Ungarn, Lichtenstein, Rußland, Schweiz.

in dem Sinn international geltenden Privatrechts. Solche Normen privatrechtlichen Inhaltes finden sich in Art. 8—13, 15 bis 18, 20, 21, 23, 26 bis 52, 54. Auch der Weltpostvereinsvertrag vom 1. Juni 1878 (RGBl. 1879 S. 83ff.) Art. 6, die Literarkonvention vom 9. September 1886 (RGBl. 1887 S. 493ff.), nebst der Zusatzakte vom 4. Mai 1896 (RGBl. 1897 S. 759ff.) — passim — enthalten solche Bestimmungen. Daß die hier bewirkte Herstellung völkerrechtlicher Privatrechtsgemeinschaft die befriedigendste Erledigung der Kollisionsprobleme ist, liegt auf der Hand. Aber auch insofern gehören jene Normen hierher, als sie den Anwendungsbereich der innerstaatlichen Privatrechtsnormen einschränken und ausnahmsweise für die normierten Thatbestände besondere Vorschriften aufstellen.

Register.

I.

Register der in Bezug genommenen Reichsgesetze und Staatsverträge des Reiches.

1. Civilprozeßordnung für das Deutsche Reich

vom 30. Jan. 1877 (nach der Fassung des Gesetzes vom 17. Mai 1898).

2. Bürgerliches Gesetzbuch für das Deutsche Reich

vom 18. Mai 1896.

3. Einführungsgesetz zum BGB. für das Deutsche Reich
vom 18. August 1896.

4. Andere Reichsgesetze.

5. Staatsverträge des Reiches.

II.

Alphabetisches Sachregister.

Hinsichtlich der im Einführungsgesetz zum BGB. geregelten Gegenstände verweist das Register auf die einzelnen Artikel des EG., deren vorstehendes Register (I,3) daher ergänzend zu Hülfe zu nehmen ist.

Die Namen der im Text vorkommenden Staaten bezw. Nationalitäten sind in das Register nicht aufgenommen.

A.

B.

C s. K.

U.

V.

W.

Z.

Sinnstörende Druckfehler.

S. 31 Zeile 25 lies: Verwickelungen anstatt Vermittelungen.
„ 43 „ 4 von unten lies: internationalem internationalem anstatt internationalem.
„ 58 „ 8 von unten lies: Verkehrsbeziehungen anstatt Landesbeziehungen.
„ 60 „ 5 lies: herangezogenen anstatt herangezogen.
„ 96 Schlußzeile lies: Der Richter anstatt Das Reich der.
„ 103 Zeile 4 von unten lies: behandelnder anstatt behandelnde.
„ 113 „ 6 von unten lies: Art. 11 anstatt Art. 12.
„ 122 „ 12 lies: § 2369 anstatt § 3369.
„ 167. Die Anmerkung ist zu streichen.

Druck von Georg Reimer in Berlin.

FSC
www.fsc.org
MIX
Papier | Fördert gute Waldnutzung
FSC® C083411

Kolibri 360 GmbH
Ferdinand-Jühlke-Straße 7
99095 Erfurt, Deutschland
produktsicherheit@kolibri360.de